Formale Logik im Dialog

Formale Logik im Dialog

Ernst-Erich Doberkat

Formale Logik im Dialog

Aussagenlogik, Prädikatenlogik und
Modale Logik, mit einer Prise
Softwaretechnik gewürzt

Prof. Dr. Ernst-Erich Doberkat
Schweinfurt, Deutschland

ISBN 978-3-662-72700-3   ISBN 978-3-662-72701-0 (eBook)
https://doi.org/10.1007/978-3-662-72701-0

Die Deutsche Nationalbibliothek verzeichnet diese Publikation in der Deutschen Nationalbibliografie;
detaillierte bibliografische Daten sind im Internet über https://portal.dnb.de abrufbar.

Planung/Lektorat: Leonardo Milla
Springer Vieweg ist ein Imprint der eingetragenen Gesellschaft Springer-Verlag GmbH, DE und ist ein
Teil von Springer Nature.
Die Anschrift der Gesellschaft ist: Heidelberger Platz 3, 14197 Berlin, Germany

Wenn Sie dieses Produkt entsorgen, geben Sie das Papier bitte zum Recycling.

uxori filiaeque, mulieribus fortibus

Geleitwort

Vorlesungen zum Thema *Algebraische Grundlagen der Softwaretechnik*, die ich in Dortmund, Schanghai, Triest und Udine gehalten habe, wurden meist von Hörern am Ende des Grundstudiums oder am Anfang des Hauptstudiums besucht (ins Bologna-Deutsch übertragen: am Ende des Bachelor- oder am Anfang des Master-Studiums). Das vorliegende Buch ist aus diesen Vorlesungen entstanden, genauer: Ich habe die logischen Bestandteile extrahiert und auf die Modale Logik hin ausgerichtet.

Einige der in diesen Vorlesungen angesprochenen Fragen grenzen an Themen meiner Forschung. Ich hatte das Vergnügen, mit vielen Kolleginnen und Kollegen darüber diskutieren zu können. Dazu gehören Alexander Kurz, Ana Sokolova, Chunlai Zhou, Dexter Kozen, Peter Padawitz, Prakash Panangaden, Shashi Srivastava und Yde Venema. Ihnen möchte ich danken, sie haben mein Verständnis für modale Logiken und ihre Verallgemeinerungen vertieft. Mein ganz besonderer Dank jedoch gilt meinem Kollegen Eugenio Omodeo, der mein Interesse an relationalen Fragestellungen geweckt und meine Arbeiten über fast drei Jahrzehnte freundschaftlich begleitet hat.

Dieses Buch ist als langer Dialog geschrieben. Er hat sein Muster in dem intensiven Dialog, der Friedrich-Wilhelm Geiersbach und mich durch unser gesamtes Mathematik-Studium in Bochum getragen hat. Auch hier ist beim Blick in den Rückspiegel Dankbarkeit angesagt.

Die Zusammenarbeit mit dem Springer-Verlag war gewohnt gut. Hier sind die technische Betreuung durch Verena Nörthen und das – mit konstruktiven Vorschlägen gewürzte – Lektorat von Leonardo Milla zu nennen. Dr. Dietmar Fox nahm es auf sich, den Text gründlich und kritisch zu lesen. Vielen Dank dafür.

Schweinfurt, im Herbst 2025 *Ernst-Erich Doberkat*

Interessenkonflikt Der/die Autor*in hat keine für den Inhalt dieses Manuskripts relevanten Interessenkonflikte.

Inhaltsverzeichnis

Kapitel 1
Einleitung

Der Zusammenhang zwischen Logik und Informatik ist außerordentlich eng. Die Geschichte der Informatik, deren Entstehung Martin Davis in seinem eleganten Buch „The Engines of Logic" [16][1] eng mit den Fortschritten großer Mathematiker verknüpft, zeichnet die Logik nicht nur als Geburtshelferin an der Wiege der Informatik, sondern auch als verantwortungsvolle Patin. Sie ist eine besonders fürsorgliche Patin, leiht sie doch der Informatik eine Fülle von Methoden und Werkzeugen, nicht nur zur Bändigung des jüngsten, noch ziemlich ungebändigten Abkömmlings.
Die Softwaretechnik als einer der konstruktiven Arme der Informatik profitiert besonders von der Logik. Die Logik ist längst nicht mehr ein homogener Block, war es vielleicht nie. Das hat zur Folge, dass man sich als Softwaretechniker spezifischer Methoden, Werkzeuge und Resultate einzelner Sub-Disziplinen der Logik bedienen kann. Das reicht vom Entwurf von Informationssystemen [7] über Logik-basierte Programmiersprachen [15] und die Modellierung von Prozessen [44] zur Verifikation von Programmen durch *model checking* [14].

1.1 Logik als Werkzeug

Das ist – zugegeben – nur ein kleiner Ausschnitt, der gleichwohl die riesige Spannweite andeutet, mit der logische Methoden und Ergebnisse die Software-technik unterstützen. Das Buch zeigt, dass Logik ein mächtiges, wenn auch beschränktes Hilfsmittel zur Modellierung ist. Es ist mächtig, weil eine Vielzahl von Phänomenen damit behandelt werden kann, es ist beschränkt, weil nicht

---

[1] Zahlen in eckigen Klammern verweisen auf das Literaturverzeichnis.

© Der/die Autor(en), exklusiv lizenziert an
Springer-Verlag GmbH, DE, ein Teil von Springer Nature 2025
E.-E. Doberkat, *Formale Logik im Dialog*,
https://doi.org/10.1007/978-3-662-72701-0_1

alle Probleme mit einem logikbasierten konzeptionellen Ansatz angegriffen werden können, man denke etwa an die komplizierte Kunst der Gewinnung von Anforderungen aus Kundenwünschen. Das Buch zeigt auch, wie neben die formalisierte Sprache der Formeln ihre Interpretation durch Modelle tritt, und wie das Zusammenspiel der Sprache mit den Modellen besondere Aufmerksamkeit findet.

Nehmen wir als Beispiel das Problem der Färbung eines Graphen: die Knoten eines Graphen sollen so gefärbt werden, dass durch Kanten verbundene Knoten unterschiedliche Farben bekommen. Das Problem lässt sich in der Sprache der Aussagenlogik formulieren, ein Modell ist die Färbung der Knoten unter den angegebenen Nebenbedingungen. Untersucht man das Modell, so stellt man fest, dass es genau dann eine Färbung gibt, wenn jeder endliche Teilgraph eine Färbung hat. Zieht man die Einfachheit der Hilfsmittel zur Formulierung in Betracht, ist das ein erstaunliches Resultat. Gleichzeitig zeigt die tiefliegende Lösung des zugrundeliegenden Problems, dass auch Fragestellungen aus der Logik Werkzeuge aus der Mathematik benötigen.

1.2 Ein kurzer Überblick

Dieses Buch behandelt einen Ausschnitt aus dem großen Gebiet *Logik für Informatiker*. Es bietet einen Zugang zur Aussagenlogik, der Prädikatenlogik erster Stufe und der Modalen Logik, jeweils Gebiete von Gewicht für die Informatik und hier besonders für die Softwaretechnik. Der Zugang zu den Gebieten ist einheitlich. Zunächst wird die Syntax vorgestellt und an einigen Beispielen erläutert, um dem Leser Sicherheit im Umgang mit der Logik zu geben. Dann wird die Semantik behandelt; der Grund für die Modelle wird gelegt, soweit das nötig ist, dann diskutieren wir die Semantik ausführlich. Die Bedeutung einer Formel ist eine Seite der Medaille, ihr Beweis eine andere. Axiome und Schlussregeln werden eingeführt, damit Beweise überhaupt formal definiert werden können. Die wichtige Frage des Verhaltens von Beweisbarkeit und Gültigkeit für eine Formel zueinander wird gestellt und gelöst. Wir zeigen für alle drei Logiken (eigentlich sollte man sagen, Familien von Logiken), dass Beweisbarkeit und Gültigkeit äquivalent sind.

Aber so glatt und einförmig gestaltet sich die Sache natürlich nicht. Um Beweise zu formulieren, brauchen wir eine zugrundliegende Formelmenge. Tautologien gehören dazu, klar, aber auch andere Familien von Formeln. Wir müssen für jede unserer Logiken die Formelmengen charakterisieren, mit denen wir umgehen. Das kostet manchmal einige Mühe. Und natürlich haben die einzelnen Logiken ihre Eigenheiten. Das führt dazu, dass die Methoden, mit denen die Äquivalenz jeweils bewiesen wird, unterschiedlich sind. Wir müssen also in unterschiedliche Schubladen unseres mathematischen Werkzeugkastens greifen, um das passende Werkzeug zu finden und herauszuholen. Zu diesen Werkzeugen gehören sicherlich die Booleschen Algebren, die dem Informatiker von frühester Jugend an vertraut sein sollten (aber mit Eigenschaften, die eine verfrühte Freude über alte Bekanntschaften vielleicht enttäuscht).

Bei aller Gemeinsamkeit der Ziele hat die Darstellung für jede Logik auch ihre Eigenheiten. In der Aussagenlogik etwa sehen wir uns maximale Mengen von Formeln an, um den Kompaktheitssatz zu beweisen (damit färben wir zum Beispiel Graphen). Maximalität ist eine trickreiche Sache, die den Einsatz schwerer Geschütze erfordert, wie wir auch im Kapitel über Modale Logiken bei der Konstruktion des kanonischen Modells erfahren. Im Abschnitt über die Prädikatenlogik fragen wir nach der Entscheidbarkeit: Kann es einen Algorithmus geben, der die Gültigkeit einer Formel entscheidet? Der geübte Leser sieht der Fragestellung schon die negative Antwort an der Nasenspitze an; wir bestätigen das mit dem hinreißend eleganten Beweis von A. Church. In der Modalen Logik sehen wir uns nicht nur Kripke-Modelle an. Mit Nachbarschaftsmodellen finden wir eine hilfreiche Verallgemeinerung, hilfreich, weil die Semantik der Spiele-Logik damit und nicht mit Kripke-Modellen angemessen beschrieben werden kann. Zudem sehen wir in diesem Kapitel, wie einzelne Formeln ganze Klassen von Kripke-Modellen so definieren, dass Gültigkeit und Beweisbarkeit äquivalent sind. Mit Bisimulationen können wir das Verhältnis zweier Modelle zueinander beschreiben; das gibt einen zusätzlichen Einblick in die Dynamik, die mit Transitionssystemen beschrieben wird.

1.3 Eine Überlegung zu Sinn, Zweck und Zielen

Warum sollte man als Softwaretechniker das alles lernen? Das ist mühsam und kostet Zeit (man wird unmittelbar an das – wohl fälschlich – Karl Valentin zugeschriebene Bonmot „Kunst ist schön, macht aber viel Arbeit" erinnert). Na ja, es hängt davon ab, was man erreichen möchte. Ich habe den Text so konzipiert, dass er die semantischen Aspekte in den Vordergrund stellt, also zeigt, wie Bedeutungen formalisiert und via Morphismen zueinander in Bezug gesetzt werden können. Das hat zur Folge, dass komplexitätstheoretische Fragen in den Hintergrund treten. Als Softwaretechniker ist man eher daran interessiert, wie man Objekte zu größeren komponiert, in welchem Verhältnis einzelne Bausteine zueinander stehen, und nicht so sehr an der Frage nach der Effizienz einzelner Objekte. Damit kein Missverständnis entsteht: Beide Aspekte sind wesentlich und unverzichtbar, die Softwaretechnik befasst sich jedoch mit der ingenieurmäßigen Konstruktion von Systemen und baut auf der Arbeit der Algorithmiker auf.

Der Logik kommen an dieser Stelle zwei Aufgaben zu: zum einen die Erziehung zum formalen Denken, zum anderen die Grundlegung für Anwendungen. Die Erziehung zum formalen Denken ist für den erfolgreichen Softwaretechniker notwendig wie die Luft zum Atmen. Man denke an Konstruktion und Wartung, oder auch das Verstehen umfangreicher Software-Architekturen. Das ist ohne das Verständnis von Abstraktionen und ohne die Übung im Umgang mit ihnen kaum möglich. Die Grundlegung für Anwendungen zielt darauf ab, logische

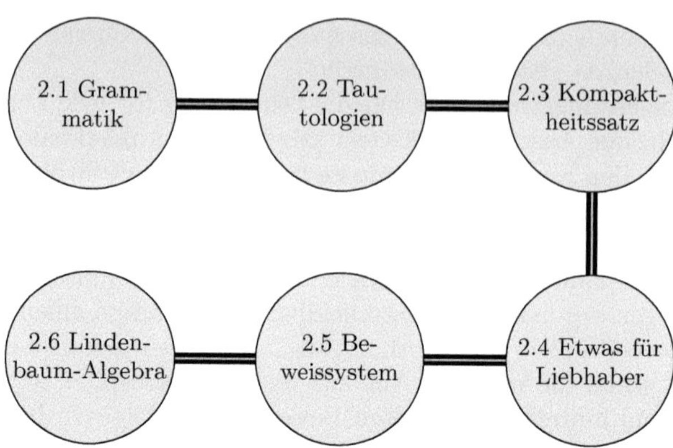

Abb. 1.1: Überblick über Kapitel 2

Methoden in die tägliche Arbeit einzubeziehen, sei es beim Testen, beim *model checking* oder der formalen Verifikation sicherheitsrelevanter Software. Zudem ist zu erwarten, dass sich der gegenwärtig zu beobachtende rasante Aufschwung der sog. Künstlichen Intelligenz durch die tiefe Integration deduktiver Methoden der klassischen Künstlichen Intelligenz methodisch und praktisch fortsetzt. Dem qualifizierten Anwender wird also logisches Wissen abverlangt. Die akademische Ausbildung von Informatikern wird möglicherweise logische Bausteine stärker in den Vordergrund rücken. Dazu gehört dann auch die Fähigkeit, mit formalen Kalkülen fachmännisch umzugehen, noch nachdrücklicher als bisher zu betonen. Hier geht es um effektiv vorhandenes Wissen und *intellektuelles Durchdringen* der Ansätze, und nicht darum, den Erwerb von Kompetenzen als bestimmendes Ziel zu deklarieren.

1.4 Die einzelnen Kapitel im Schnelldurchlauf

Das zweite Kapitel befasst sich mit der Aussagenlogik als der formal einfachsten Logik, die in den Grundzügen jedem Schüler bekannt sein sollte. Es stellt sich schnell die Frage nach der Erfüllbarkeit von Formelmengen, die ja beliebig groß sein können. Der Kompaktheitssatz zeigt, dass endliche Teilmengen als Zeugen auftreten können. Ein Beweissystem widmet sich dann der Beweisbarkeit von Formeln, es wird gezeigt, dass Gültigkeit und Beweisbarkeit gleichwertig sind. Hier betritt auch schon die Lindenbaum-Algebra die Bühne, eine aus Formelmengen gewonnene Boolesche Algebra. Abbildung 1.1 zeigt die einzelnen Abschnitte.

Im dritten Kapitel (zum Überblick siehe Abbildung 1.2), das sich der Prädikatenlogik erster Stufe widmet, werden zunächst die Komponenten einer solchen

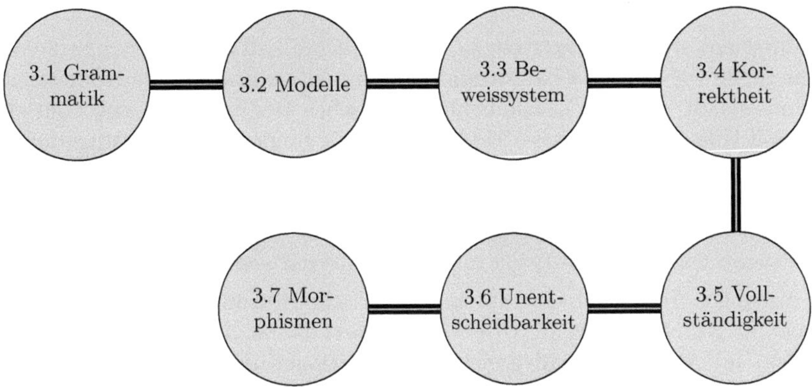

Abb. 1.2: Überblick über Kapitel 3

Logik diskutiert. Das führt schnell zu Strukturen, Modellen und zu einem Be-weissystem. Modelle beschreiben die Gültigkeit von Formeln, ein Beweissystem ihre Ableitbarkeit. Ein wesentlicher Teil des Kapitels befasst sich mit dem Nach-weis der Gleichwertigkeit von Gültigkeit und Beweisbarkeit; hier tritt wieder die Lindenbaum-Algebra als wichtiges Hilfsmittel auf. Wir verlassen das Kapitel je-doch nicht, bevor wir uns der Frage nach der Entscheidbarkeit für die Gültigkeit einer Formel gewidmet und den eleganten Beweis von A. Church präsentiert ha-ben.

Das vierte Kapitel dient schließlich der Einführung und Diskussion der Modalen Logik. Im Vergleich mit der Prädikatenlogik kommt sie einfacher daher, nur mit dem $\Diamond$-Operator ausgestattet. Aber dieser Operator hat es in sich. Wir zeigen zwei Wege zur Modellierung der Semantik auf, wobei die Kripke-Semantik im

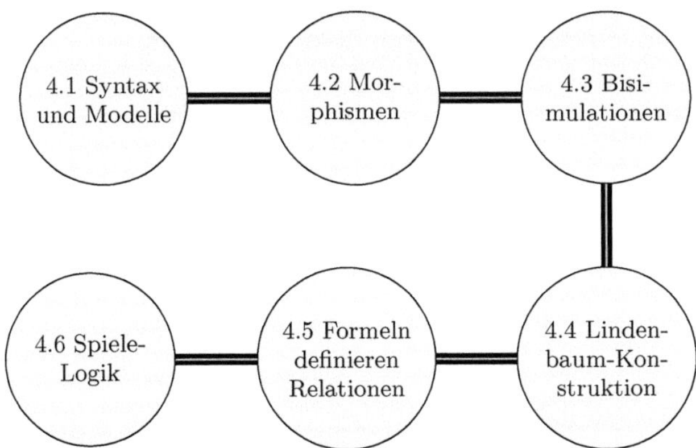

Abb. 1.3: Überblick über Kapitel 4

Vordergrund steht, und wir zeigen, dass die Prädikatenlogik erster Stufe doch nicht gar so weit entfernt ist. Morphismen und biähnliche Systeme erweisen sich als interessant, und der Zusammenhang zwischen Beweisbarkeit und Gültigkeit wird mit Hilfe des kanonisches Modells durch die Lindenbaum-Konstruktion hergestellt. Wir beobachten zudem ein bemerkenswertes Phänomen, nämlich dass einzelne Formeln Relationen definieren, mit deren Familien die entstehenden Logiken korrekt und vollständig sind. Damit es nicht bei Kripke-Modellen bleibt, diskutieren wir die Spiele-Logik mit einem alternativen semantischen Modell.

Hinweis Im Anhang A finden sich ein paar mathematische Hilfsmittel, die vielleicht nicht immer in Kursen wie etwa *Diskrete Mathematik für Informatiker* vermittelt werden. Im Anhang B finden sich die Definitionen der geläufigsten logischen Operatoren, die wir hier behandeln. Das mag dazu dienen, alte Bekanntschaften aufzufrischen oder neue zu machen.

1.5 Trullo und Charli im Dialog

In diesem Buch werden die Logiken im Dialog zwischen Trullo und Charli erarbeitet; Trullo und Charli sind ein bewährtes Team, in des Verfassers Lehrbuch *Trullo jagt die Python* (Springer-Verlag, 2024) haben sie die Grundzüge der Programmierung in **Python** gemeinsam erkundet. Hier arbeiten zwei Partner gleichberechtigt zusammen, sie wollen gemeinsam eine Provinz des Wissens erobern. Gelegentlich greift ein – allwissender? – Regisseur ein, um zusätzliche Informationen zu geben, oder um manche risikoreiche Klippe umschiffen zu helfen. Logik lebt eben vom Dialog, und der konventionelle Landau-Stil (Motivation … Definition … Satz … Beweis) kann sich dann als zu starr erweisen.

Ich habe selbst als Student erlebt, wie ein solcher Dialog gut und effektiv zur Einsicht und zur Beherrschung des Stoffs führen kann, indem komplexe Sachverhalte lernend in einem Zweierteam diskutiert werden.

Kapitel 2
Aussagenlogik

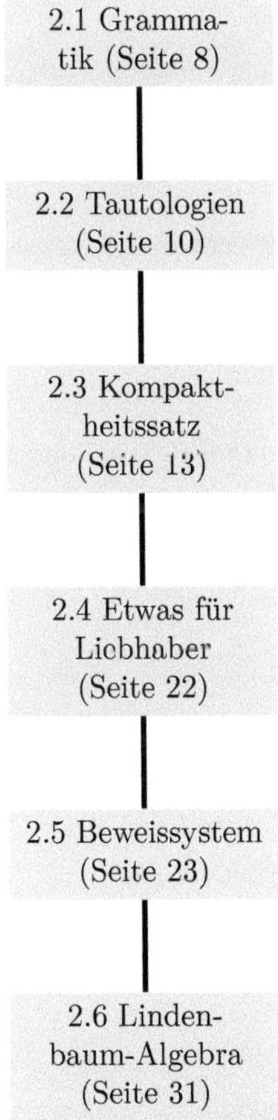

Die Aussagenlogik wird definiert, einige Anmerkungen zur Syntax und zum Umgang mit Formeln sollen das Leben erleichtern. Dann definieren wir Valuationen, um die Semantik von Formeln in den Griff zu bekommen. Hier sind Tautologien wichtig. Damit behandeln wir auch gleich den Kompaktheitssatz der Aussagenlogik, für den wir zwei Beweise anbieten. Dann befassen wir uns mit einem Beweissystem, um sagen zu können, was ein Beweis ist. Wir zeigen, dass die Gültigkeit von Aussagen und ihre Beweisbarkeit gleichwertig sind. Alle diese Entwicklungen werden durch Beispiele verdeutlicht. Ein wichtiges Hilfsmittel ist die Lindenbaum-Tarski-Algebra, die hier konstruiert wird.

© Der/die Autor(en), exklusiv lizenziert an
Springer-Verlag GmbH, DE, ein Teil von Springer Nature 2025
E.-E. Doberkat, *Formale Logik im Dialog*,
https://doi.org/10.1007/978-3-662-72701-0_2

2.1 Grammatik der Aussagenlogik

Wir fangen am Anfang an.

$\triangle$ **Charli**: Weißt du noch, wie das mit der Aussagenlogik war, Formeln und all das?

∇ **Trullo**: Klar, da gab es Konstanten, und es gab eine Grammatik zum Aufbau von Formeln. Das war der syntaktische Teil, die Semantik wurde durch ....

$\triangle$ **Charli**: Langsam, langsam, zuerst beschreiben wir die Syntax. Unsere Logik $\mathcal{L}$ besteht aus Formeln, die über einer Menge C von primitiven Formeln nach der Grammatik

$$\varphi ::= c \mid \neg\varphi \mid \varphi_1 \wedge \varphi_2 \mid \varphi_1 \vee \varphi_2 \mid \varphi_1 \to \varphi_2$$

konstruiert sind. Hierbei ist $c \in C$ eine *primitive Formel*. Wir bezeichnen die Menge der Formeln mit $\mathcal{F}$ (eigentlich müssten wir $\mathcal{F}(C)$ schreiben, weil wir aber die Menge C der primitiven Formeln festhalten, bringt das nix).

∇ **Trullo**: Das sind ja bekannte Symbole: Die Negation ($\neg$) als unärer Operator, Konjunktion ($\wedge$), Disjunktion ($\vee$) und Implikation ($\to$) sind binäre Operatoren. Die Grammatik liefert das Gerüst, und die primitiven Formeln sind die Bausteine. Mit demselben Gerüst, aber unterschiedlichen Bausteinen, können wir unterschiedliche Versionen der Logik konstruieren.
Was ist mit Klammern? Die findet man ja gelegentlich auch als logische Symbole.

$\triangle$ **Charli**: Wir benutzen Klammern hier pragmatisch, um den Zusammenhalt von Formeln zu kennzeichnen. Sie gehören nicht zu $\mathcal{L}$. Die Implikation wird als rechtsassoziativ geschrieben. $\varphi \to \psi \to \tau$ ist also die Schreibweise für $\varphi \to (\psi \to \tau)$.
Wir sollten beachten, dass $\varphi \wedge (\psi \wedge \tau)$ eine andere Formel darstellt als $(\varphi \wedge \psi) \wedge \tau$. Das wird sofort klar, wenn man die Operatoren funktional aufschreibt, also $f_\wedge(\varphi, f_\wedge(\psi, \tau))$ mit $f_\wedge\big(f_\wedge(\varphi, \psi), \tau\big)$ vergleicht. Auch folgt nicht, dass $\varphi \wedge \varphi$ und φ identisch sind, oder dass Konjunktion oder Disjunktion kommutativ sind.

∇ **Trullo**: Ein einfaches Beispiel für eine Aussagenlogik wäre ganz nett.

$\triangle$ **Charli**: Sollst du haben. Der Aufbau der Formeln steht fest, so dass wir uns nur über die primitiven Formeln Gedanken machen müssen.

> Ein *ungerichteter Graph* $\mathcal{G} = (V, E)$ besteht bekanntlich aus einer Menge V von Knoten und einer Menge E von ungerichteten Kanten. Die Kante von x nach y wird als $\{x, y\}$ aufgeschrieben. Eine *k-Färbung* von $\mathcal{G}$ ist eine Abbildung $F : V \to \{1, \ldots, k\}$, so dass die Endpunkte einer Kante unterschiedliche Farben bekommen. Es gilt also stets
>
> $$\{x, y\} \in E \text{ impliziert } F(x) \neq F(y)$$

Sei $q_{x,i}$ die Aussage „Knoten x ist mit Farbe i gefärbt", dann definieren wir als Menge C primitiver Formeln

$$C := \{q_{x,i} \mid x \in V, 1 \leqslant i \leqslant k\}.$$

Damit können wir gefärbte Graphen beschreiben. Eine Formel könnte etwa sein $q_{x_1,i_1} \wedge q_{x_2,i_2}$, um die Färbung der Knoten x_1 und x_2 mit den Farben i_1 bzw. i_2 zu beschreiben.
Das Beispiel wird auf Seite 20 weitergeführt.

∇ **Trullo**: Wenn ich mich recht erinnere, ist die Semantik einer Formel ihr Wahrheitswert.

$\triangle$ **Charli**: Ja, das ist so. Formal ist eine *Valuation* ω eine Abbildung $\omega : C \to \{0, 1\}$, die dem Bauplan gemäß auf die Formeln fortgesetzt wird, also wird induktiv definiert

$$\omega(\neg\varphi) := 1 - \omega(\varphi),$$
$$\omega(\varphi_1 \wedge \varphi_2) := \min\{\omega(\varphi_1), \omega(\varphi_2)\},$$
$$\omega(\varphi_1 \wedge \vee \varphi_2) := \max\{\omega(\varphi_1), \omega(\varphi_2)\},$$
$$\omega(\varphi_1 \to \varphi_2) := \texttt{if } \omega(\varphi_1) \leqslant \omega(\varphi_2) \texttt{ then } 1 \texttt{ else } 0 \texttt{ fi}.$$

> Hier ist die Tabelle mit den Wahrheitswerten (vgl. Anhang B):
>
> | φ ψ | $\varphi \wedge \psi$ | $\varphi \vee \psi$ | $\varphi \to \psi$ |
> |:---:|:---:|:---:|:---:|
> | 0 0 | 0 | 0 | 1 |
> | 0 1 | 0 | 1 | 1 |
> | 1 0 | 0 | 1 | 0 |
> | 1 1 | 1 | 1 | 1 |

> Eigentlich müssten wir der so erweiterte Abbildung einen neuen Namen geben, weil es sich ja nicht mehr um die ursprüngliche Abbildung ω handelt. Aber es wird stets klar sein, ob wir es mit einer primitiven Formel aus C zu tun haben, oder mit einer (nicht-primitiven) Formel, deshalb bleiben wir beim ursprünglichen Namen.

∇ **Trullo**: Soweit, so klar, ist ja auch nicht wirklich neu. Was ist mit der Äquivalenz $\varphi \leftrightarrow \psi$ der Formeln φ und ψ? Wird die wie üblich als $(\varphi \to \psi) \wedge (\psi \to \varphi)$ definiert?

$\triangle$ **Charli**: Klar, man rechnet aus, dass $\omega(\varphi) = \omega(\psi)$, falls $\omega(\varphi \leftrightarrow \psi)$ gilt (hier habe ich benutzt, dass $\omega(\varphi \leftrightarrow \psi)$ durch $\omega((\varphi \to \psi) \wedge (\psi \to \varphi))$ definiert ist). Durch eine kleine Fallunterscheidung sieht man auch, dass $\omega(\varphi \to \psi) = \max\{1 - \omega(\varphi), \omega(\psi)\} = \omega(\neg\varphi \vee \psi)$ gilt.

∇ **Trullo**: Ich rechne gerade mal ein Beispiel:

$$\omega(\varphi \to (\psi \to \tau)) = \max\{1 - \omega(\varphi), \max\{1 - \omega(\psi), \omega(\tau)\}\}$$
$$\overset{(\dagger)}{=} \max\{1 - \omega(\psi), 1 - \omega(\varphi), \omega(\tau)\}$$
$$\overset{(\bullet)}{=} \omega(\psi \to (\varphi \to \tau))$$
$$\overset{(\dagger)}{=} \omega((\varphi \wedge \psi) \to \tau).$$

Also gilt

$$(\varphi \to (\psi \to \tau)) \overset{(\bullet)}{\leftrightarrow} (\psi \to (\varphi \to \tau))$$
$$\overset{(\dagger)}{\leftrightarrow} ((\varphi \wedge \psi) \to \tau).$$

Wenn ich mir's genauer anschaue, so haben wir den Wert von ω überhaupt nicht benutzt.

$\triangle$ **Charli**: Deshalb erinnere ich an den Begriff der Tautologie: Eine Formel φ ist eine *Tautologie*, falls $\omega(\varphi) = 1$ für jede Valuation ω gilt.

2.2 Tautologien

Anschaulich gesprochen sind Tautologien solche Aussagen, die immer wahr sind. Das wird mit Hilfe von Valuationen formal beschrieben. Der Zusammenhang zwischen Tautologien und der Gültigkeit von Formeln ist ziemlich eng. Das wird genauer untersucht.

$\triangle$ **Charli**: Die folgenden Definitionen sind auch allgemein bekannt: die Formel φ ist *gültig* für die Valuation ω, falls $\omega(\varphi) = 1$, wir schreiben dann $\omega \models \varphi$. Eine Menge $\mathcal{A} \subseteq \mathcal{F}$ von Formeln ist für ω gültig ($\omega \models \mathcal{A}$), falls jede Formel in $\mathcal{A}$ für ω gültig ist, falls also $\omega \models \varphi$ für alle $\varphi \in \mathcal{A}$ gilt.

∇ **Trullo**: Man kann $\omega \models \mathcal{A}$ auch umständlicher schreiben, nämlich $\min_{\varphi \in \mathcal{A}} \omega(\varphi) = 1$.

$\triangle$ **Charli**: Muss ja nicht sein. Man sagt, dass φ eine *tautologische Konsequenz* der Formelmenge $\mathcal{A}$ ist (geschrieben als $\mathcal{A} \models \varphi$), falls $\omega \models \varphi$ für jede Valuation ω mit $\omega \models \mathcal{A}$.

∇ **Trullo**: Das heißt also $\mathcal{A} \models \varphi$ gilt genau dann, wenn für alle Valuationen ω gilt: $\omega(\varphi) = 1$, sofern $\omega(\psi) = 1$ für alle $\psi \in \mathcal{A}$ gilt.

$\triangle$ **Charli**: In diesem Sinne ist φ eine Tautologie, falls $\varnothing \models \varphi$ gilt (was kurzerhand als $\models \varphi$ geschrieben wird). Falls $\varphi \leftrightarrow \psi$ eine Tautologie ist, so heißen φ und ψ *tautologisch äquivalent*.

∇ **Trullo**: Dass $\varphi \leftrightarrow \psi$ eine Tautologie ist, bedeutet $\omega(\varphi) = \omega(\psi)$ für alle ω. Wir könnten ja mal einige populäre Tautologien aufschreiben. Mir fallen auf Anhieb ein

- φ op φ ist tautologisch äquivalent zu φ für op $= \wedge, \vee$.
- $\neg(\varphi \wedge \psi)$ und $\neg\varphi \vee \neg\psi$ sind tautologisch äquivalent, ebenfalls $\neg(\varphi \vee \psi)$ und $\neg\varphi \wedge \neg\psi$.
- $\varphi \to (\psi \to \tau)$ und $\psi \to (\varphi \to \tau)$ sind tautologisch äquivalent.
- $\varphi \to (\psi \to \tau)$ und $(\varphi \to \psi) \to \tau$ sind tautologisch nicht äquivalent.

$\triangle$ **Charli**: Erinnerst du dich, wie man zeigt, dass z. B. $\varphi \to (\psi \to \tau)$ und $\psi \to (\varphi \to \tau)$ tautologisch äquivalent sind, $\varphi \to (\psi \to \tau)$ und $(\varphi \to \psi) \to \tau$ aber nicht?

∇ **Trullo**: Ja, man konstruiert Wahrheitstafeln, also in den beiden Beispielen in der Tabelle in Abbildung 2.1. Man sieht, dass im ersten Fall die Wahrheitswerte für jeden Wert der Valuation übereinstimmen, im zweiten Fall nicht. Das Verfahren ist aber ziemlich langweilig und auch aufwendig, denn für n Komponenten brauchen wir 2^n Testfälle.

$\varphi\ \psi\ \tau$	$\varphi \to (\psi \to \tau)$	$\psi \to (\varphi \to \tau)$	$(\psi \to \varphi) \to \tau$
0 0 0	1	1	0
0 0 1	1	1	1
0 1 0	1	**1**	**0**
0 1 1	1	1	1
1 0 0	1	1	1
1 0 1	1	1	1
1 1 0	0	0	0
1 1 1	1	1	1

Tabelle 2.1: Wahrheitswerte

> ❗ Es gibt eine Alternative zur Berechnung einer Tautologie mit der Tabelle der Wahrheitswerte. Man nimmt an, dass die Aussage falsch ist und leitet daraus einen Widerspruch ab.
>
> Ein einfaches Beispiel: $\varphi \wedge \psi \to \psi \vee \varphi$ ist trivialerweise eine Tautologie. Wenn $\varphi \wedge \psi \to \psi \vee \varphi$ falsch ist, muss $\psi \vee \varphi$ falsch sein und $\varphi \wedge \psi$ muss wahr sein. Aus der ersten Annahme bekommt man heraus, dass φ und ψ beide falsch sind. Das steht im Widerspruch zur Wahrheit von $\varphi \wedge \psi$.
>
> Diese Beobachtung ist die Grundlage für die *Tableaux-Methode* [42].

$\triangle$ **Charli**: Es zeigt sich, dass bei der Implikation Links- und Rechtsassoziativität nicht gleichwertig sind, deshalb ist die Festlegung auf Rechtsassoziativität (nämlich dass wir $\varphi \to \psi \to \tau$ als $\varphi \to (\psi \to \tau)$ behandeln) notwendig und sinnvoll.

Können wir als kleine Fingerübung die folgende Aussage[1] beweisen?

$$\{\varphi_1, \ldots, \varphi_n\} \models \varphi \Leftrightarrow \varphi_1 \to \varphi_2 \to \ldots \varphi_n \to \varphi \text{ ist eine Tautologie.} \qquad (2.1)$$

Hierbei sind $\varphi_1, \ldots, \varphi_n, \varphi$ Formeln.

∇ **Trullo**: Der Beweis wird mit vollständiger Induktion nach n geführt.

$n = 1$:   Es gelte $\{\varphi_1\} \models \varphi$, das ist gleichwertig mit $\omega \models \varphi$ für jede Valuation ω, für die $\omega \models \varphi_1$ gilt. Ist jetzt ω' eine beliebige Valuation, und gilt $\omega'(\varphi_1) = 0$, so erhalten wir $\omega'(\varphi_1 \to \varphi) = 1$; gilt hingegen $\omega'(\varphi_1) = 1$, so gilt nach

---

[1] Ziemlich viele Pfeile unterwegs …. Gleichwohl: $\Leftrightarrow$ wird hier zur Erhöhung der Lesbarkeit als Abkürzung für *genau dann, wenn* benutzt, sozusagen als metasprachliches Symbol.

Voraussetzung auch $\omega'(\varphi) = 1$, also auch hier $\omega'(\varphi_1 \to \varphi) = 1$. Insgesamt ist also $\varphi_1 \to \varphi$ eine Tautologie.

$n \to n + 1$:   Wenn wir zeigen können, dass stets

$$\mathcal{A} \cup \{\psi\} \models \varphi \Leftrightarrow \mathcal{A} \models \psi \to \varphi \tag{2.2}$$

gilt, haben wir gewonnen, denn dann können wir so argumentieren:

$$\{\varphi_1, \ldots, \varphi_n, \varphi_{n+1}\} \models \varphi \Leftrightarrow \{\varphi_1, \ldots, \varphi_n\} \models \varphi_{n+1} \to \varphi$$
$$\Leftrightarrow \varphi_1 \to \varphi_2 \to \ldots \varphi_n \to (\varphi_{n+1} \to \varphi).$$

$\triangle$ **Charli**: Ja, das ist eine interessante Reduktion der Vorgehensweise. Aber was ist mit dem Beweis von (2.2)?

∇ **Trullo**: Hier sieht man sich wieder beide Richtungen an,

„$\Rightarrow$":   Ist ω eine Valuation mit $\omega \models \mathcal{A}$, so ist $\omega(\psi \to \varphi) = 1$, falls $\omega(\psi) = 0$. Ist $\omega(\psi) = 1$, so ist $\omega \models \mathcal{A} \cup \{\psi\} \models \varphi$, also $\omega(\varphi) = 1$. Damit haben wir in jedem Fall $\omega \models \psi \to \varphi$.

„$\Leftarrow$":   Es gelte $\omega \models \mathcal{A} \cup \{\psi\}$, wir müssen zeigen $\omega(\varphi) = 1$. Das folgt aus $\omega \models \mathcal{A}$ und $\omega(\psi) = 1$ zusammen mit $\omega(\psi \to \varphi) = 1$.

Wir haben die Logik definiert und gesagt, wann eine Formel gültig ist. Das kann man mit den guten alten Wahrheitstafeln berechnen. Als nächstes werden wir uns Mengen von Formeln ansehen und einen auf den ersten Blick ziemlich überraschenden Satz beweisen.

2.3 Der Kompaktheitssatz

Die Gültigkeit einer Formel wird durch die Gültigkeit der primitiven Formeln, die in ihr enthalten sind, bestimmt. Der Kompaktheitssatz der Aussagenlogik verallgemeinert das auf Mengen von Formeln. Um deren Erfüllbarkeit zu testen, müssen wir uns nur alle endlichen Testmengen ansehen, gleichgültig, wie groß unsere Menge ist. Das ist eine starke Aussage, deren Beweis im allgemeinen Fall auf das Lemma von Zorn zurückgreift, also eine Aussage, die hochgradig nicht-konstruktiv ist. Für solche Logiken, deren Formelmengen abzählbar ist, gibt es ein konstruktives Verfahren. Trullo und Charli besprechen beiden Beweise.

∇ **Trullo**: Falls $\omega \models \mathcal{A}$, so müsste doch für jede Formel φ gelten: entweder $\omega \models \mathcal{A} \cup \{\varphi\}$ oder $\omega \models \mathcal{A} \cup \{\neg\varphi\}$, oder nicht?

$\triangle$ **Charli**: Wie kommst du darauf?

∇ **Trullo**: Na ja, es gilt $\omega(\psi) = 1$ für alle $\psi \in \mathcal{A}$. Angenommen, $\omega(\varphi) = 0$, dann ist $\omega(\neg\varphi) = 1$, also $\omega \models \mathcal{A} \cup \{\neg\varphi\}$. Im Fall $\omega(\varphi) = 1$ kann man gleich $\omega \models \mathcal{A} \cup \{\varphi\}$ schließen.

$\triangle$ **Charli**: Das ist so. Wenn wir $\mathcal{A}$ *erfüllbar* nennen, falls eine Valuation ω mit $\omega \models \mathcal{A}$ existiert, dann können wir also sagen: Ist $\mathcal{A}$ erfüllbar, so ist für jede Formel φ entweder $\mathcal{A} \cup \{\varphi\}$ oder $\mathcal{A} \cup \{\neg\varphi\}$ erfüllbar.

Für die folgende Diskussion ist es nützlich, wenn wir $\mathcal{A} \subseteq \mathcal{F}$ *endlich erfüllbar* nennen, falls jede endliche Teilmenge von $\mathcal{A}$ erfüllbar ist.

∇ **Trullo**: Also ist jede erfüllbare Menge auch endlich erfüllbar.

$\triangle$ **Charli**: Jetzt kommt's: Es gilt auch die Umkehrung! Ist eine Menge endlich erfüllbar, so ist sie auch erfüllbar. Das ist der **Kompaktheitssatz der Aussagenlogik**.

> **!**
> Auf den ersten Blick ist das ein wenig verwirrend: Zur Erfüllbarkeit einer Menge reicht schon die endliche Erfüllbarkeit. Andererseits: für die Erfüllbarkeit einer einzelnen Aussage muss man ja auch nur wissen, wie es mit den endlich vielen primitiven Formeln aussieht. Das wird aber ein bisschen schwierig, wenn die Menge der Formeln zu groß wird.

∇ **Trullo**: Für den Beweis würde ich mir gern zuerst für eine Valuation ω die Menge

$$\mathcal{M}_\omega := \{\varphi \in \mathcal{F} \mid \omega(\varphi) = 1\}$$

ansehen.

$\triangle$ **Charli**: Das ist die größte Menge $\mathcal{M} \subseteq \mathcal{F}$ mit $\omega \models \mathcal{M}$. Sie hat ganz interessante Eigenschaften. Sie ist endlich erfüllbar, das ist klar. Weiterhin gilt:

$$\varphi \in \mathcal{M}_\omega \Leftrightarrow (\neg\varphi) \notin \mathcal{M}_\omega, \tag{2.3}$$

$$\varphi \wedge \psi \in \mathcal{M}_\omega \Leftrightarrow \varphi \in \mathcal{M}_\omega \text{ und } \psi \in \mathcal{M}_\omega, \tag{2.4}$$

$$\varphi \vee \psi \in \mathcal{M}_\omega \Leftrightarrow \varphi \in \mathcal{M}_\omega \text{ oder } \psi \in \mathcal{M}_\omega, \tag{2.5}$$

$$\varphi \rightarrow \psi \in \mathcal{M}_\omega \Leftrightarrow \varphi \notin \mathcal{M}_\omega \text{ oder } \psi \in \mathcal{M}_\omega. \tag{2.6}$$

∇ **Trullo**: Die erste Eigenschaft haben wir ja gerade bewiesen, die nächsten beiden folgen unmittelbar aus der Definition. Die letzte Eigenschaft erhält man aus der Beobachtung, dass $\omega(\varphi \rightarrow \psi) = \max\{1 - \omega(\varphi), \omega(\psi)\}$ gilt.

$\triangle$ **Charli**: So, und jetzt wird's lustig. Wir nennen eine Menge $\mathcal{N}$ von Formeln *gesättigt*, wenn die vier Eigenschaften von oben erfüllt sind.

∇ **Trullo**: Da ist also keine Rede von Valuationen. Das sind allein auf der Logik beruhende Eigenschaften der Menge $\mathcal{N}$. Was hat das jetzt mit Valuationen zu tun? Und wieso *gesättigt*?

Ach ja, das ist klar: Gäbe es eine Formel φ mit $\varphi \notin \mathcal{N}$, dann wäre aber nach der ersten Eigenschaft $\neg\varphi \in \mathcal{N}$. Also ist jede Formel dann irgendwie an der Menge $\mathcal{N}$ beteiligt.

$\triangle$ **Charli**: Ja, aber was machen wir mit den Valuationen? Wir setzen für die primitive Aussage $c \in C$

$$\omega(c) := \begin{cases} 1 & \text{falls } c \in \mathcal{N}, \\ 0 & \text{sonst.} \end{cases}$$

und setzen ω auf die Menge $\mathcal{F}$ aller Formeln fort, setzen also induktiv über den Formelaufbau

$$\omega(\neg\varphi) := 1 - \omega(\varphi),$$
$$\omega(\varphi \wedge \psi) := \min\{\omega(\varphi), \omega(\psi)\},$$
$$\omega(\varphi \vee \psi) := \max\{\omega(\varphi), \omega(\psi)\}.$$

Dann zeigt man durch Induktion nach dem Formelaufbau, dass $\omega(\varphi) = 1 \Leftrightarrow \varphi \in \mathcal{N}$.

∇ **Trullo**: Können wir den Induktionsschritt bitte gerade mal durchführen?

$\triangle$ **Charli**: Klar. Nehmen wir an, die Aussage gilt für φ und für ψ, also $\omega(\varphi) = 1$ und $\omega(\psi) = 1$. Dann gilt sie auch für $\varphi \wedge \psi$ wegen $\omega(\varphi \wedge \psi) = \max\{\omega(\varphi), \omega(\psi)\}$, und für $\varphi \vee \psi$ (weil $\omega(\varphi \vee \psi) = \min\{\omega(\varphi), \omega(\psi)\}$). Analog argumentiert man bei $\varphi \to \psi$ (mit $\omega(\varphi \to \psi) = \max\{1 - \omega(\varphi), \omega(\psi)\}$).

∇ **Trullo**: Schön; wir sehen auch, dass $\mathcal{M}_\omega = \mathcal{N}$ ist, also dass die zur Valuation ω gehörige Menge gerade gleich der Ausgangsmenge $\mathcal{N}$ ist. Also haben wir herausgefunden, dass die gesättigten Mengen und die Valuationen in einer eineindeutigen Korrespondenz stehen.

Was können wir uns denn jetzt dafür kaufen?

> ! Wir kehren also hier kalt lächelnd die Vorgehens-
> weise um und definieren die Valuation durch eine
> Menge. Das können wir tun, weil wir wissen, wo
> wir hinwollen, und weil wir gesehen haben, dass
> eine Valuation solch eine Menge definiert. Also ar-
> beiten wir hier nicht im luftleeren Raum.

$\triangle$ **Charli**: Na ja, zunächst ist das ja für sich selbst schon eine ganz hübsche Aussage. Wir können sie aber dazu benutzen, um Valuationen zu konstruieren. Manchmal ist es einfacher, eine gesättigte Menge von Formeln zu konstruieren und daraus – automatisch, wie wir gesehen haben – die Valuation zu gewinnen, als die Valuation direkt zu konstruieren.

∇ **Trullo**: Es fällt auf, dass jede Formel nur endlich viele primitive Formeln enthalten kann. Das bedeutet, dass man lediglich endlich viele Fälle überprüfen muss, wenn man eine einzige Formel im Blick hat. Andererseits können Mengen von Formeln ja ganz schön groß werden, sind also nicht unbedingt endlich. Da ist es schon nicht einfach, den Überblick zu behalten, wenn man etwas über die Gültigkeit einer Menge von Formeln sagen möchte.

$\triangle$ **Charli**: Die Idee besteht deshalb darin, eine gesättigte Menge von Formeln zu konstruieren.

∇ **Trullo**: Ja, klar, dann kann man ja daraus eine Valuation machen, was wir gerade gesehen haben. Aber woher bekommen wir eine gesättigte Menge?

$\triangle$ **Charli**: Hier hilft die Mengenlehre, genauer das Lemma von Zorn (Theorem 1); Abbildung 2.1 stellt die Vorgehensweise dar. Wir verschaffen uns also zuerst eine induktiv geordnete Menge $\mathbb{M}$. Es bietet sich an, sie für die endlich erfüllbare Menge $\mathcal{A}$ so zu definieren:

$$\mathbb{M} := \{\mathcal{B} \subseteq \mathcal{F} \mid \mathcal{A} \subseteq \mathcal{B} \text{ ist endlich erfüllbar}\}.$$

∇ **Trullo**: Woher weiß ich, dass $\mathbb{M}$ nicht leer ist? Ach ja, schon klar: Die gegebene Menge $\mathcal{A}$ gehört ja zu $\mathbb{M}$. $\mathbb{M}$ hat nach dem Lemma von Zorn ein maximales Element $\mathcal{M}$.

$\triangle$ **Charli**: Langsam, wir müssen wohl zuerst zeigen, dass $\mathcal{M}$ induktiv geordnet ist. Das bedeutet: Wir nehmen uns eine Kette $\mathbb{K} \subseteq \mathbb{M}$ her und zeigen, dass $\mathbb{K}$ eine obere Schranke in $\mathbb{M}$ hat.

∇ **Trullo**: Es bietet sich $\mathcal{K} := \bigcup \mathbb{K}$ an. $\mathcal{K}$ ist eine obere Schranke für $\mathbb{K}$ und $\mathcal{A} \subseteq \mathcal{K}$ gilt nach Konstruktion.

$\triangle$ **Charli**: Das ist schon ganz gut, aber ist $\mathcal{K}$ endlich erfüllbar?

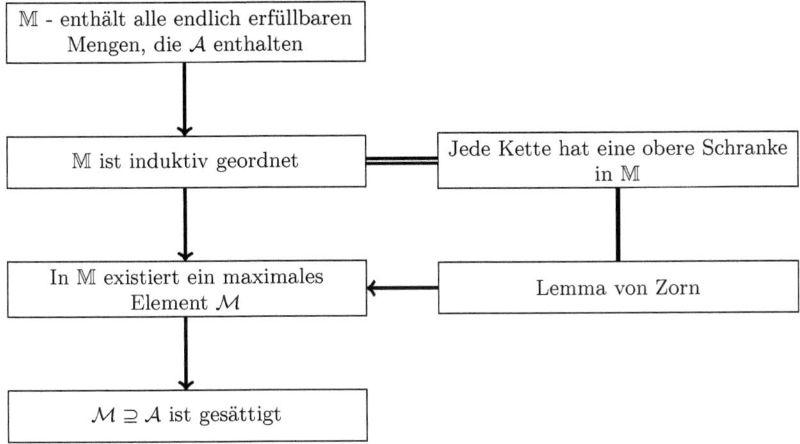

Abb. 2.1: Gewinnung einer maximalen gesättigten Menge mit dem Lemma von Zorn

> Das gleich verwendete zentrale Argument geht so: In einer Kette sind zwei Elemente jeweils vergleichbar. Wenn also $\varphi_1 \in \mathcal{K}_1$ und $\varphi_2 \in \mathcal{K}_2$, dann gilt entweder $\mathcal{K}_1 \subseteq \mathcal{K}_2$ oder $\mathcal{K}_2 \subseteq \mathcal{K}_1$. Bei n Elementen also entsprechend. Wir können $\mathcal{K}_1, \ldots, \mathcal{K}_n$ also so als $\mathcal{K}_{i_1}, \ldots, \mathcal{K}_{i_n}$ anordnen, dass $\mathcal{K}_{i_1} \subseteq \mathcal{K}_{i_2} \subseteq \cdots \subseteq \mathcal{K}_{i_n}$ gilt.

∇ **Trullo:** Wir nehmen uns eine endliche Teilmenge $\mathcal{E} \subseteq \mathbb{K}$, sagen wir mal, $\mathcal{E} = \{\varphi_1, \ldots, \varphi_k\}$. Wir müssen zeigen, dass $\mathcal{E}$ erfüllbar ist. Wir finden Mengen $\mathcal{K}_1, \ldots, \mathcal{K}_n$ in $\mathbb{K}$ mit $\varphi_1 \in \mathcal{K}_1, \ldots, \varphi_n \in \mathcal{K}_n$. Weil $\mathbb{K}$ als Kette total geordnet ist, gibt es unter diesen Mengen eine größte Menge $\mathcal{K}^*$, also $\mathcal{E} = \{\varphi_1, \ldots, \varphi_n\} \subseteq \mathcal{K}^*$. Weil $\mathcal{K}^* \in \mathbb{M}$, ist $\mathcal{K}^*$ endlich erfüllbar, also ist auch $\mathcal{E}$ erfüllbar. Daher ist $\mathcal{K}$ endlich erfüllbar. Also liegt die oben konstruierte Menge $\mathcal{K}$ in $\mathbb{M}$, hat also eine obere Schranke in $\mathbb{M}$.

Damit haben wir die Existenz eines maximalen Elements $\mathcal{M}$ in $\mathbb{M}$ gesichert, weil wir ja jetzt das Lemma von Zorn anwenden können.

$\triangle$ **Charli:** Na ja, jetzt sehen wir uns die Eigenschaften von $\mathcal{M}$ genauer an. Damit wir $\mathcal{M}$ gebrauchen können, müssen wir zeigen, dass die Menge gesättigt ist, also die Eigenschaften (2.3) – (2.6) von Seite 14 hat.

∇ **Trullo:** Also, (2.3): Für jede Formel φ mit $\varphi \notin \mathcal{M}$ ist $\neg\varphi \in \mathcal{M}$. Wir wissen, dass entweder $\mathcal{M} \cup \{\varphi\}$ oder $\mathcal{M} \cup \{\neg\varphi\}$ endlich erfüllbar sind. Nimmt man die entsprechende Formel zu $\mathcal{M}$ hinzu, so entsteht eine echt größere Menge in $\mathbb{M}$,

die endlich erfüllbar ist, im Widerspruch zur Maximalität. Das beweist „$\Leftarrow$".
Vertauscht man die Rollen von φ und $\neg\varphi$, erhält man einen Beweis für „$\Rightarrow$".

$\triangle$ **Charli**: Ja, du hast das Prinzip angewandt, mit dem man mit solchen maximalen Mengen umgeht: gerät man in eine Situation, in der man eine echt größere Menge konstruieren muss, so landet man bei einem Widerspruch.
Ich nehme mir jetzt (2.4) vor: „$\Rightarrow$:Ïst $\varphi \wedge \psi \in \mathcal{M}$, aber $\varphi \notin \mathcal{M}$, so ist nach (2.3) $\neg\varphi \in \mathcal{M}$, dann ist aber $\mathcal{A} \cup \{\varphi \wedge \psi, \neg\varphi\} \subseteq \mathcal{M}$ nicht erfüllbar. Für „$\Leftarrow$" argumentiert man analog: Sind φ uns ψ beides Elemente von $\mathcal{M}$, aber $\varphi \wedge \psi$ ist es nicht, so ist $\mathcal{A} \cup \{\varphi, \psi, \neg(\varphi \wedge \psi)\} \subseteq \mathcal{M}$ nicht erfüllbar.

∇ **Trullo**: Die beiden anderen Aussagen werden wohl völlig analog bewiesen.

$\triangle$ **Charli**: Ja, deshalb führen wir das nicht weiter aus. Wir sind aber jetzt am Ziel, denn wir nehmen uns jetzt die von $\mathcal{M}$ erzeugte Valuation her, und damit haben wir unseren Kompaktheitssatz gezeigt.

∇ **Trullo**: Das Lemma von Zorn ist irgendwie ziemlich abstrakt, oder nicht? Ein konstruktives Verfahren wäre ja auch ganz schön.

> **!** Das Lemma von Zorn ist ein ganz schöner Hammer. Es ist äquivalent zum Auswahlaxiom, das in der Mathematik eine Zeit lang sehr kontrovers diskutiert wurde.

$\triangle$ **Charli**: In unserem Fall bietet sich für abzählbare Mengen eine konstruktive Alternative an, die ich mit dir jetzt kurz diskutieren möchte. Wir nehmen also an, dass die Menge C der primitiven Formeln abzählbar ist. Also gibt es auch nur abzählbar viele Formeln, daher kann $\mathcal{F} = \{\varphi_n \mid n \in \mathbb{N}\}$ als Aufzählung geschrieben werden.

> **!** Es ist klar, dass man mit abzählbar vielen primitiven Formeln nur abzählbar viele Formeln erzeugen kann. Das liegt daran, dass jede Formel nur durch endliche Operationen zustande kommt.

Die Voraussetzung dürfen wir nicht vergessen, nämlich dass jede endliche Teilmenge von $\mathcal{A}$ als erfüllbar angenommen wird.

∇ **Trullo**: Na gut, jetzt haben wir also die Bühne für unser abzählbares Drama aufgebaut.

$\triangle$ **Charli**: Weiter geht's. Wir definieren eine aufsteigende Folge $(\mathcal{A})_{n \geqslant 0}$ von Formelmengen, so dass $\mathcal{A}_0 \subseteq \mathcal{A}_1 \cdots \subseteq \mathcal{A}_n$ mit

$$\mathcal{A}_0 := \mathcal{A},$$

$$\mathcal{A}_{n+1} := \begin{cases} \mathcal{A}_n \cup \{\varphi_n\}, & \text{falls diese Menge endlich erfüllbar ist,} \\ \mathcal{A}_n \cup \{\neg\varphi_n\}, & \text{falls nicht.} \end{cases}$$

Schließlich setzen wir

$$\mathcal{M} := \bigcup_{n \in \mathbb{N}} \mathcal{A}_n.$$

∇ **Trullo**: Wir wollen jetzt zeigen, dass $\mathcal{M}$ maximal in $\mathbb{M}$ ist. Für jede Formel φ gilt: entweder $\varphi \in \mathcal{M}$ oder $\neg\varphi \in \mathcal{M}$. Das sieht man leicht ein.

$\triangle$ **Charli**: Wir müssten aber zeigen, dass $\mathcal{M}$ endlich erfüllbar ist.

∇ **Trullo**: Ja, klar, denn dann wissen wir, dass $\mathcal{M}$ ein maximales Element von $\mathbb{M}$ ist.

$\triangle$ **Charli**: Es genügt offenbar zu zeigen, dass jede Menge $\mathcal{A}_n$ endlich erfüllbar ist.

$\triangle$ **Charli**: Warum?

∇ **Trullo**: Wenn wir eine endliche Menge $\mathcal{E} \subseteq \mathcal{M}$ auf Konsistenz überprüfen, so ist $\mathcal{E} \subseteq \mathcal{A}_n$ für ein $n \in \mathbb{N}$. Das liegt daran, dass diese Mengen monoton wachsen: $\mathcal{A}_0 \subseteq \mathcal{A}_1 \subseteq \ldots \mathcal{A}_k \subseteq \mathcal{A}_{k+1} \subseteq \ldots$.

$\triangle$ **Charli**: Wir beweisen durch Induktion, dass $\mathcal{A}_n$ endlich erfüllbar ist.

1. Der Induktionsbeginn ist bei $n = 0$ gesichert.
2. Wir nehmen an, dass $\mathcal{A}_n$ endlich erfüllbar ist und wollen zeigen, dass $\mathcal{A}_{n+1}$ auch endlich erfüllbar ist.

   - Ist das nicht der Fall, so muss gelten $\mathcal{A}_{n+1} = \mathcal{A}_n \cup \{\neg\varphi_{n+1}\}$, weil $\mathcal{A}_n \cup \{\varphi_{n+1}\}$ nicht endlich erfüllbar ist. Daher gibt es ein endliches $\mathcal{G} \subseteq \mathcal{A}_n$, so dass $\mathcal{G} \cup \{\varphi_{n+1}\}$ nicht erfüllbar ist.
   - Nach Annahme ist $\mathcal{A}_{n+1}$ nicht endlich erfüllbar, also gibt es eine endliche Menge $\mathcal{H} \subseteq \mathcal{A}_n$, so dass $\mathcal{H} \cup \{\neg\varphi_{n+1}\}$ nicht erfüllbar ist.
   - Nun ist die endliche Menge $\mathcal{G} \cup \mathcal{H} \subseteq \mathcal{A}_n$ erfüllbar, es gibt also eine Valuation v mit $v \models \mathcal{G} \cup \mathcal{H}$.
     Für v muss entweder $v(\varphi_{n+1}) = 1$ oder $v(\neg\varphi_{n+1}) = 1$ gelten.
   - Das ist ein Widerspruch: Gilt $v(\varphi_{n+1}) = 1$, so haben wir $v \models \mathcal{G} \cup \{\varphi_{n+1}\}$, gilt hingegen $v(\neg\varphi_{n+1}) = 1$, so haben wir $v \models \mathcal{H} \cup \{\neg\varphi_{n+1}\}$.

Also ist $\mathcal{A}_{n+1}$ endlich erfüllbar.

∇ **Trullo**: So, was haben wir jetzt gezeigt? Wir wissen jetzt, dass die konstruierte Menge $\mathcal{M}$ endlich erfüllbar ist. Also können wir sie zur Konstruktion einer Valuation heranziehen.

$\triangle$ **Charli**: Damit ist der Kompaktheitssatz für den abzählbaren Fall ohne Hilfestellung aus der Mengenlehre bewiesen.

∇ **Trullo**: Was war eigentlich mit dem Graphen, den wir am Anfang eingeführt haben?

$\triangle$ **Charli**: Gut, dass du daran erinnerst. Der sollte nämlich gefärbt werden. Die Behauptung ist, dass der Graph genau dann gefärbt werden kann, wenn jeder endliche Teilgraph gefärbt werden kann.

∇ **Trullo**: Was ist denn jetzt ein Teilgraph?

> **!** $\mathcal{G}' = (V', E')$ ist ein *Teilgraph* des Graphen $\mathcal{G} = (V, E)$ genau dann, wenn (V', E') selbst ein Graph ist und wenn $V' \subseteq V$ und $E' \subseteq E$ gilt. Jeder Knoten von $\mathcal{G}'$ muss Knoten in $\mathcal{G}$ sein, jede Kante von $\mathcal{G}'$ ist eine Kante in $\mathcal{G}$.

$\triangle$ **Charli**: So ist das. Jetzt müssen wir eine Färbung des Graphen $\mathcal{G} = (V, E)$ von oben beschreiben. Wir hatten als primitive Formeln $q_{x,i}$ für $x \in V$ definiert, sie sollten modellieren, dass Knoten $x \in V$ mit der Farbe i gefärbt ist.

∇ **Trullo**: Wir müssen also verbieten, dass für eine Kante $\{x, y\} \in E$ und eine beliebige Farbe $i \in \{1, \ldots, k\}$ gilt $q_{x,i} \wedge q_{y,i}$, denn kann hätten x und y ja dieselbe Farbe.

$\triangle$ **Charli**: Ja, damit haben wir schon einmal eine erste Menge von Formeln:

$$\mathcal{A}_1 := \{\neg(q_{x,i} \wedge q_{y,i}) \mid 1 \leqslant i \leqslant k, \{x, y\} \in E\}.$$

Jetzt müssen wir ausdrücken, dass die Knoten überhaupt eine Farbe bekommen, wie machen wir das?

∇ **Trullo**: Das müsste so gehen:

$$\mathcal{A}_2 := \{q_{x,1} \vee q_{x,2} \vee \cdots \vee q_{x,k} \mid x \in V\}.$$

$\triangle$ **Charli**: Ja gut, reicht das schon? Kann ein Knoten mehr als eine Farbe haben?

∇ **Trullo**: Nein, die Färbung soll eine Abbildung sein, wir müssen also verhindern, dass es einen Knoten gibt x mit $q_{x,i}$ und $q_{x,j}$ für $i \neq j$. Damit sollten wir diese Menge von Formeln hinzunehmen:

$$\mathcal{A}_3 := \{\neg(q_{x,i} \wedge q_{x,j}) \mid 1 \leqslant i < j \leqslant k, x \in V\}.$$

$\triangle$ **Charli**: Also, wenn wir jetzt setzen:

$$\mathcal{A} := \mathcal{A}_1 \cup \mathcal{A}_2 \cup \mathcal{A}_3,$$

dann haben wir dafür gesorgt, dass wir, falls $\mathcal{A}$ erfüllbar ist, eine Abbildung (wegen $\mathcal{A}_3$) bekommen, die jedem Knoten eine Farbe zuordnet (wegen $\mathcal{A}_2$), aber benachbarte Knoten nicht mit derselben Farbe färbt (dafür sorgt $\mathcal{A}_1$).

∇ **Trullo**: Und der Kompaktheitssatz sagt, dass $\mathcal{G}$ genau dann färbbar ist, wenn jeder endliche Teilgraph gefärbt werden kann.

$\triangle$ **Charli**: Vielleicht sollten wir uns noch ein paar Beispiele ansehen. Das Grundgerüst, nämlich die Syntax der Formeln, bleibt gleich. Die Logiken unterscheiden sich in den primitiven Formeln, die wir mit p oder q, mit oder ohne Index, bezeichnen.

Ein weiteres Beispiel ist

$$\mathcal{E}_0 := \{p_i \mid i \in \mathbb{N}\} \cup \{\neg(p_i \leftrightarrow p_j) \mid i,j \in \mathbb{N}, i \neq j\}.$$

Was können wir über $\mathcal{E}_0$ sagen?

∇ **Trullo**: Das ist offensichtlich eine abzählbar unendliche Menge von paarweise verschiedenen Elementen. Die Menge ist erfüllbar, denn jede endliche Teilmenge ist erfüllbar.

$\triangle$ **Charli**: Noch so'n Ding:

$$\mathcal{E}_1 := \{p_0\} \cup \{\neg(p_i \wedge p_j) \mid i \neq j\} \cup \{p_i \rightarrow p_{i+1} \mid i \in \mathbb{N}\}.$$

∇ **Trullo**: Das gleiche Argument. Hier könnte man eine Ordnung einführen mit $p \leqslant p'$, falls $p \rightarrow p'$.

$\triangle$ **Charli**: Sehen wir uns dieses Beispiel an:

$$\mathcal{E}_2 := \{p\} \cup \{p \rightarrow q_n \mid n \in \mathbb{N}\} \cup \{\neg q_n \mid n \in \mathbb{N}\}.$$

∇ **Trullo**: Das ist nicht erfüllbar: z.B. $\{p, p \rightarrow q_1, \neg q_1\}$ findet offensichtlich keine Valuation.

$\triangle$ **Charli**: Wie steht's hiermit?

$$\mathcal{E}_3 := \{p_1, p_1 \to p_2, p_1 \to p_2 \to p_3, p_1 \to p_2 \to p_3 \to p_4, ...\}$$

∇ **Trullo**: $\mathcal{E}_3$ ist erfüllbar. Wenn wir eine endliche Menge solcher Ketten haben, weisen wir den einzelnen p_i, die daran teilnehmen, den Wert 1 zu.

$\triangle$ **Charli**: Es ist ganz interessant, die folgende Konsequenz aus dem Kompaktheitssatz aufzuschreiben: Falls $\mathcal{A} \models \varphi$, so gibt es eine endliche Teilmenge $\mathcal{B} \subseteq \mathcal{A}$ mit $\mathcal{B} \models \varphi$.

∇ **Trullo**: Ach, das ist klar: Falls nämlich $\mathcal{B} \not\models \varphi$ für jede endliche Teilmenge $\mathcal{B} \subseteq \mathcal{A}$ gilt, so würde nach dem Kompaktheitssatz auch $\mathcal{A} \not\models \varphi$ gelten, im Widerspruch zur Annahme.

In diesem Abschnitt haben wir gezeigt, dass die Erfüllbarkeit einer Menge von Formeln schon durch endliche Teilmengen als Zeugen überprüft werden kann. Diese überraschende Aussage liegt im Fall beliebig großer Formelmengen ziemlich tief, so dass wir ein schweres Geschütz aus dem Arsenal der Mengenlehre bemühen mussten, nämlich das Lemma von Zorn. Im abzählbaren Fall konnten wir ein konstruktives Verfahren anwenden.

2.4 Für Liebhaber: Ein topologischer Beweis

Der Beweis des Kompaktheitssatzes basiert für den abzählbaren Fall auf der Betrachtung jeder einzelnen Formel nach dem Aschenbrödel-Prinzip „Die Guten ins Töpfchen, die Schlechten ins Kröpfchen". Als Alternative haben wir für den allgemeinen Fall ein schweres Geschütz aufgefahren, nämlich das Lemma von Zorn. Wenn man schon bei schweren Geschützen ist, bemerkt man, dass die Menge aller Valuationen einen kompakten topologischen Raum bilden, in dem die Menge der erfüllbaren Formeln abgeschlossen, also kompakt ist. Das kann man geschickt zur Charakterisierung ausnutzen.

> **!**
>
> Wir gönnen unseren beiden Akteuren Trullo und Charli eine Pause, in der sie Atem schöpfen können. Diese Pause können wir dazu nutzen, ein ganz anderes Licht auf das Problem zu werfen, indem wir Valuationen als Elemente eines Produktraums auffassen.
>
> Das ganze Theater verschiebt sich dadurch, und diese Verschiebung nutzen wir gnadenlos aus.

Eine Valuation $\omega : \mathcal{F} \to \{0,1\}$ ist Element der Menge $\mathfrak{V} := \{0,1\}^{\mathcal{F}}$ (das sind gerade alle Abbildungen $\mathcal{F} \to \{0,1\}$). Versieht man $\{0,1\}$ mit der diskreten Topologie, so ist $\mathfrak{V}$ in der Produkttopologie nach dem Satz von Tychonoff ein kompakter topologischer Hausdorff-Raum. Für die Formelmenge $\mathcal{A} \subseteq \mathcal{F}$ ist

$$\mathfrak{F}_{\mathcal{A}} := \{X \in \mathfrak{V} \mid X(\varphi) = 1 \text{ für alle } \varphi \in \mathcal{A}\}$$

die Menge aller Valuationen. $\mathcal{A}$ ist also genau dann erfüllbar, wenn $\mathfrak{F}_{\mathcal{A}} \neq \varnothing$ gilt.

Der Kompaktheitssatz lässt sich jetzt umformulieren: für $\mathcal{A} \subseteq \mathcal{F}$ sind gleichwertig

1. $\mathfrak{F}_{\mathcal{A}} \neq \varnothing$, falls $\mathfrak{F}_{\mathcal{B}} \neq \varnothing$ für alle endlichen Teilmengen $\mathcal{B} \subseteq \mathcal{A}$.
2. $\mathfrak{F}_{\mathcal{A}} \neq \varnothing$

Der Beweis der Implikation „1 $\Rightarrow$ 2" verwendet die Kompaktheit von $\mathfrak{V}$. Man sieht zunächst, dass $\mathfrak{F}_{\mathcal{B}} \subseteq \mathfrak{V}$ abgeschlossen ist. Ist nämlich $X \notin \mathfrak{F}_{\mathcal{B}}$, so gibt es eine Formel $\varphi^* \in \mathcal{B}$ mit $X(\varphi^*) = 0$. Dann ist das Subbasiselement $\{Y \in \mathfrak{V} \mid Y(\varphi^*) = 0\}$ eine offene Umgebung von X, die disjunkt zu $\mathfrak{F}_{\mathcal{B}}$ ist. Nach Voraussetzung ist $\mathfrak{F}_{\mathcal{B}} \neq \varnothing$ für alle endlichen $\mathcal{B}$, und weil

$$\mathfrak{F}_{\mathcal{B}_1} \cap \cdots \cap \mathfrak{F}_{\mathcal{B}_n} = \mathfrak{F}_{\mathcal{B}_1 \cup \cdots \cup \mathcal{B}_n}$$

ist $\bigcap_{\mathcal{B} \subseteq \mathcal{A} \text{ endlich}} \mathfrak{F}_{\mathcal{B}} \neq \varnothing$ wegen der Kompaktheit von $\mathfrak{V}$. Das ist aber gerade $\mathfrak{F}_{\mathcal{A}}$.

Jetzt kennen wir zwei Beweise des Kompaktheitssatzes, die im wesentlichen Aussagen über die Gültigkeit von Formeln machen. Wir werden jetzt sehen, dass man Formeln auch herleiten, also beweisen kann.

2.5 Ein Beweissystem

Gültigkeit einer Formel ist eine Sache, ihre Beweisbarkeit eine andere. Wir legen fest, was ein Beweis überhaupt ist, indem wir Axiome und Schlussregel bereitstellen. Damit nehmen wir Tautologien genauer unter die Lupe, die zwar als Axiome herangezogen werden, aber auch als Folgerungen auftreten können. Ziel ist der Nachweis, dass eine Formel genau dann aus einer Menge von Formeln abgeleitet werden kann, wenn sie für diese Menge gültig ist.

$\triangle$ **Charli:** Bislang haben wir uns mit der Gültigkeit von Formeln befasst, jetzt fragen wir uns, wie wir Formeln aus Axiomen mit Schlussregeln ableiten können.

> Typischerweise wollen wir für eine Menge von For-
> meln wissen, ob wir eine bestimmte Formal daraus
> ableiten können.
>
> ! Diese Menge von Formeln können zum Beispiel Ei-
> genschaften von Programmen sein. Die Frage nach
> der Beweisbarkeit stellt sich dann so, dass wir wis-
> sen möchten, ob sich eine Eigenschaft eines Pro-
> gramms aus anderen, die wir posutlieren, ergeben.

∇ **Trullo**: Wir benötigen eben diese Axiome und Schlussregeln: Die Axiome sind die Basis, auf der wir stehen, die Schlussregeln helfen uns, uns gesichert in unserem Raum von Formeln zu bewegen. Dazu dienen die Beweise.

$\triangle$ **Charli**: Es gibt also einiges zu bedenken.

Axiome: Also Axiome nehmen wir alle Tautologien.

Schlussregeln: Wir haben nur eine einzige Schlussregeln, den *Modus ponens*. Das sieht so aus:

$$\frac{\varphi \quad \varphi \to \psi}{\psi}.$$

∇ **Trullo**: Bin ich sicher, dass ich das verstehe?

$\triangle$ **Charli**: Langsam. Bei der Wahl der Axiome hat man ziemlich viel Freiheit. Um die Beweise nicht ausufern zu lassen, habe ich mich diese Menge vorgeschlagen. Tautologien kennen wir ja schon ganz gut.

$\triangle$ **Charli**: Verstehe ich, aber was ist mit dem Modus ponens? Komischer Name.

$\triangle$ **Charli**: Ja, er kommt wohl aus der Tradition der scholastischen Logik. Macht aber nix.

Die Regel arbeitet so: wenn ich die Formeln φ und $\varphi \to \psi$ bewiesen habe, dann wende ich diese Regel an, um die Formel ψ zu beweisen.

∇ **Trullo**: Also nach der Art

$$\frac{\text{es regnet} \quad \text{wenn es regnet, ist die Straße nass}}{\text{die Straße ist nass}}$$

Wenn wir sehen, dass es regnet, dann können wir mit dieser Regel schließen, dass die Straße nass ist.

$\triangle$ **Charli**: Genau so. Wir brauchen noch die Definition eines Beweises. Das geht so:

> Die Formel φ wird aus der Formelmenge $\mathcal{A}$ bewiesen genau dann, wenn
> es Formeln $\varphi_1, \ldots, \varphi_n$ gibt, so dass jedes φ_i entweder in $\mathcal{A}$ liegt, ein Axiom ist oder aus $\varphi_1, \ldots, \varphi_{i-1}$ mit dem Modus ponens folgt. Wir schreiben
> dann $\mathcal{A} \vdash \varphi$, φ wird dann *Theorem von $\mathcal{A}$* genannt. Falls $\mathcal{A} = \varnothing$ schreiben wir auch $\vdash \varphi$, und φ heißt dann einfach ein *Theorem*.

∇ **Trullo**: Hier wären ein paar Beispiele für Beweise ganz nützlich.

$\triangle$ **Charli**: Klar.

- Als triviales Beispiel können wir uns

$$\vdash \varphi \to (\psi \to \varphi \wedge \psi)$$

ansehen, das ist eine Tautologie.
- Ein einfaches Beispiel ist

$$\{\varphi, \varphi \to \psi\} \vdash \psi,$$

also eine direkte Anwendung des Modus ponens.
- Ein bisschen umfangreicher ist die Nachweis der Transitivität von $\to$, genauer

$$\{\varphi \to \psi, \psi \to \tau\} \vdash \varphi \to \tau.$$

Das geht in diesen Schritten:

1. $\varphi \to \psi$ (Voraussetzung)
2. $\psi \to \tau$ (Voraussetzung)
3. $(\varphi \to \psi) \to ((\psi \to \tau) \to (\varphi \to \tau))$ (Tautologie)
4. $(\psi \to \tau) \to (\varphi \to \tau)$ (Modus ponens aus (3) und (1))
5. $\varphi \to \tau$ (Modus ponens aus (4) und (2)).

∇ **Trullo**: Das Prinzip ist jetzt klar. Wir sehen uns jetzt sicher einige Eigenschaften von $\vdash$ an, oder nicht?

$\triangle$ **Charli**: Na gut. Ich behaupte (vgl. (2.2) auf Seite 13):

$$\mathcal{A} \cup \{\varphi\} \vdash \psi \Leftrightarrow \mathcal{A} \vdash \varphi \to \psi. \tag{2.7}$$

Dabei ist „$\Leftarrow$" nur eine Umformulierung des Modus ponens. Bleibt also „$\Rightarrow$" zu beweisen.

∇ **Trullo**: Also jetzt „$\Rightarrow$"; Falls $\varphi = \psi$ ist die Sache trivial. Gilt $\mathcal{A} \vdash \psi$, so beweisen wir mit der Tautologie $\alpha \to (\beta \to \alpha)$ und dem Modus ponens das Theorem $\mathcal{A} \vdash \varphi \to \psi$ von $\mathcal{A}$.

Sonst führen wir eine Induktion nach der Länge des Beweises für $\mathcal{A} \cup \{\varphi\} \vdash \psi$[2]. Den Induktionsbeginn haben wir ja schon betrachtet. Im Induktionsschritt

---

[2] Der Beweis folgt [19, p. 111]

haben wir ψ mit dem Modus ponens gewonnen aus τ und $\tau \to \psi$, also wissen wir aus der Induktionsvoraussetzung, dass $\mathcal{A} \vdash \varphi \to \tau$ und $\mathcal{A} \vdash \varphi \to (\tau \to \psi)$. Weil

$$(\varphi \to \tau) \to \Big((\psi \to (\tau \to \psi)) \to (\varphi \to \psi) \Big)$$

eine Tautologie ist, folgt mit zweimaliger Anwendung des Modus ponens auch $\mathcal{A} \vdash \varphi \to \psi$.

∇ **Trullo**: Also, wenn ich mir zwei Formeln φ und ψ ansehen mit $\vdash \varphi \leftrightarrow \psi$, dann sind die doch irgendwie gleich, oder nicht?

$\triangle$ **Charli**: Na ja, gleich im ganz strengen lexikalischen Sinn eigentlich nicht, aber doch, sagen wir, semantisch, äquivalent. Also, wir können uns ja das Ding einmal ansehen; das ist auch eine schöne Fingerübung für Beweise.

> **!** Na, ja, mehr als eine Fingerübung. Wir sehen zwei Formeln als äquivalent an, wenn wir sie nicht unterscheiden können. Wenn wir dann gezeigt haben, dass es sich hier um eine Äquivalenzrelation handelt, so können wir uns mit den Klassen befassen. Das hat den Vorteil, dass uns irrelevante Unterschiede zwischen den Formeln nicht in die Quere kommen.

Wir halten eine Menge $\mathcal{A}$ von Formeln fest, und definieren für zwei Formeln φ und ψ: $\varphi \sim \psi$ genau dann, wenn ihre Äquivalenz aus $\mathcal{A}$ herleitbar ist, also

$$\varphi \sim \psi \Leftrightarrow \mathcal{A} \vdash \varphi \leftrightarrow \psi. \tag{2.8}$$

Eigentlich müssten wir $\sim_{\mathcal{A}}$ und nicht einfach nur $\sim$ schreiben, aber weil wir $\mathcal{A}$ festhalten, überlädt das nur die Notation.

∇ **Trullo**: Das ist eine Äquivalenzrelation: wegen $\vdash \varphi \leftrightarrow \varphi$ ist $\sim$ reflexiv, die Symmetrie ist trivial, und die Transitivität bekommen wir aus dem Beispiel auf Seite 25, wo wir $\{\varphi \to \psi, \psi \to \tau\} \vdash \varphi \to \tau$ bewiesen haben, also

$$\vdash (\varphi \to \psi) \to \big((\psi \to \tau) \to (\varphi \to \tau)\big) \ (\ddagger).$$

$\triangle$ **Charli**: Sehen wir uns das doch noch einmal an. Es gilt also $\varphi \sim \psi$ und $\psi \sim \tau$. Wir wollen zeigen, dass $\varphi \sim \tau$ gilt.

1. $\mathcal{A} \vdash \varphi \leftrightarrow \psi$,
2. $\mathcal{A} \vdash \psi \leftrightarrow \tau$,
3. $\mathcal{A} \vdash \varphi \to \psi$ (aus 1. und der Tautologie $\alpha \wedge \beta \to \alpha$),
4. $\mathcal{A} \vdash \psi \to \tau$ (ähnlich),
5. $\mathcal{A} \vdash (\psi \to \tau) \to (\varphi \to \tau)$ (aus ($\ddagger$), 3. und Modus ponens),

6. $\mathcal{A} \vdash \varphi \to \tau$ (aus 4., 5. und Modus ponens).

Analog zeigt man $\mathcal{A} \vdash \tau \to \varphi$, also insgesamt $\mathcal{A} \vdash \varphi \leftrightarrow \tau$. Damit ist gezeigt, dass $\sim$ eine Äquivalenzrelation auf der Menge $\mathcal{F}$ aller Formeln ist.

∇ **Trullo**: Na fein, aber was können wir uns davon kaufen? Sind die Äquivalenzklassen irgendwie interessant?

$\triangle$ **Charli**: Das sehen wir später.

∇ **Trullo**: Typisch Lehrbuch!

$\triangle$ **Charli**: Na, da hätte ich noch einen Vorschlag für eine Fingerübung[3]. Wir wissen

$$\varphi \to \varphi', \varphi' \to \varphi, \psi \to \psi', \psi' \to \psi$$

und wir wollen zeigen

$$(\varphi \to \psi) \sim (\varphi' \to \psi').$$

> **!** Damit zeigen wir, dass die Äquivalenzrelation verträglich ist mit den logischen Operationen. Wenn das nicht der Fall wäre, wäre die Äquivalenz keinen Schuss Pulver wert, weil die Logik dann kein Interesse daran hätte.

1. Weil $\alpha \to (\beta \to \alpha)$ eine Tautologie ist, erhalten wir

$$\mathcal{A} \vdash (\psi \to \psi') \to \big(\varphi \to (\psi \to \psi')\big),$$

   daraus mit dem Modus ponens

$$\mathcal{A} \vdash \varphi \to (\psi \to \psi').$$

2. Wegen der Tautologie

$$\big(\alpha \to (\beta \to \gamma)\big) \to \big((\alpha \to \beta) \to (\alpha \to \gamma)\big)$$

   folgt aus

$$\mathcal{A} \vdash \big(\varphi \to (\psi \to \psi')\big) \to \big((\varphi \to \psi) \to (\varphi \to \psi')\big)$$

   mit dem Modus ponens

$$\mathcal{A} \vdash (\varphi \to \psi) \to (\varphi \to \psi').$$

3. Völlig analog erhält man

$$\mathcal{A} \vdash (\varphi \to \psi') \to (\varphi \to \psi).$$

---

[3] Der Beweis folgt [37, p. 43]

4. Also
$$(\varphi \to \psi) \sim (\varphi \to \psi').$$

5. Aus der Tautologie

$$(\alpha \to \beta) \to \big((\beta \to \gamma) \to (\alpha \to \gamma)\big)$$

erhält man mit

$$\mathcal{A} \vdash (\varphi' \to \varphi) \to \big((\varphi \to \psi') \to (\varphi' \to \psi')\big)$$

und dem Modus ponens

$$\mathcal{A} \vdash (\varphi \to \psi') \to (\varphi' \to \psi').$$

Völlig analog zeigt man

$$\mathcal{A} \vdash (\varphi' \to \psi') \to (\varphi \to \psi'),$$

so dass wir

$$(\varphi \to \psi') \sim (\varphi' \to \psi')$$

erhalten.

6. Aus der Transitivität von $\sim$ folgt jetzt mit (4) die Behauptung.

$\triangle$ **Charli:** So, aber jetzt. Nehmen wir an, dass $\mathcal{A} \vdash \varphi$ gilt. Beim Beweis werden nur endlich viele Formeln aus $\mathcal{A}$ benutzt. Also können wir folgern, dass es eine endliche Teilmenge $\mathcal{B} \subseteq \mathcal{A}$ gibt mit $\mathcal{B} \vdash \varphi$.

Diese nützliche Idee werden wir gleich verwenden.

∇ **Trullo:** Ah, wie ist der Zusammenhang zwischen $\vdash$ und $\models$, also zwischen Beweisbarkeit und Gültigkeit?

$\triangle$ **Charli:** Das sehen wir uns jetzt an. Ich behaupte, dass aus $\mathcal{A} \vdash \varphi$ folgt $\mathcal{A} \models \varphi$, also jede in $\mathcal{A}$ beweisbare Formel ist eine tautologische Konsequenz von $\mathcal{A}$.

> **!** Jetzt wird es aber richtig spannend: wir haben auf der einen Seite die Gültigkeit einer Formel, auf der anderen ihre Beweisbarkeit. Sind gültige Formeln beweisbar? Sind beweisbare Formeln gültig? Wenn wir wüßten, dass beide zwei Seiten derselben Medaille sind, so könnten wir die Beweisbarkeit einer Formel aus ihrer Gültigkeit ablesen.

▽ **Trullo**: Ein Beweis durch vollständige Induktion nach der Länge n des Beweises für $\mathcal{A} \vdash \varphi$ liegt nahe, oder nicht?

△ **Charli**: Ok, wie sieht es für den Fall $n = 0$ aus?

▽ **Trullo**: Ach, das ist einfach: wenn $n = 0$, so muss nach Definition von $\vdash$ gelten $\varphi \in \mathcal{A}$. Also gilt für jede Valuation ω, die allen Elementen von $\mathcal{A}$ den Wert 1 zuweist, insbesondere auch $\omega(\varphi) = 1$, damit $\mathcal{A} \models \varphi$.

△ **Charli**: Und jetzt der Induktionsschritt. Wir wissen also, dass die Aussage für Beweise der Länge n richtig ist, und haben jetzt einen Beweis der Länge $n + 1$ vor uns. Seien $\varphi_1, \ldots, \varphi_{n+1} = \varphi$ die beteiligten Formeln, und sei ω eine Valuation mit $\omega(\psi) = 1$ für alle $\psi \in \mathcal{A}$. Nach Induktionsvoraussetzung gilt dann auch $\omega(\varphi_i) = 1$ für $1 \leqslant i \leqslant n$.

▽ **Trullo**: Na gut, aber was ist jetzt mit φ_{n+1}? Entweder φ_{n+1} ist eine Tautologie, dann haben wir direkt $\omega(\varphi_{n+1}) = 1$ oder φ_{n+1} wurde durch Anwendung des Modus ponens gewonnen, also durch

$$\frac{\varphi_i \quad \varphi_i \to \varphi_{n+1}}{\varphi_{n+1}}$$

für ein φ_i. Dann gilt auch $\omega(\varphi_{n+1}) = 1$.

△ **Charli**: Und damit haben wir $\mathcal{A} \models \varphi$ auch für den Induktionsschritt bewiesen, also zusammengefasst

$$\mathcal{A} \vdash \varphi \text{ impliziert } \mathcal{A} \models \varphi. \tag{2.9}$$

▽ **Trullo**: Was ist mit der Umkehrung? Dann wären ja Beweisbarkeit und Gültigkeit gleichwertig.

> Das gilt tatsächlich. Das bedeutet, dass das syntaktische Konzept der Beweisbarkeit und das semantische Konzept der Gültigkeit übereinstimmen. Also auf die Spitze getrieben: Wir zeigen jetzt, dass eine gültige Formel auch bewiesen werden kann. Dazu benötigen wir eine Hilfsaussage, die wie eine Erweiterung des Modus ponens daherkommt.

△ **Charli**: Die Formeln $\varphi_1, \ldots, \varphi_n$ und $\varphi_1 \to \cdots \to \varphi_n \to \psi$ seien Theoreme von $\mathcal{A}$. Dann ist auch ψ ein Theorem von $\mathcal{A}$. Also grob gesagt: Was aus einem Theorem durch Implikation folgt, ist wieder ein Theorem. Das ist ja intuitiv einleuchtend (und befriedigend).

∇ **Trullo**: Und formaler: Aus $\mathcal{A} \vdash \varphi_i$ für $1 \leqslant i \leqslant n$ und $\mathcal{A} \vdash \varphi_1 \to \cdots \to \varphi_n \to \psi$ folgt $\mathcal{A} \vdash \psi$. Dabei ist der Fall $n = 1$ gerade der Modus ponens.

$\triangle$ **Charli**: Das legt nahe, dass wir die Aussage induktiv beweisen. Der Induktionsanfang ist gemacht, jetzt kommt der Induktionsschritt $n \to n+1$.

∇ **Trullo**: Das geht dann auch ziemlich direkt. Sind also $\varphi_1, \ldots, \varphi_{n+1}$ und $\varphi_1 \to \cdots \varphi_{n+1} \to \psi$ Theoreme von $\mathcal{A}$, dann erhalten wir $\mathcal{A} \vdash \varphi_{n+1} \to \psi$ aus der Induktionsvoraussetzung (und weil $\to$ rechtsassoziativ ist). Und weil insbesondere $\mathcal{A} \vdash \varphi_{n+1}$ gilt, erhalten wir daraus mit dem Modus ponens die Behauptung $\mathcal{A} \vdash \psi$.

$\triangle$ **Charli**: So, damit sind wir jetzt in der Lage, den folgenden Satz zu beweisen:

$$\mathcal{A} \vdash \varphi \Leftrightarrow \mathcal{A} \models \varphi. \tag{2.10}$$

Hierbei ist $\mathcal{A} \cup \{\varphi\}$ eine Menge von Formeln.

∇ **Trullo**: Wir brauchen ja nur $\mathcal{A} \models \varphi \Rightarrow \mathcal{A} \vdash \varphi$ zu beweisen, weil wir $\mathcal{A} \vdash \varphi \Rightarrow \mathcal{A} \models \varphi$ schon bewiesen haben (in (2.9)).

Wir nehmen also an, dass $\mathcal{A} \models \varphi$ gilt. Dann sehen wir als Konsequenz aus dem Kompaktheitssatz (siehe Seite 22), dass wir eine endliche Menge $\mathcal{B} := \{\varphi_1, \ldots, \varphi_n\} \subseteq \mathcal{A}$ finden können mit $\mathcal{B} \models \varphi$. Wegen $\varphi_i \in \mathcal{A}$ gilt auch $\mathcal{A} \vdash \varphi_i$ für $1 \leqslant i \leqslant n$. Aus unserer Fingerübung auf Seite 12 wissen wir, dass $\varphi_1 \to \cdots \to \varphi_n \to \varphi$ eine Tautologie ist. Daraus folgt $\mathcal{A} \vdash \varphi$ nach der gerade bewiesenen Hilfsaussage.

$\triangle$ **Charli**: Bingo! Wir haben also folgendes gezeigt:

Korrektheit: Jede bewiesene Formel ist gültig ($\mathcal{A} \vdash \varphi \Rightarrow \mathcal{A} \models \varphi$).
Vollständigkeit: Jede gültige Formel kann bewiesen werden ($\mathcal{A} \models \varphi \Rightarrow \mathcal{A} \vdash \varphi$).

Einen ähnlichen Satz werden wir in der Prädikatenlogik beweisen.

∇ **Trullo**: Eine Folgerung aus dem Kompaktheitssatz ergibt sich übrigens direkt: Wenn $\mathcal{A} \models \varphi$, dann gilt auch $\mathcal{A} \vdash \varphi$, wie wir gerade gesehen haben. Wir können also eine endliche Teilmenge $\mathcal{B} \subseteq \mathcal{A}$ so finden, dass $\mathcal{B} \vdash \varphi$. Aus der Gleichwertigkeit von $\vdash$ und $\models$ folgt $\mathcal{B} \models \varphi$.
Das heißt: ist φ tautologische Konsequenz von $\mathcal{A}$, so existiert eine endliche Teilmenge $\mathcal{B}$ von $\mathcal{A}$, so dass φ bereits tautologische Konsequenz von $\mathcal{B}$ ist.

Dieser Abschnitt zeigt ziemlich direkt, dass Beweisbarkeit und Gültigkeit zwei Seiten derselben Medaille sind. Ich möchte aber noch einmal beweisen, dass eine gültige Aussage auch beweisbar ist, diesmal aber ein anderes Hilfsmittel heranziehen, nämlich der Lindenbaum-Algebra. Diese Boolesche Algebra wird durch die Logik selbst erzeugt. Damit gelingt ganz überraschend der Beweis der Vollständigkeit (mit einer Konstruktion, die sich bei gesättigten Mengen schon angekündigt hat). Diese Technik zieht eine Boolesche Algebra zur Untersuchung einer Logik heran. Sie wird sich in der Prädikatenlogik bewähren.

2.6 Für Liebhaber, aber nicht nur: Die Lindenbaum-Algebra

Zwei Formeln φ und ψ sind äquivalent, wenn $\varphi \leftrightarrow \psi$ bewiesen werden kann. Sieht man sich die Äquivalenzklassen genauer an, so stellt man fest, dass es sich um eine Boolesche Algebra handelt. Das ist nicht so recht überraschend, weil ja die Booleschen Operationen (Komplementbildung, Konjunktion, Disjunktion) schon in der Logik sozusagen konfiguriert sind. Wir untersuchen diese Boolesche Algebra eingehender und stellen fest, dass die beweisbaren Formeln die Klasse des größten Elements ausmachen, und dass sich die Implikation in die $\leqslant$-Relation übersetzt. Wir finden auch für die Gültigkeit eine algebraische Entsprechung. Damit können wir die Korrektheit und die Vollständigkeit unseres Beweissystems auf algebraische Weise nachweisen. Abbildung 2.2 gibt einen Überblick über die Vorgehensweise.

$\triangle$ **Charli**: Wir riskieren jetzt einen schärferen Blick auf die Äquivalenzrelation von Seite 26

$$\varphi \sim \psi \Longleftrightarrow \mathcal{A} \vdash \varphi \leftrightarrow \psi. \tag{2.11}$$

und versuchen, nützliche Eigenschaften zu identifizieren. Der Verfasser sitzt jetzt bestimmt an der Tastatur, freut sich über unsere Frage, und denkt über seinen Plan nach.

> Ja, so ist das.
>
> Unsere Logik arbeitet mit Booleschen Operationen, was uns aber noch für eine Boolesche Algebra fehlt ist eine Trägermenge. Eine solche Algebra arbeitet nun einmal mit Elementen einer Menge, nur – die Menge muss man erst einmal haben! Der Trick ist, aus Formeln Mengen zu machen, und das tun wir, indem wir von Formeln zu ihren Äquivalenzklassen übergehen. Dann haben wir eine Menge, nämlich die Menge aller Klassen, und damit können wir arbeiten.

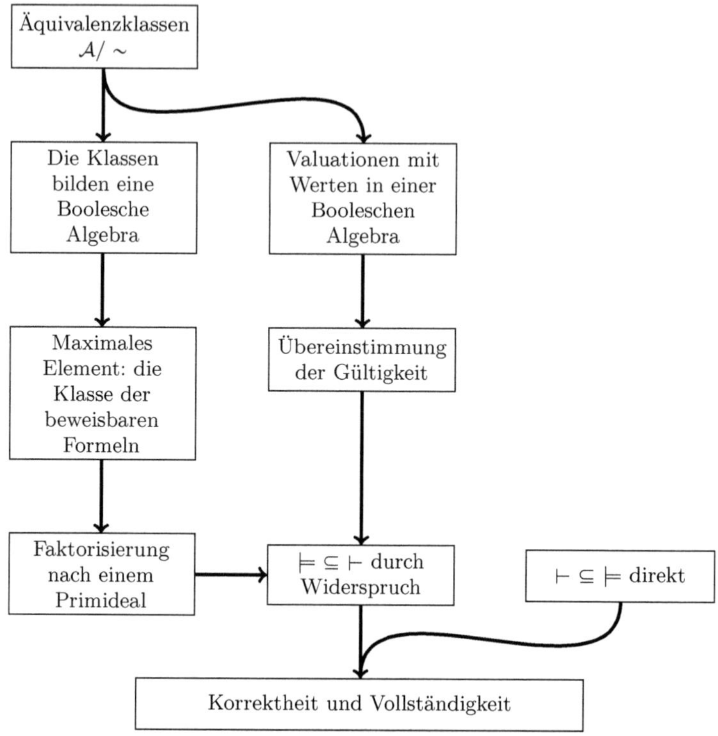

Abb. 2.2: Fahrplan für die Nutzung der Lindenbaum-Algebra

∇ **Trullo:** $[\varphi]_\sim$ ist die zur Formel φ gehörige Äquivalenzklasse. $\mathcal{A}$ kann also die Elemente einer Äquivalentklasse nicht unterscheiden. $\mathcal{F}/\sim$ ist die Menge aller Klassen, also der Faktor von $\mathcal{F}$ nach $\sim$.

$\triangle$ **Charli:** Wir könnten ja mal versuchen, mit der Implikation zu spielen:

$$[\varphi]_\sim \leqslant [\psi]_\sim \text{ genau dann, wenn } \mathcal{A} \vdash \varphi \rightarrow \psi,$$

das sieht doch ganz lustig aus.

∇ **Trullo:** Aber da haben wir ein Problem, nämlich, ob die Definition unabhängig von den Repräsentanten der Klasse ist.

$\triangle$ **Charli:** Also du meinst: Ist $[\varphi]_\sim \leqslant [\psi]_\sim$ und $\varphi \sim \varphi', \psi \sim \psi'$ (dann ist ja $[\varphi]_\sim = [\varphi']_\sim$ und $[\psi]_\sim = [\psi']_\sim$), gilt dann auch $\mathcal{A} \vdash \varphi' \rightarrow \psi'$?

∇ **Trullo:** Wenn das nicht gilt, können wir einpacken – schöne Idee, aber völlig nutzlos.

$\triangle$ **Charli**: Wir wissen aber schon aus (2.5) auf Seite 27, dass die Relation $\leqslant$ auf $\mathcal{F}/{\sim}$ wohldefiniert ist, und nach der Diskussion von oben können wir auch folgern, dass $\leqslant$ reflexiv, antisymmetrisch und transitiv ist.

> Das zeigt, dass wir es mit einer Ordnungsrelation zu tun haben. Wir wollen aber mehr: zu einer Booleschen Algebra gehören Infimum und Supremum (bei Mengen sind das Durchschnitt bzw. Vereinigung), später noch das Komplement. Als Kandidat für das Supremum von $[\varphi]_\sim$ und $[\psi]_\sim$ bietet sich $[\varphi \vee \psi]_\sim$ an. Das überprüfen wir jetzt.

Zunächst sehen wir, dass $[\varphi]_\sim \leqslant [\varphi \vee \psi]_\sim$ und $[\psi]_\sim \leqslant [\varphi \vee \psi]_\sim$ gelten, so dass $[\varphi \vee \psi]_\sim$ eine obere Schranke zu $\{[\varphi]_\sim , [\psi]_\sim\}$ ist.

∇ **Trullo**: Tatsächlich ist $[\varphi \vee \psi]_\sim$ die kleinste obere Schranke: Falls $[\varphi]_\sim \leqslant [\tau]_\sim$ und $[\psi]_\sim \leqslant [\tau]_\sim$, so bedeutet das ja, dass $\mathcal{A} \vdash \varphi \to \tau$ und $\mathcal{A} \vdash \psi \to \gamma$ gilt. Weil aber

$$(\alpha \to \gamma) \to \big((\beta \to \gamma) \to (\alpha \vee \beta \to \gamma)\big)$$

eine Tautologie ist, erhalten wir durch Anwendung ($2\times$) des Modus ponens $\mathcal{A} \vdash \varphi \vee \psi \to \tau$. Daraus folgt $[\varphi \vee \psi]_\sim \leqslant [\tau]_\sim$. Insgesamt sehen wir, dass

$$[\varphi]_\sim \sqcup [\psi]_\sim := [\varphi \vee \psi]_\sim = \sup\{[\varphi]_\sim , [\psi]_\sim\}$$

gilt.

Ganz analog weist man die Klasse $[\varphi \wedge \psi]_\sim$ von $\varphi \wedge \psi$ als größte untere Schranke von $[\varphi]_\sim$ und $[\psi]_\sim$ nach:

$$[\varphi]_\sim \sqcap [\psi]_\sim := [\varphi \wedge \psi]_\sim = \inf\{[\varphi]_\sim , [\psi]_\sim\}.$$

$\triangle$ **Charli**: Und weil für jedes φ gilt $\varphi \wedge \neg\varphi \to \varphi$ und $\varphi \to \varphi \vee \neg\varphi$, haben wir ein kleinstes Element $\bot := [\varphi \wedge \neg\varphi]_\sim$ und ein größtes Element $\top := [\varphi \vee \neg\varphi]_\sim$; offensichtlich hängen diese beiden Klassen nicht von der Wahl des Repräsentanten φ ab, vgl. (2.5).

Jedes Element $[\varphi]_\sim$ hat ein Komplement, nämlich $-[\varphi]_\sim := [\neg\varphi]_\sim$. Rechnen wir's aus: $[\varphi]_\sim \sqcap -[\varphi]_\sim = [\varphi \wedge \neg\varphi]_\sim = \bot$ und $[\varphi]_\sim \sqcup -[\varphi]_\sim = [\varphi \vee \neg\varphi]_\sim = \top$.

> In einer Booleschen Algebra müssen die Operationen gut miteinander arbeiten. Das überprüfen wir jetzt.

∇ **Trullo**: Das sieht schon ziemlich danach aus, dass $\mathcal{F}/\!\sim$ mit diesen Operationen eine Boolesche Algebra ist. Wir müssten jetzt noch zeigen, dass

$$\left([\varphi]_\sim \sqcap [\psi]_\sim\right) \sqcup \left([\varphi]_\sim \sqcap -[\psi]_\sim\right) = [\varphi]_\sim$$

gilt, dann ist $\mathcal{F}/\!\sim$ tatsächlich eine Boolesche Algebra (s. Theorem 2).

$\triangle$ **Charli**: Das beweist man leicht mit einem hinreichend großen Blatt Papier mit Hilfe der Tautologie

$$(\alpha \wedge \beta) \vee (\alpha \wedge \neg\beta) \leftrightarrow \alpha.$$

∇ **Trullo**: Aber wieso müssen wir die Kommutativität und Assoziativität von $\sqcup$ nicht nachweisen?

$\triangle$ **Charli**: $\sqcup$ ist durch die sup-Operation definiert. Das ist eine Feld-, Wald- und Wiesenoperation, die kommutativ und assoziativ ist. Aber Theorem 2 nimmt uns halt viel Arbeit ab.

∇ **Trullo**: Wir sehen wir uns jetzt mal die Eigenschaften von $\mathcal{F}/\!\sim$ an.

- $\mathcal{F}/\!\sim$ ist eine Boolesche Algebra, das haben wir gerade gesehen.
- Ist φ eine Formel mit $\mathcal{A} \vdash \varphi$, so gilt $[\tau]_\sim \leqslant [\varphi]_\sim$ für jede andere Formel τ.
- $\top = [\varphi]_\sim$, falls $\mathcal{A} \vdash \varphi$. Alle Theoreme von $\mathcal{A}$ liegen also in einer Klasse, die das größte Element der Booleschen Algebra ausmachen.

Diese Boolesche Algebra $\mathcal{F}/\!\sim$ wird *Lindenbaum-Tarski-Algebra*, manchmal auch nur *Lindenbaum-Algebra* genannt[4].

> **!** Gut und schön. Jetzt haben wir mit dieser Algebra eine nette Konstruktion durchgeführt. Aber was nützt ein Haus, in dem man nicht wohnen kann? Wir zeigen jetzt, wie man diese Konstruktion nutzen kann. *Stay tuned!*

$\triangle$ **Charli**: Das sieht schon ziemlich imposant aus. Stimmt es denn, dass alle Theoreme maximal in der Ordnung sind, die durch $\sim$ gegeben ist?

Mal sehen. Ist φ eine Formel mit $\mathcal{A} \vdash \varphi$ und τ eine beliebige andere Formel. Weil $\mathcal{A} \vdash \varphi$, gilt auch $\mathcal{A} \cup \{\tau\} \vdash \varphi$, denn ein Beweis in $\mathcal{A}$ für φ ist auch ein Beweis in $\mathcal{A} \cup \{\tau\}$ für φ. Aus $\mathcal{A} \cup \{\tau\} \vdash \varphi$ folgt aber $\mathcal{A} \vdash \tau \to \varphi$ mit der Äquivalenz (2.7) auf Seite 25, also folgt $[\tau]_\sim \leqslant [\varphi]_\sim$.

---

[4] Der polnische Mathematiker Adolf Lindenbaum hat die Algebra ca. 1923 definiert und untersucht, der polnisch-amerikanische Logiker Alfred Tarski hat sie um 1935 vielfach in der Logik verwendet und populär gemacht, `https://en.wikipedia.org/wiki/Lindenbaum-Tarski_algebra` (10Feb25)

Die dritte Aussage folgt direkt aus der vorherigen.

∇ **Trullo**: Wir haben ja Valuationen als Abbildungen der Menge $\mathcal{F}$ aller Formeln in die Menge $\{0,1\}$. Dabei bildeten max, min und Komplement (mittels $a \mapsto 1-a$) die logischen Operationen ab. Das können wir hier ganz gut nachmachen.

Eine Valuation ist dann eine Abbildung $\omega : C \to \mathcal{F}/\!\sim$ zunächst auf den Konstanten, die dann fortgesetzt wird zu einer Abbildung $\omega : \mathcal{F} \to \mathcal{F}/\!\sim$ mit

$$\omega(\neg\varphi) = -\omega(\varphi), \tag{2.12}$$

$$\omega(\varphi \wedge \psi) = \omega(\varphi) \sqcap \omega(\psi) \quad (= \min\{\omega(\varphi), \omega(\psi)\}), \tag{2.13}$$

$$\omega(\varphi \vee \psi) = \omega(\varphi) \sqcup \omega(\psi) \quad (= \max\{\omega(\varphi), \omega(\psi)\}). \tag{2.14}$$

> **!**
> Damit haben wir eine Valuation definiert, die auf ziemlich natürliche Art und Weise daherkommt. Gültigkeit und Beweisbarkeit werden jetzt durch diese Brille betrachtet.

∇ **Trullo**: Ja, wenn wir das so machen, können wir auch die Gültigkeit definieren: $\omega \models \varphi$ genau dann, wenn $\omega(\varphi) = \top$; $\omega \models \mathcal{A}$ und $\mathcal{A} \models \varphi$ werden völlig analog definiert.

$\triangle$ **Charli**: Wir haben die Boolesche Algebra über den $\vdash$-Operator aufgebaut. Wir finden jetzt einen neuen Beweis für

$$\mathcal{A} \vdash \varphi \Leftrightarrow \mathcal{A} \models \varphi.$$

∇ **Trullo**: Ich denke, die Richtung „$\Leftarrow$" wird genauso bewiesen wie oben (in (2.9) auf Seite 29). Interessanter ist die Richtung „$\Rightarrow$".

$\triangle$ **Charli**: Aber, aber .... Das ist jetzt ganz schön hakelig, denn wir haben die Gültigkeit für $\{0,1\}$-wertige Valuationen definiert, auf einmal haben wir aber die Lindenbaum-Algebra, eine Boolesche Algebra als Ziel. Da ist es doch nicht ganz unmöglich, dass zwei unterschiedliche Gültigkeitsbegriffe herauskommen.

∇ **Trullo**: Das wäre schön blöd, aber das passiert wohl nicht. Machen wir doch einfach ein Experiment!

Sei $\mathfrak{B}$ eine Boolesche Algebra mit $\mathbf{0}$ und $\mathbf{1}$ als kleinstem bzw. größtem Element und, sagen wir, $\cup$ und $\cap$ für die Supremum- bzw. Infimumbildung, $a^{\bullet}$ ist das Komplement von a.

$\triangle$ **Charli**: Ja, ja, so eine Boolesche Algebra als Bühne braucht einiges, wenn man sie aufbauen will.

∇ **Trullo**: Nicht lästern! Jetzt definieren wir eine Abbildung $\vartheta : C \to \mathfrak{B}$, die genau wie in (2.12) - (2.14) zu einer Abbildung $\vartheta : \mathcal{F} \to \mathfrak{B}$ fortgesetzt wird, also z. B. $\vartheta(\varphi \wedge \psi) := \vartheta(\varphi) \cap \vartheta(\psi)$.

Die Gültigkeit $\vartheta \Vdash \varphi$ wird analog erklärt durch $\vartheta(\varphi) = \mathbf{1}$, und $\mathcal{A}, \vartheta \Vdash \varphi$ gilt genau dann wenn aus $\vartheta \Vdash \psi$ für alle $\psi \in \mathcal{A}$ folgt $\vartheta \Vdash \varphi$. Schließlich legen wir fest $\mathcal{A} \Vdash \varphi$ genau dann, wenn $\mathcal{A}, \vartheta \Vdash \varphi$ gilt für alle Abbildungen $\vartheta : \mathcal{F} \to \mathfrak{B}$.

$\triangle$ **Charli**: Damit erklären wir die Gültigkeit $\Vdash$ in $\mathfrak{B}$. Als Spezialfall haben wir die gute alte Gültigkeit $\models$ in $\mathfrak{B} = \{0, 1\}$.

∇ **Trullo**: Klar, denn die allerkleinste Boolesche Algebra ist $\{0, 1\}$ mit Minimum, Maximum und $1 \mapsto 0, 0 \mapsto 1$ als Booleschen Operationen.

$\triangle$ **Charli**: Aber weiter. Ich behaupte, dass wir nichts Neues hier definiert haben:

$$\mathcal{A} \Vdash \varphi \Leftrightarrow \mathcal{A} \models \varphi. \tag{2.15}$$

> **!** Ha! Das ist der Trick!
> Damit zeigen wir, dass beide Arten von Gültigkeit
> übereinstimmen.

∇ **Trullo**: Weil $\{0, 1\}$ eine Boolesche Algebra ist, brauchen wir uns um „$\Rightarrow$" keine Gedanken zu machen. Was ist aber mit „$\Leftarrow$"?

$\triangle$ **Charli**: Versuchen wir's. Es gilt also $\mathcal{A} \models \varphi$, und wir wollen $\mathcal{A} \Vdash \varphi$ zeigen. Nehmen wir an, das stimmt nicht.

∇ **Trullo**: Wir finden also eine Valuation $\vartheta : \mathcal{F} \to \mathfrak{B}$, so dass $\vartheta(\psi) = \mathbf{1}$ für alle $\psi \in \mathcal{A}$ ist, aber $a := \vartheta(\varphi) \neq \mathbf{1}$.

$\triangle$ **Charli**: Nach dem Primideal-Theorem (Satz 3 auf Seite 197) finden wir ein Primideal $K \subseteq B$ mit $a \in K$, also $[a]_K = [\mathbf{0}]_K$ wegen der Eigenschaft (A.1) auf Seite 198.

∇ **Trullo**: So, jetzt müssen wir einen kleinen Salto machen, damit die Signaturen stimmen. Wir haben also Abbildung $\vartheta : \mathcal{F} \to \mathfrak{B}$ und die Abbildung $\pi : \mathfrak{B} \to \{0, 1\}$, die jedem Element x von $\mathfrak{B}$ seine Klasse $\pi(x) = [x]_K$ zuordnet (hier haben wir schon ausgenutzt, dass die Klassen $\mathfrak{B}/K$ isomorph zu $\{0, 1\}$ ist).

$\triangle$ **Charli**: Ja, klar, wenn wir die Abbildungen verknüpfen, bekommen wir eine der herkömmlichen Valuationen in $\{0, 1\}$. Also arbeiten wir mit $\omega := \pi \circ \vartheta : \mathcal{F} \to \{0, 1\}$.

∇ **Trullo**: Bingo! Wir haben jetzt nämlich $\omega(\varphi) = \pi(\vartheta(\varphi)) = [\vartheta(\varphi)]_K = 0$, während für alle $\psi \in \mathcal{A}$ gilt $\omega(\psi) = \pi(\mathbf{1}) = 1$. Das ist ein Widerspruch zur Annahme $\mathcal{A} \models \varphi$, und wir sind fertig.

> **!**
>
> Das Resultat bedeutet aber, dass wir uns bei Fragen zu Modellen nicht auf die Boolesche Algebra $\{0, 1\}$ beschränken müssen. Hierzu nehmen wir – natürlich! – die Lindenbaum-Algebra als Boolesche Algebra.
>
> Der raffinierte Trick ist, dass die Lindenbaum-Algebra mit Hilfe des Operators $\vdash$ aufgebaut wurde, so dass wir nicht lange irgendwelche Beweise konstruieren müssen. Wir können uns vielmehr auf die algebraischen Eigenschaften abstützen.

$\triangle$ **Charli**: Dieses Resultat nutzen wir jetzt für einen neuen Beweis der Vollständigkeit aus.

Wir behaupten, dass für $\mathcal{A} \cup \{\varphi\}$

$$\mathcal{A} \models \varphi \Rightarrow \mathcal{A} \vdash \varphi$$

gilt.

$\triangle$ **Charli**: Versuchen wir uns mal am Beweis. Ich nehme an, dass $\mathcal{A} \models \varphi$ gilt, $\mathcal{A} \vdash \varphi$ aber nicht. Die Klasse $\top$ ist gerade die Klasse aller Theoreme von $\mathcal{A}$. Das habe wir oben gesehen (Seite 34). Für φ bedeutet das, dass $a := [\varphi]_\sim \neq \top$. Mit dem Primidealsatz (Satz 3 auf Seite 197) finden wir ein Primideal K mit $a \in K$, also $[a]_K = \mathbf{0}$.

∇ **Trullo**: Jetzt müssen wir nur noch sehen, dass wir das ganze Geschehen in eine Boolesche Algebra übersetzen. Da könnten wir doch $(\mathcal{F}/\sim)/K$ nehmen.

$\triangle$ **Charli**. Das tun wir auch: wir werfen jede Formel ψ in die K-Klasse, die zu $[\psi]_\sim$ gehört, also $\psi \mapsto [[\psi]_\sim]_K$. Nennen wir die Valuation V, die *kanonische Valuation*. Dann gilt $V(\varphi) = 0$, aber $V(\psi) = 1$ für alle $\psi \in \mathcal{A}$. Das steht aber im Widerspruch zu $\mathcal{A} \models \varphi$.

∇ **Trullo**: Daraus folgt die Behauptung.

$\triangle$ **Charli**: Das war ja eine erschöpfende Sache:

- Konstruktion der Lindenbaum-Algebra,
- Überlegungen zur Gültigkeit von Formeln, wenn die Bewertung in einer Booleschen Algebra liegt,
- Anwendung des Primidealsatzes.

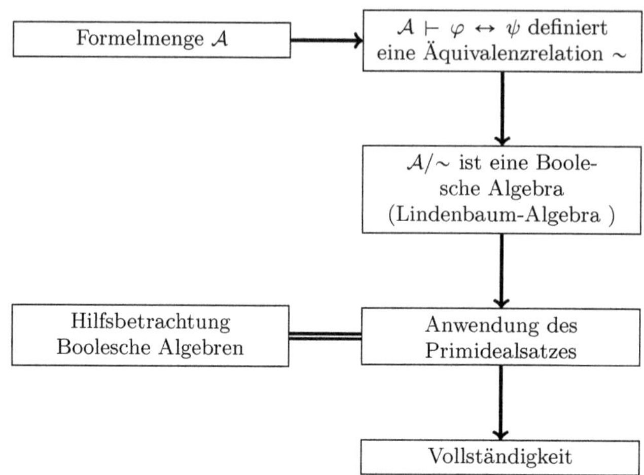

Abb. 2.3: Rückblick: Die Lindenbaum-Algebra als Hilfsmittel

Abbildung 2.3 zeigt das Vorgehen noch einmal schematisch.

Die Konstruktion der Lindenbaum-Algebra zeigt, dass selbst die so einfach er-scheinende Aussagenlogik eine reiche Struktur in sich verbirgt. Methodisch in-teressant ist die Vorgehensweise, weil sie eine logische Fragestellung (Gültigkeit impliziert Beweisbarkeit) mit Methoden der Algebra (Faktorisierung nach einem Primideal) behandelt.
Die Lindenbaum-Algebra wird beim Nachweis der Vollständigkeit der Prädika-tenlogik erster Stufe eine wichtige Rolle spielen.

Literaturhinweise Die Darstellung in diesem Kapitel ist ziemlich kanonisch, sie folgt in einigen Teilen dem Übersichtsaufsatz [3]. Einige Anregungen kamen aus [41, 42, 43, 17]. Die Lektüre von [4] gibt einen Eindruck von der Vielfalt der Aussagenlogik, die in der Tat am Anfang verwirrend sein kann. Die Behandlung der Lindenbaum-Algebra folgt in Teilen dem reichen, leider nicht ganz einfach zu lesenden Buch [37] von M. Richter, einige Hinweise in [29] waren hilfreich.

2.7 Aufgaben

Aufgabe 2.1: Drücken Sie unter Verwendung der aussagenlogischen Operatio-nen durch geeignete Konstanten, die Sie benennen sollten, folgendes aus:

1. Keine Schuhe, kein Hemd, keine Bedienung.
2. Wilhelm Busch dichtet:

> Wenn einer, der mit Mühe kaum,
> geklettert ist auf einen Baum,
> schon meint,
> daß er ein Vöglein wär,
> so irrt sich der.

3. Wenn es heute regnet, dann schneit es morgen.
4. Wenn Peter Lottas Bruder ist, so ist Nina Annekes Schwester.
5. Eine Service-Anforderung wird bestätigt, oder der Prozessor bricht seine Arbeit ab.
6. Es regnet oder es hagelt, aber nicht beides.
7. Der Drucker hat Papier und wenn er nicht druckt, so fehlt eine Farbpatrone.

Aufgabe 2.2: Ist $(((\varphi \to \psi) \to \varphi) \to \varphi)$ eine Tautologie?

Aufgabe 2.3: Zeigen Sie

1. $\{(\varphi \wedge \psi)\tau, \sigma \wedge \rho\} \vdash \psi \wedge \sigma$.
2. $\{\varphi \to \varphi \to \psi, \varphi\} \vdash \varphi$.
3. $\vdash (\varphi \wedge \psi) \to \psi$.
4. $\varphi \vdash \psi \to (\varphi \wedge \psi)$.
5. $\{\varphi \to \psi, \sigma \to \tau\} \vdash (\varphi \wedge \sigma(\to (\psi \wedge \tau)$.
6. $\varphi \wedge (\psi \vee \varphi) \vdash \varphi$.
7. $\vdash \big((\varphi \wedge \psi) \vee (\varphi \wedge \neg\psi) \to \psi\big) \wedge \big(\psi \to (\varphi \wedge \psi) \vee (\varphi \wedge \neg\psi)\big)$.

Aufgabe 2.4: Stimmt das?

1. $\neg\varphi \to \neg\psi \vdash \psi \to \varphi$.
2. $\neg\varphi \vee \neg\psi \vdash \neg(\varphi \wedge \psi)$.
3. $\{\varphi \to (\psi \vee \tau), \neg\psi, \neg\tau\} \vdash \neg\varphi$.
4. $\{\varphi \to \psi, \sigma \to \tau\} \vdash \varphi \vee \sigma \to \psi \wedge \tau$.

Aufgabe 2.5: Für eine Aussagenlogik sei die Menge C der Konstanten definiert als $\{\{i\} \mid i \in \mathbb{N}\}$, also alle einelementigen Menge natürlicher Zahlen. Die Bewertung $v : C \to \{0,1\}$ wird definiert als $v(j) := 1$ `if` $j == \{1\}$ `else` 0 `fi`. Charakterisieren Sie alle Formeln φ mit $v \models \varphi$

Aufgabe 2.6: Das ist ein kleines Programmierprojekt. Die Konstanten C der Aussagenlogik seien i für $0 \leqslant i \leqslant 9$, so dass sie als eine einzige Ziffer dargestellt werden können. Die Konjunktion wird codiert als $*$, die Disjunktion als $+$, die Implikation als $>$, die Negation als $-$, „Punktrechnung geht vor Strichrechnung" ($*$ bindet stärker als $+$, $-$ bindet am stärksten), so dass $3*-4+5$ als $(3 \wedge \neg 4) \vee 5$ und $3 > 4 > 5$ als $3 \to 4 \to 5$ gelesen wird. Klammern können auch verwendet werden.
Schreiben Sie ein Programm, das eine Zeichenkette über dem Alphabet $\{0, \dots, 9, *, +, -\}$ einliest und entscheidet, ob es sich um eine Formel handelt. Falls das der Fall

ist, soll entschieden werden, ob es sich um eine Tautologie handelt. Sie können hierzu Werkzeuge aus dem Compilerbau verwenden (Lexer, Parser), wenn Sie mögen.

Aufgabe 2.7: Beweisen oder widerlegen Sie:

1. Wenn $\mathcal{A} \models \varphi$ oder $\mathcal{A} \models \psi$, dann $\mathcal{A} \models (\varphi \vee \psi)$.
2. Wenn $\mathcal{A} \models (\varphi \vee \psi)$, dann $\mathcal{A} \models \varphi$ oder $\mathcal{A} \models \psi$.

Aufgabe 2.8: Sei φ eine Formel. Ersetzen Sie in φ jedes Vorkommen einer Konjunktion durch eine Disjunktion, jedes Vorkommen einer Disjunktion durch eine Konjunktion, und jede primitive Formel durch ihre Negation. Dadurch entsteht eine Formel φ^*. Zeigen Sie, dass φ^* tautologisch äquivalent mit $\neg\varphi$ ist.

Aufgabe 2.9: Zeigen Sie

1. $\models \varphi \leftrightarrow \neg\neg\varphi$.
2. $\models \neg(\varphi \wedge \psi) \leftrightarrow \neg\varphi \vee \neg\psi$.
3. $\models \neg(\varphi \vee \psi) \leftrightarrow \neg\varphi \wedge \neg\psi$.

Aufgabe 2.10: Zeigen Sie, dass $\{\varphi, \neg(\varphi \wedge \psi)\}$ sowie $\{\neg\varphi, \neg\psi, \varphi \wedge \psi\}$ nicht erfüllbar sind.

Aufgabe 2.11: Zeigen Sie, dass der Kompaktheitssatz der Aussagenlogik aus der Vollständigkeit folgt.

Aufgabe 2.12: Hier geht es darum, die Beweistechnik der vollständigen Induktion zu üben.

1. Zeigen Sie, dass

$$\sum_{i=1}^{n} i^2 = \frac{n \cdot (n+1) \cdot (2 \cdot n + 1)}{6}.$$

2. Die (unvermeidlichen) Fibonacci-Zahlen $(F_n)_{n \in \mathbb{N}}$ sind definiert durch

$$F_n := 1 \text{ if } n \leqslant 2 \text{ else } F_{n-1} + F_{n-2} \text{ fi}$$

   a. Zeigen Sie, dass für die Methode

```python
def f(n, a, b):
    if n == 0: return a
    else:
        return f(n-1, b, a+b)
```

   der Aufruf `f(n, 0, 1)` den Wert F_n zurück gibt (**Hinweis:** zeigen Sie, dass der Aufruf `f(n, a, b)` den Wert $a \cdot F_{n-1} + b \cdot F_n$ als Resultat hat).
   b. Zeigen Sie, dass $F_{3 \cdot n}$ für alle $n \in \mathbb{N}$ gerade ist.

3. Der Inorder-Durchlauf durch einen binären Suchbaum gibt die Knoten des
   Baums geordnet aus.

Aufgabe 2.13: Sei J ein Ideal in einer Booleschen Algebra B. Man setzt $a \equiv_J b$,
falls es $x, y \in J$ gibt mit $a \sqcup x = b \sqcup y$. Zeigen Sie, dass $\equiv_J$ eine Äquivalenzrelation
auf B ist.

Aufgabe 2.14: Sei B eine Boolesche Algebra mit größtem Element $\top$. Wir
sagen, dass $\top$ *nicht durch die Teilmenge* $Y \subseteq B$ *erreichbar ist*, falls $y_1 \sqcup \cdots \sqcup y_k \neq$
$\top$ für alle endlichen Teilmengen $\{y_1, \ldots, y_k\}$ von Y (wir können also noch so hoch
mit endlichen Suprema aus Y gehen, wir erreichen $\top$ nie). Falls $\top$ nicht durch
Y erreichbar ist, ist

$$(Y] := \{a \in B \mid \text{es gibt } y_1, \ldots, y_k \in Y \text{ mit } a \leqslant y_1 \sqcup \cdots \sqcup y_k\}$$

das kleinste Ideal in B, das Y enthält.

Aufgabe 2.15: Sei $\mathcal{A} \subseteq \mathcal{P}(S)$ eine endliche Familie von Mengen mit $S \in \mathcal{A}$,
sagen wir, $\mathcal{A} = \{A_1, \ldots, A_n\}$. Wir setzen

$$A_T := \bigcap_{i \in T} A_i \cap \bigcap_{i \notin T} (S \backslash A_i)$$

für $T \subseteq \{1, \ldots, n\}$. Zeigen Sie

1. $\mathcal{N} := \{A_T \mid \varnothing \neq T \subseteq \{1, \ldots N\}, A_T \neq \varnothing\}$ ist eine Partition[5] von S,
2. $\{\bigcup \mathcal{N}_0 \mid \mathcal{N}_0 \subseteq \mathcal{N}\}$ ist die kleinste Boolesche Algebra, die $\mathcal{A}$ enthält.

Aufgabe 2.16: Eine Teilmenge $A \subseteq \mathbb{N}$ der natürlichen Zahlen heißt *co-endlich*,
falls ihr Komplement $\mathbb{N} \backslash A$ endlich ist. Zeigen Sie, dass

$$\mathcal{C} := \{A \subseteq \mathbb{N} \mid A \text{ ist endlich oder co-endlich}\}$$

eine Boolesche Algebra unter den üblichen mengentheoretischen Operationen
(Vereinigung, Durchschnitt, Komplementbildung) ist. Ist $\mathcal{C}$ abgeschlossen bezüglich abzählbarer Vereinigungen? (**Hinweis:** $\{2 \cdot n \mid n \in \mathbb{N}\} \notin \mathcal{C}$.)

Aufgabe 2.17: Die Potenzmenge $\mathcal{P} := \mathcal{P}(\mathbb{N})$ ist bekanntlich eine Boolesche
Algebra unter den üblichen mengentheoretischen Operationen (Vereinigung,
Durchschnitt, Komplementbildung). Zeigen Sie, dass

$$\mathcal{Z} := \{A \subseteq \mathbb{N} \mid 2 \notin A\}$$

ein Primideal in $\mathcal{P}$ ist. Charakterisieren Sie die Äquivalenzklassen bezüglich der
von $\mathcal{Z}$ erzeugten Äquivalenzrelation.

---

[5] Zur Erinnerung: Eine Partition einer Menge S besteht aus paarweise disjunkten Teilmengen von S, deren Vereinigung gerade S ist.

Aufgabe 2.18: Die Potenzmenge $\mathcal{P}(X)$ einer Menge X ist mit der symmetrischen Differenz, also der Operation $A \Delta B := (A \cup B) \backslash (A \cap B)$, eine kommutative Gruppe.

Kapitel 3
Prädikatenlogik erster Stufe

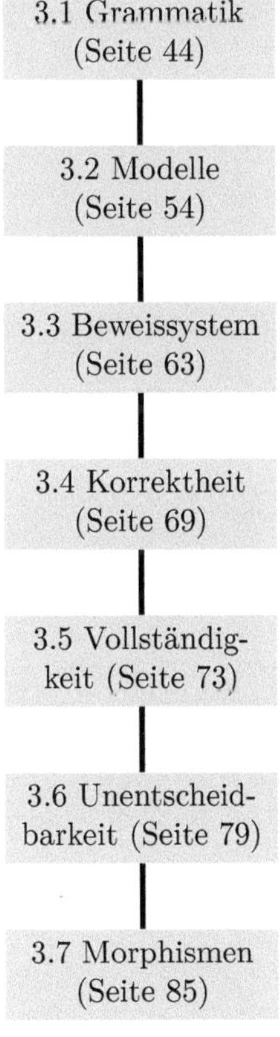

Die Aussagenlogik ist in ihrer Modellierungskraft beschränkt, man kann z. B. damit nicht Aussagen modellieren wie „Jeder Benutzer muss sein Passwort eingeben". Wir erweitern diese Logik zur Prädikatenlogik erster Stufe. Das ist natürlich mehr als nur ein Anbau an ein zu klein geratenes Haus, es ist fast ein Neubau. Zuerst machen wir uns mit der Definition und den Arbeiten, die sich daraus ergeben, vertraut und üben ein wenig den Umgang mit dieser Logik. Dann sehen wir uns die Modelle und den zugehörigen Gültigkeitsbegriff an. Da gibt es schon einiges zu tun, die Übung mit der Aussagenlogik kommt uns hier zugute. Wo Modelle sind, sind Beweise nicht weit; sie werden im nächsten Schritt eingeführt und diskutiert. Im Zentrum der Darstellung steht dann die Untersuchung von Korrektheit und Vollständigkeit, die wir naturgemäß in zwei Schritten durchführen. Beim Beweis der Vollständigkeit erweist sich die Lindenbaum-Tarski-Algebra als interessantes Werkzeug. Die Unentscheidbarkeit der Gültigkeitsrelation wird durch Reduktion auf das Postsche Korrespondenzproblem nachgewiesen. Zum Vergleich von Modellen werden Morphismen eingeführt.

3.1 Grammatik der Prädikatenlogik erster Stufe

Beispiele zeigen, dass die Aussagenlogik zu schwach für die Modellierung einfacher Anwendungen ist. Wir führen hier die Prädikatenlogik erster Stufe mit all ihren Detail formal ein, Terme und Formeln werden eingeführt und diskutiert, schließlich sehen wir uns an, wie eine Struktur für diese Logik als Rahmen für ihre Interpretation aussieht.

△ **Charli**: Manches kann man mit der Aussagenlogik modellieren, wenn man Anwendungen in der Programmierung oder gar der Softwaretechnik im Sinne hat.

▽ **Trullo**: Nehmen wir dieses Problem: Ein Benutzer kann sich in einem System nur anmelden, wenn er einen Benutzernamen und ein Passwort hat. Das gilt für jeden Benutzer. Nehmen wir zwei Benutzer mit ihren Passwörtern, also sagen wir, `Alice` und `Bob`. Alice hat als Passwort `Reichsdeputationshauptschluss` und `Bob` hat `12345`.

△ **Charli**: Die beiden haben offenbar ziemlich viel zu tun, weil sie immer für Beispiele herhalten müssen ....

▽ **Trullo**: Es gibt nichts Gutes, außer man tut es! Also: Meldet sich ein Nutzer an, so muss ein Passwort angegeben werden, das wird überprüft. Dann wird der Nutzer entweder akzeptiert oder zurückgewiesen.

△ **Charli**: So, wie modellieren wir das denn jetzt? Wir müssten uns jetzt eine Bühne zimmern, auf der das Spiel abläuft.

▽ **Trullo**: Wir nehmen an, dass als Nutzer Personen aus einer Menge B infrage kommen, und dass wir ein Prädikat *Nutzer* haben, das uns angibt, ob ein Element aus B ein Nutzer ist oder nicht. Die Passwörter können aus einer Menge von Buchstaben und Ziffern kommen, also aus der Menge $P :=$ $\{a...zA...Z0...9\}^*$. Dann haben wir ein zweistelliges Prädikat *HatPasswort*, so dass $HatPasswort(b, p)$ genau dann wahr ist, wenn Benutzer $b \in B$ das Passwort $p \in P$ hat.

△ **Charli**: Die Überprüfung könnte dann so laufen, dass wir ein drittes, einstelliges Prädikat *IstAngemeldet* haben mit $IstAngemeldet(b)$, falls der Nutzer $b \in B$ angemeldet ist.

▽ **Trullo**: Es gilt also

$$\text{(für alle } b \in B)(\text{für alle } p \in P)$$
$$Nutzer(b) \wedge HatPasswort(b, p) \rightarrow IstAngemeldet(b).$$

```python
Benutzer = {
  "Alice": "Reichsdeputationshauptschluss",
  "Bob": "12345"
}

def Angemeldet(name):
    def login(name, pwd):
        if name in Benutzer and Benutzer[name] == pwd:
            return True
        else:
            return False

    return login(name, Benutzer[name])

print(Angemeldet("Alice"))
# druckt True
```

Abb. 3.1: Python-Code: Anmeldung mit Password

∇ **Trullo**: Die Skizze für eine Implementierung in Python ist in Abbildung 3.1 abgedruckt; die Benutzer werden in einem Lexikon zusammen mit ihrem Passwort abgespeichert; damit wird das Prädikat *HatPasswort* implementiert.

$\triangle$ **Charli**: Der arme `Bob` schaut zu .... Aber weil die Methode `login` lokal ist, eignet sich das besser für einen Passwordmanager als für ein Sicherheitssystem.

∇ **Trullo**: Zurück zur Diskussion!

$\triangle$ **Charli**: Wenn wir das also mit den Möglichkeiten der Aussagenlogik vergleichen, so sehen wir, dass wir die logischen Operatoren $\wedge$ und $\rightarrow$ übernehmen, dass wir aber zusätzlich den Allquantor „für alle" benötigen, und dass wir ohne die Prädikate *Nutzer*, *HatPasswort* und *IstAngemeldet* nicht auskommen. Für manche Anwendungen ist es wohl auch nützlich, Funktionen zur Modellierung zur Verfügung zu haben.

∇ **Trullo**: Außerdem brauchen wir Variablen, sonst könnten wir etwa *für alle* $b \in B$ nicht ausdrücken. Insgesamt wird die Struktur aber komplizierter als in der Aussagenlogik – da haben wir ja einfach nur die Syntax für Formeln angegeben.

$\triangle$ **Charli**: Offiziell sieht das dann so aus: Eine Logik erster Ordnung (abgekürzt als LeO) besteht aus einer Reihe unveränderlicher Komponenten und einer Reihe variabler Komponenten, die der Anwendung entsprechend definiert werden. Die unveränderlichen Komponenten liefern sozusagen die Bausteine für die Logik und gehören zu jeder Logik erster Ordnung, die auf sich hält, gehören.

Genauer:

Unveränderlich   Das sind die unveränderlichen Komponenten einer LeO:

VARIABLEN $\{x_1, x_2, \dots\}$ ist eine Folge von Variablen (gelegentlich notieren
wir Variablen auch als x oder y; dann sind aber immer Elemente dieser
Menge gemeint),
LOGISCHE OPERATOREN   Negation $\neg$ und Implikation $\rightarrow$,
ALLQUANTOR $\forall$,
GLEICHHEIT $==$ (optional).

Veränderlich   Jetzt kommen die veränderlichen Komponenten (die Mengen
können auch leer sein):

KONSTANTEN   eine Menge C von Konstanten,
FUNKTIONEN   eine Menge F von Funktionssymbolen,
PRÄDIKATE   eine Menge P von Prädikatssymbolen.

> **!** Das ist ja schon eine ganze Menge mehr als bei
> der Aussagenlogik. Über den genauen Charakter
> der Variablen brauchen wir uns keine Gedanken zu
> machen, sie sind halt ...Variablen, also Platzhalter.
> Was das genau bedeutet, werden wir sehen.

∇ **Trullo**: Funktionen werden in Präfix-Form geschrieben, also als $f\ s_1 \dots s_n$,
die die Anzahl der Parameter ist die *Stelligkeit* oder *Arität* der Funktion; das
nennt man auch manchmal *polnische Notation*. Analog wird ein Prädikat p der
Stelligkeit n geschrieben als $p\ s_1 \dots s_n$.

Manchmal sprechen wir einfach von Funktionen und von Prädikaten, auch wenn
wir die entsprechenden Symbole meinen. Aus dem Kontext kann man aber immer sehen, was genau gemeint ist.

$\triangle$ **Charli**: Was ist mit der Gleichheit? Die kommt doch immer und überall vor.

∇ **Trullo**: Die Gleichheit $==$ ist kein (veränderliches) Symbol für ein Prädikat[1],
sondern wird auf Wunsch, aber dann als unveränderlich, eingebaut. Reflexivität, Symmetrie und Transitivität von $==$ sind damit aber nicht gewährleistet.
Das muss gesondert betrachtet werden. Der Unterschied zur metasprachlichen
Gleichheit wird durch das Symbol gekennzeichnet.

> **!** Manchmal ist es einfach nicht sinnvoll, Gleichheit
> zu modellieren (wann sind zwei Methoden gleich?),
> manchmal aber schon. Das müssen wir dann von
> Fall zu Fall entscheiden.

---

[1] Es wäre konsistent, statt $x == y$ zu schreiben $== xy$. Das sieht nicht nur aus wie
die Steuerung eines Trolls in einem Spiel auf einen alphanumerischen Datensichtgerät, es
verwirrt auch. Daher verwende ich die herkömmliche Schreibweise.

△ **Charli**: Jetzt brauchen wir aber dringend ein paar Beispiele. Dazu müssen wir ja nur die veränderlichen Komponenten aufschreiben.

▽ **Trullo**: Ja, aber vorher ist es hilfreich, den Existenzquantor $\exists$ als Abkürzung einzuführen: $\exists x$ steht für $\neg \forall x \neg$. Ähnlich schreiben wir die Disjunktion $p \vee q$ als Abkürzung für $\neg p \to q$ und die Konjunktion $p \wedge q$ als $\neg(p \to \neg q)$. Das macht es manchmal leichter. Um Klammern zu sparen, sagen wir, dass Funktionsaufrufe stärker binden als logische Operatoren.

△ **Charli**: Na, fangen wir mit Mengen an. Eine LeO für Mengen hat die leere Menge, notiert als $\emptyset$, als einzige Konstante, und die Element-Menge-Beziehung $\in$ als einzige Relation.
Wir wollen aufschreiben, dass es keine Universalmenge gibt, also keine Menge, in der jede Menge als Element enthalten ist [19, p. 69]. Dazu formulieren wir zunächst, dass es eine solche Menge gibt, und negieren die Aussage dann. Also:

$$\neg\big[\text{es gibt eine Menge, in der jede Menge als Element ist}\big]$$

führt zu

$$\neg\big[\exists x_1 \forall x_2 (\in x_2 x_1)\big],$$

der besseren Lesbarkeit halber mit Klammern notiert.

▽ **Trullo**: Das ist nicht so einfach zu lesen, besonders $\in$ in der Präfix-Notation.

Bei Halbordnungen würde man für eine LeO mit Gleichheit $==$ ähnlich vorgehen. Hier hätte man keine Konstante und nur das einzige Prädikat $\leqslant$. Die definierenden Eigenschaften lassen sich dann so aufschreiben (sie gehören aber nicht zur Logik):

$$\begin{aligned}
&\text{Reflexivität:} && \forall x_1 (\leqslant x_1 x_1), \\
&\text{Antisymmetrie:} && \forall x_1 \forall x_2 \big((\leqslant x_1 x_2 \wedge \leqslant x_2 x_1) \to x_1 == x_2\big), \\
&\text{Transitivität:} && \forall x_1 \forall x_2 \forall x_3 (\leqslant x_1 x_2) \wedge (\leqslant x_2 x_3) \to (\leqslant x_1 x_3).
\end{aligned}$$

△ **Charli**: Meine Güte! Das erinnert mich an mein Praktikum zur maschinennahen Programmierung.

Der abstrakte Datentyp *Stack* als LeO mit Gleichheit formuliert hat eine Konstante $\boxdot$ für den leeren Stack, die Funktionen *push* (zweistellig) und *pop* (einstellig) und das einstellige Prädikat *leer*.

▽ **Trullo**: Jetzt sehen wir uns an, wie man damit umgehen kann (aber noch mal: das ist kein Teil der Logik). Wenn etwas auf den Stack gelegt wird, so ist er anschließend nicht leer. Das liest sich jetzt so:

$$\forall x_1 \forall x_2 \forall x_3 \big((push\ x_1 x_2 == x_3) \to \neg leer\ x_3\big),$$

und das Prädikat *leer* gilt genau dann für einen Stack, wenn er mit $\boxdot$ übereinstimmt:

$$\bigl(\forall x_1\,(leer\ x_1)\bigr) \leftrightarrow x_1 == \boxed{\cdot}.$$

$\triangle$ **Charli**: Die Funktion *push* legt ein neues oberstes Element auf den Stack, *pop* entfernt das oberste Element des Stack:

$$\forall x_1 \forall x_2\,pop\,(push\ x_1 x_2) == x_2,$$

und man darf *pop* nur auf einen nicht-leeren Stack anwenden:

$$\forall x_1\,(\neg leer\ x_1) \leftrightarrow \exists x_2\,pop\ x_1 == x_2.$$

> **!** Damit kann man schon einige Eigenschaften von (abstrakten) Datentypen formulieren, das sieht man. Aber das wird sicher komplizierter, wenn zusätzliche Strukturen berücksichtigt werden müssen, z. B. Ordnungen bei binären Suchbäumen oder bei Heaps zum Sortieren oder als Prioritätswarteschlangen.

∇ **Trullo**: So, jetzt noch ein Beispiel aus dem täglichen Leben [19, p. 72]: Der Vater von Theo ist stärker als der Vater jedes anderen Kinds im Viertel. In der LeO mit Gleichheit ist T die Konstante Theo, v ist das einstellige Prädikat *Kind im Viertel* und d das einstellige Prädikat *Vater von*, schließlich drückt das zweistellige Prädikat s die Relation *stärker als* aus.
Also:

$$\forall x_1 \Bigl(dx_1 \rightarrow \bigl(\neg(x_1 == T) \rightarrow s(dT)(dx_1)\bigr)\Bigr).$$

> **!** Wenn wir uns die Semantik einer LeO ansehen wollen, müssen wir wohl noch ein paar Dinge in den Griff bekommen. Also sollten wir einige Begriffe klären. Das ist nicht so richtig aufregend, aber notwendig, weil es die Kommunikation erleichtert.

$\triangle$ **Charli**: Ach ja, ich erkläre mal, was *Terme* sind. Ein Term ist sozusagen ein Objekt, mit dem wir arbeiten wollen. Das kann also eine Konstante oder eine Variable sein, das sind die ganz elementaren Terme.

Das reicht aber noch nicht, weil wir ja auch funktionale Bezüge herstellen wollen, also betrachten wir Funktionen als *Termerzeugungsmaschinen*. Genauer: ist f eine Funktion der Stelligkeit n und sind $t_1, \ldots, t_n$ Terme, so ist $f\,t_1 \ldots t_n$ ein Term.

▽ **Trullo**: Dann ist also (LeO für den Datentyp *Stack*) *push push push* $\boxdot$ 123 ein Term, der den Stack 123 mit oberstem Element 3 bezeichnet. Terme sind Objekte, wir brauchen aber auch Formeln. Das ist ein wenig komplizierter, weil hier die logischen Operatoren und die Prädikate mitmischen. Wir fangen klein an.

Eine *atomare Formel* ist oder ein Ausdruck der Form $p\, t_1 \ldots t_n$ für das n-stellige Prädikat p, wobei $t_1, \ldots, t_n$ Terme sind, oder sie ist eine Gleichung der Form $t_1 == t_2$, falls die LeO die Gleichheit $==$ berücksichtigt.

△ **Charli**: Atomare Formeln sind also schon irgendwie ... atomar. Sie hängen nur von den Prädikaten oder der Gleichheit ab, logische Operatoren sind nicht beteiligt. Man könnte die komplexeren Formeln dann ja molekulare Formeln taufen, oder nicht?

▽ **Trullo**: Ach, ich weiß nicht, dann landet man vielleicht in der Chemie. Die komplexeren Formeln werden wohlgeformte Formeln (im Englischen *well formed formulas*, abgekürzt *wffs*) genannt. Sie werden durch dreierlei Arten von Formelerzeugungsmaschinen erzeugt.

△ **Charli**: Ach, schon wieder Maschinen? Damit kann man sich aber die Entstehungsweise der Formeln ganz gut merken, schieß mal los!

▽ **Trullo**: Die Maschinen orientieren sich an den unveränderlichen Komponenten einer LeO. Ist ja klar, die Baupläne sollen ja nicht von der spezifischen Logik abhängen, sondern für alle dieselben sein. Wir gehen rekursiv vor, der Start liegt bei atomaren Formeln. Wir definieren diese Maschinen, wobei φ und ψ Formeln sind und $i \in \mathbb{N}$:

$$\mathcal{N}(\varphi) := \neg\varphi \qquad \text{(Negationsmaschine)},$$
$$\mathcal{I}(\varphi, \psi) := \varphi \to \psi \qquad \text{(Implikationsmaschine)},$$
$$\mathcal{A}_i(\varphi) := \forall x_i \varphi \qquad \text{(Quantifikationsmaschine)}.$$

△ **Charli**: Oh, jede Variable hat ihre eigene Maschine? Ist aber klar, wir unterscheiden die Variablen ja durch ihre Indizes.

Damit wird die Sache aber durchsichtig: *Wohlgeformte Formeln*, also *wffs*, entstehen aus atomaren Formeln durch die endliche Anwendung einer der drei Maschinen.

▽ **Trullo**: Mal sehen:

1. Ist φ eine wff und x_i eine Variable, so ist $\exists x_i \varphi$ eine wff, denn sie wird durch $\mathcal{N}(\forall x_i \neg\varphi) = \mathcal{N}(\mathcal{A}_i(\neg\varphi)) = \mathcal{N}(\mathcal{A}_i(\mathcal{N}(\varphi)))$ erzeugt. Analog sind mit φ und ψ auch $\varphi \lor \psi$ (erzeugt durch $\mathcal{I}(\mathcal{N}(\varphi), \psi)$) und $\varphi \land \psi$ wffs.

2. $\exists x_{17}\neg \in x_3 x_{17}$ ist eine wff in der LeO für Mengen.
3. $\neg x_{16}$ ist keine wff, $\forall x_3$ auch nicht (wir können keine Maschine finden, die diese beiden erzeugt).
4. Wie ist das aber mit

$$\forall x_1\Big(\underbrace{\big((\neg\forall x_3(\neg \in x_3 x_1)))}_{\gamma} \to \big(\neg\forall x_2\,\underbrace{(\overbrace{\in x_2 x_1}^{\epsilon} \to \overbrace{(\neg\forall x_4(\in x_4 x_2 \to (\neg \in x_4 x_1)))}^{\eta})}_{\delta}\big)\Big)?$$

Wenn wir zeigen können, dass γ und δ wffs sind, dann wissen wir, dass $\gamma \to \delta$ eine wff ist, erzeugt durch $\mathcal{I}(\gamma,\delta)$. Wenden wir dann die $\mathcal{A}_1$-Maschine an, so folgt, dass der gesamte Ausdruck eine wff ist.

- Für γ ist der Fall schnell klar: wenn wir die Negationen ($2 \times \mathcal{N}$), den Quantor ($\mathcal{A}_3$) und wieder zwei Negationen eliminieren, haben wir $\in x_3 x_1$ zu betrachten. Das ist eine wff, weil $\in$ ein Relationssymbol ist und x_3 sowie x_1 als Variablen atomare Formeln sind.
- Für δ müssen wir ein wenig mehr arbeiten: Wenn wir die äußere Negation und den äußeren Quantor eliminieren, bleibt eine Implikation der Form $\epsilon \to \eta$ übrig. ϵ ist eine wff, wie wir gerade gesehen haben. η ist $\neg\forall x_4(\in x_4 x_2 \to (\neg \in x_4 x_1))$, auch hier bleibt nach der Elimination von Negation und Quantor eine Implikation übrig, deren beide Komponenten wffs sind. Also ist δ eine wff.
- Insgesamt haben wir gezeigt, dass $\gamma \to \delta$ eine wff ist, also auch die Gesamtformel. Puh!

> **!** Das war viel Holz: Terme, Formeln, wffs. Das ist aber notwendig, um über die Logik und ihre Eigenschaften sprechen zu können, so ähnlich wie das Lernen von Vokabeln beim Lernen einer Sprache hilft (ist ja vielleicht nicht so verschieden...).

$\triangle$ **Charli**: Der Umgang mit Variablen kann kritisch werden. Ein Quantor braucht eine Variable wie die Luft zum Leben, aber gilt das auch umgekehrt?

∇ **Trullo**: Sicher nicht: bei $\exists x_2 \in x_1 x_2$ lebt der Existenzquantor von x_2 (oder für x_2?), aber für x_1 ist weit und breit kein „zuständiger" Quantor zu sehen. Da sollten wir wohl die Rolle von Variablen und den zugehörigen Quantoren näher ansehen

> **!** Spoiler: das wird für die Semantik von wffs benötigt.

$\triangle$ **Charli**: Sehen wir uns kurz ein Programmfragment an:

```
x = 3
def PlusEins(x):
    return x+1
```

∇ **Trullo**: Hier spielt der Name x zwei unterschiedliche Rollen: einmal als Programmvariable mit dem Wert 3, dann aber als formaler Parameter der Methode PlusEins. Die Programmvariable ist frei von der Bindung in der Methode.

$\triangle$ **Charli**: Für wffs ist die Definition einer freien Variable ziemlich offensichtlich. Sie folgt, wie nicht anders zu erwarten, rekursiv dem Formelaufbau. Das geht so:

Die Variable x ist *frei* in der wff φ,

- falls x in φ vorkommt, wenn φ eine atomare Formel ist,
- falls x frei in ψ ist, wenn φ die Form $\neg\psi$ hat,
- falls x frei in ψ oder γ ist, wenn φ die Implikation $\psi \wedge \gamma$ ist,
- falls x frei in ψ ist, falls φ die Gestalt $\exists x_j \psi$ hat und x nicht gleich x_j ist.

∇ **Trullo**: Es ist vielleicht ganz handlich, damit eine mengenwertige Abbildung $Frei$ zu definieren. $Frei(\alpha)$ gibt dann für eine Formel α die Menge der freien Variablen an. Also:

$$Frei(\varphi) := \begin{cases} \{x \mid x \text{ kommt in } \varphi \text{ vor}\}, & \varphi \text{ ist atomar,} \\ Frei(\psi), & \varphi = \neg\psi, \\ Frei(\psi) \cup Frei(\gamma), & \varphi = \psi \to \gamma, \\ Frei(\psi) \backslash \{x\}, & \varphi = \forall x \psi. \end{cases}$$

Also zum Beispiel für eine LeO mit Gleichheit

$$Frei(\neg\forall y\, x == y) = Frei(\forall y\, x == y) = Frei(x == y)\backslash\{y\} = \{x\}.$$

$\triangle$ **Charli**: Eine Formel heißt dann *geschlossen* (oder *Sentenz*), falls sie keine freien Variablen hat. Üblicherweise schreibt man übrigens $\varphi[x_{i_1}, \ldots, x_{i_k}]$ für den Fall, dass sich die freien Variablen von φ unter den $x_{i_1}, \ldots, x_{i_k}$ befinden.

> **!** Wir steuern auf Strukturen für LeO zu. Wenn wir eine Logik als eine Art Bauplan für eine Anwendung ansehen, dann ist eine Struktur eine Realisierung des Plans. Das muss ja nicht die einzige sein, es kann für eine LeO eine Vielzahl von Strukturen geben.

▽ **Trullo**: Ja, klar! Das sieht man am Datentyp *Stapel* von Seite 47: Ein Stapel kann auf viele unterschiedliche Weise realisiert sein, als Feld in einem Programm oder auch als `callstack` in einem Betriebssystem.

> Eine Struktur sollte die Objekte, die in der Logik beschrieben sind, angemessen abbilden. Das heißt, wir benötigen zuerst für alle Komponenten der LeO eine Implementation: für die Konstanten, die Relationen und für die Funktionen.

△ **Charli**: Zur Definition einer Struktur benötigen wir ganz zuerst eine Trägermenge, sonst ist das Ganze ja eine Luftnummer.

▽ **Trullo**: Versuchen wir uns an einem Beispiel: Wir sehen uns die LeO für Mengen an (Seite 47). Als Trägermenge nehmen wir die natürlichen Zahlen $\mathbb{N} = \{1, 2, \dots\}$. Wir nehmen 1 als Konstante $\varnothing$ und legen $\in a\, b$ fest als $a < b$. Also gilt zum Beispiel $\in n\, n + 1$ und $\neg(\in n\, \varnothing)$ für alle $n \in \mathbb{N}$.

△ **Charli**: Ein anderes Beispiel ist die LeO *Stapel*. Ich habe hier eine **Python**-Implementierung mitgebracht.

```python
class Stapel:

    def __init__(self):
        self.leererStack = []
        self.stack = self.leererStack

    def push(self, a):
        self.stack = [a] + self.stack

    def pop(self):
        top = self.stack[0]
        self.stack = self.stack[1:]
        return top

    def leer(self):
        return (self.stack == self.leererStack)
```

▽ **Trullo**: Da gibt es einiges an sprachspezifischen Eigenschaften, aber es ist klar, dass damit die Intentionen der Logik erfüllt sind. Ein bisschen schwierig ist das mit der Stelligkeit. Hier steht `self` für den entsprechenden Parameter, eigentlich ist `self.stack` gemeint.

△ **Charli**: Gut und schön. Aber was ist die Trägermenge für diese Struktur? Wir hatten gerade festgestellt, dass wir die benötigen.

∇ **Trullo**: Die Trägermenge ergibt sich aus der Menge der Programmobjekte, wenn die Klasse `Stapel` instanziiert wird. Die steht aber erst zur Laufzeit fest.

$\triangle$ **Charli**: Das Beispiel ist eine Skizze, die Idee sollte klar sein. Es zeigt aber auch, dass manche Ideen angepasst werden müssen, wenn sie umgesetzt werden ....

∇ **Trullo**: Jetzt können wir eine Struktur beschreiben, sagen wir, mit Namen $\mathcal{S}$. Strukturen sollen die Logik in die Realität übersetzen. Die Idee besteht also darin, die Verhältnisse in LeO zu übertragen. Das erfordert zunächst technisch, Funktionssymbole der Stelligkeit n in Funktionen mit n Argumenten zu übersetzen, ähnlich mit Prädikatssymbolen.

Formaler: Es gibt eine Trägermenge $|\mathcal{S}|$ und für jede Konstante c ein Element $|c| \in |\mathcal{S}|$. Jedem n-stelligen Prädikatssymbol p wird eine Teilmenge $|p| \subseteq |\mathcal{S}|^n$ zugeordnet, und jedem n-stelligen Funktionssymbol eine Abbildung $|f| : |\mathcal{S}|^n \to |\mathcal{S}|$.

> Viel formales Zeug, muss aber wohl so sein. Halten wir fest, was eine Struktur leisten muss. Sie stellt zur Verfügung
>
> - eine Trägermenge,
> - für jedes Konstantensymbol ein Element des Trägers,
> - für jedes Funktionssymbol eine Funktion der entsprechenden Stelligkeit auf dieser Trägermenge,
> - für jedes n-stellige Relationssymbol eine Teilmenge von n-Tupeln über der Trägermenge, also eine n-stellige Relation.
>
> Gleich werden wir sehen, was wir damit machen können.

∇ **Trullo**: Als Beispiel für die Struktur $\mathcal{S}$ der LeO einer Halbordnung (Seite 47) könnte man die Potenzmenge einer beliebigen Menge X nehmen, und als Relation die Teilmengenrelation, formal: $|\mathcal{S}| := \mathcal{P}(X)$ und $| \leqslant | := \subseteq$. Ein anderes Modell $\mathcal{S}$ für diese LeO sind die natürlichen Zahlen mit der Teilbarkeit als Relation, also $|\mathcal{S}| := \mathbb{N}$ mit $| \leqslant | := \{\langle a, b \rangle \mid a, b \in \mathbb{N}, a \text{ teilt } b\}$.

$\triangle$ **Charli**: Wir könnten aber auch als Modell $\mathcal{S}$ für LeO nehmen $|\mathcal{S}| := \mathbb{N}$ mit $| \leqslant | := \{\langle 3n + 1, 2n \rangle \mid n \in \mathbb{N}\}$, denn das ist auch eine zweistellige Relation, wie gefordert, auf der Trägermenge.

Wir haben die Syntax einer LeO definiert, die Handhabung von Formeln ein wenig geübt. Wir habe auch einen Schritt in Richtung auf der Klärung der Semantik gemacht und Strukturen definiert.

3.2 Modelle

Der nächste Schritt geht von Strukturen zu Modellen; hier wird auch den Variablen ein Wert zugewiesen. Damit können wir die Gültigkeit einer Formel definieren und auch – in Analogie zur Aussagenlogik – sagen, wann eine Formel tautologische Konsequenz einer Menge von Formeln ist. All das wird durch Beispiele beleuchtet.

> **!**
> Die Übersetzung von der Logik in die Welt der Modelle ist am Anfang direkt verständlich. Bei Konstanten ist die Übersetzung klar, das steckt ja schon in der Definition einer Struktur. Terme entstehen durch die Anwendung von Funktionen auf andere Terme, für Prädikatssymbole ist die Sache auch einfach.

△ **Charli:** Nehmen wir an, f ist ein n-stelliges Funktionssymbol, und wir haben n Terme $t_1, \ldots, t_n$, deren Übersetzungen $|t_1|, \ldots, |t_n|$ wir schon kennen. Dann definieren wir $|f\, t_1 \ldots t_n| := |f|(|t_1|, \ldots, |t_n|)$. Außerdem können wir für das n-stellige Prädikatssymbol p nachsehen, ob $\langle |t_1|, \ldots, |t_n| \rangle \in |p|$ gilt.

▽ **Trullo:** Das geht nur, wenn keine Variablen in den Termen vorkommen. Für Variablen müssen wir uns etwas überlegen. Wir könnten jeder Variablen einen festen Wert im Träger der Struktur zuweisen. Diese Zuweisung könnte dann ja später auch variiert werden, und wir könnten uns anschauen, was dann geschieht.

△ **Charli:** Auf geht's, so machen wir's. Mal sehen, was passiert .... Wir halten also jetzt eine Abbildung $\mathsf{Z} : \{x_1, x_2, \ldots\} \to |\mathcal{S}|$ als *Variablenbelegung* fest. $\mathsf{Z}(x)$ ist also ein Element von $|\mathcal{S}|$ für jede Variable x. Ich stelle mir das als den Namen von x vor.

▽ **Trullo:** Die Übersetzung $|t|_\mathsf{Z}$ für einen Term t wird induktiv nach seinem Aufbau so definiert:

$$|t|_\mathsf{Z} := \begin{cases} \mathsf{Z}(t), & \text{falls } t \text{ eine Variable ist,} \\ |c| & \text{für die Konstante } c, \\ |f|(|t_1|_\mathsf{Z}, \ldots, |t_n|_\mathsf{Z}), & \text{falls } t = f t_1 \ldots t_n \text{ für das Funktionssymbol } f \\ & \text{und die Terme } t_1, \ldots t_n. \end{cases}$$

△ **Charli:** Wir ersetzen also jede Variable durch ihren Namen, damit erhalten wir auf jeden Fall einen Wert im Träger $|\mathcal{S}|$ der Struktur $\mathcal{S}$.

▽ **Trullo**: Können wir denn bei Formeln genauso vorgehen? Zumindest bei atomaren Formeln müsste das doch gehen. Aber es wird vielleicht haarig, wenn der gleich der Existenzquantor ins Spiel kommt.

Für das n-stellige Prädikatssymbol p und die Terme $t_1, \ldots, t_n$ wird definiert

$$|p\, t_1 \ldots t_n|\mathsf{z} := \langle |t_1|\mathsf{z}, \ldots, |t_n|\mathsf{z} \rangle \in |p|.$$

Bei atomaren Formeln der Form $t_1 == t_2$ (für eine LeO mit Gleichheit) setzt man

$$|t_1 == t_2|\mathsf{z} \iff |t_1|\mathsf{z} = |t_2|\mathsf{z}. \tag{3.1}$$

▽ **Trullo**: Ziemlich klar. Wir sehen uns vielleicht einfach ein Beispiel an. Als LeO nehmen wir eine Logik mit einer konstanten c, einem Funktionssymbol f und einem Prädikatssymbol p.

Als Struktur $\mathcal{S}$ nehmen wir die natürlichen Zahlen mit der Nachfolgerfunktion und der Relation „kleiner oder gleich". Genauer: Wir sagen $|\mathcal{S}| := \mathbb{N}$, $|f| : n \mapsto n+1$ für $n \in \mathbb{N}$ und $|p| := \leqslant$, also $\langle a, b \rangle \in |p|$ genau dann, wenn $a \leqslant b$.

$p\, c f\, x_1$ wird dann übersetzt in $\langle |c|, |f|(x_1) \rangle \in |p|$, also in $1 \leqslant x_1 + 1$. Setzt man $\mathsf{Z}(x_n) := n$ für $n \in \mathbb{N}$, so ergibt sich

$$|p\, c f\, x_1|\mathsf{z} \Leftrightarrow \langle |c|, |f|\mathsf{z}(|x_1|\mathsf{z}) \rangle \in |p| \Leftrightarrow 1 \leqslant |f|(|x_1|\mathsf{z}) \Leftrightarrow 1 \leqslant |f|(1) \Leftrightarrow 1 \leqslant 2.$$

▽ **Trullo**: Analog wird $p\, x_2 x_1$ übersetzt in $|p\, x_2 x_1|\mathsf{z} = \langle \mathsf{Z}(x_2), \mathsf{Z}(x_1) \rangle \in |p|$. Für unser Z also in $2 \leqslant 1$.

> **!**
>
> Das ist bis hierher ziemlich einsichtig: man ersetzt die Variablen durch ihre Namen in der Trägermenge und arbeitet weiter mit den entsprechenden Werten weiter. Die Übersetzung von wffs der Form $\exists x\, \varphi$ muss aber für die Variablen an der *richtigen* Stelle den *richtigen* Wert einsetzen.
>
> Das braucht noch eine kleine Zusatzüberlegung.

△ **Charli**: Nehmen wir an, die Variable x kommt in der wff φ frei vor, und wir sehen uns $\exists x\, \varphi$ an. Die Abbildung Z sagt, wie wir die Variablen durch Elemente der Trägermenge ersetzen. Die Idee ist, dass wir für die Formel ein Element $s \in |\mathcal{S}|$ finden müssen, so dass wir jedes Vorkommen von x in φ durch s ersetzen können. Das lässt sich durch die Abbildung

$$\mathsf{Z}(x \bullet s)(y) := \begin{cases} s, & \text{falls } y = x \\ \mathsf{Z}(y), & \text{sonst} \end{cases} \tag{3.2}$$

regeln. Wenn x nicht frei in φ vorkommt, so können wir Z nach Herzenslust an der Stelle x ändern, ohne $|\varphi|_Z$ zu beeinträchtigen.

Man sollte sich durch die Notation nicht täuschen lassen, $Z(x{\bullet}s) : \{x_1, x_2, \dots\} \to |\mathcal{S}|$ ist für jedes $s \in |\mathcal{S}|$ eine Abbildung.

∇ **Trullo**: Die Abbildung $Z(x \bullet s)$ arbeitet auf den Variablen also wie Z, nur dass sie für die Variable x den Wert s einsetzt. Cool!

Damit können wir setzen $|\exists x\, \varphi|_Z := |\varphi|_{Z(x\bullet s)}$ für ein geeignetes $s \in |\mathcal{S}|$, das sorgt dann dafür, dass jedes Vorkommen von x in φ durch s ersetzt wird.

$\triangle$ **Charli**: Das mit dem *für ein geeignetes $s \in |\mathcal{S}|$* klingt seltsam.

∇ **Trullo**: Stimmt, es sagt, dass man ein s finden muss. Vielleicht wird es klarer, wenn wir uns die Negation ansehen. Also, die Variable x sei frei in φ, und wir wollen wissen, wann $\forall x\, \varphi$ für Z wahr ist.

Wir wollen also wissen, wann $\neg\exists x\, \neg\varphi$ für die Variablenbelegung Z gilt, das heißt, wann $\exists x\, \neg\varphi$ für Z falsch ist. Dazu dürfen wir also nach der Definition kein $s \in |\mathcal{S}|$ finden, so dass $\neg\varphi$ für die Varaiblenbelegung $Z(x \bullet s)$ wahr ist; $\neg\varphi$ muss für $Z(x \bullet s)$ stets falsch sein. Das heißt aber, dass φ für $Z(x \bullet s)$ und jedes $s \in |\mathcal{S}|$ wahr ist. Das ist aber genau die intuitive Bedeutung von $\forall x\, \varphi$ für Z.

∇ **Trullo**: Na ja, man muss ein wenig um die Ecke denken[2], aber dann klappt's schon.

$\triangle$ **Charli**: Dann haben wir aber auch gleich einen Gültigkeitsbegriff: Ist $\mathcal{S}$ eine Struktur für die LeO und Z eine Abbildung, die jeder Variablen einen Namen in $|\mathcal{S}|$ zuordnet, so sagen wir, dass eine *wohlgeformte Formel φ in $\mathcal{S}$ mit Z gilt* (in Zeichen: $\mathcal{S}, Z \models \varphi$), falls $|\varphi|_Z$ wahr ist.

Wir setzen für die wff φ und ψ

$$\mathcal{S}, Z \models \neg\varphi \quad \Leftrightarrow \mathcal{S}, Z \not\models \varphi \ (\text{d. h. } \mathcal{S}, Z \models \varphi \text{ ist falsch}),$$
$$\mathcal{S}, Z \models \varphi \to \psi \Leftrightarrow \mathcal{S}, Z \not\models \varphi \text{ oder } \mathcal{S}, Z \models \psi \text{ ist wahr},$$
$$\mathcal{S}, Z \models \forall x\, \varphi \quad \Leftrightarrow \text{ für jedes } d \in |\mathcal{S}| \text{ ist } |\varphi|_{Z(x\bullet d)} \text{ wahr}.$$

∇ **Trullo**: Es ist klar, dass für die Konjunktion $\varphi \wedge \psi$ gilt

$$\mathcal{S}, Z \models \varphi \wedge \psi \Leftrightarrow \mathcal{S}, Z \models \varphi \text{ und } \mathcal{S}, Z \models \psi,$$

denn

---

[2] Das ist anders als in der Politik, wo man ja gelegentlich hört, man müsse *eine Sache neu denken*. Vielleicht müssen wir die Ecke neu denken?

$$S, Z \models \varphi \wedge \psi \Leftrightarrow S, Z \not\models (\varphi \to \neg\psi)$$
$$\Leftrightarrow S, Z \not\models \neg\varphi \text{ und } S, Z \not\models \neg\psi$$
$$\Leftrightarrow S, Z \models \varphi \text{ und } S, Z \models \psi.$$

$\triangle$ **Charli**: Und natürlich dann auch

$$S, Z \models \exists x\, \varphi \Leftrightarrow \text{ es gibt ein } d \in |S| \text{ mit } S, Z \models |\varphi|_{Z(x \bullet d)}.$$

$\triangledown$ **Trullo**: So, jetzt sehen wir uns das Beispiel von Seite 55 noch einmal an.

$\triangle$ **Charli**: Wir behalten S und Z bei.

- $S, Z \models \exists x_1\, p\, c f\, x_1$ ist wahr, denn $|\exists x_1\, p\, c f\, x_1|_Z$ haben wir oben evaluiert als $1 \leqslant 2$.
- $S, Z \models \forall x_1\, p\, c x_1$ ist wahr, denn es gilt $1 \leqslant n$ für alle $n \in \mathbb{N}$.
- $S, Z \models \exists x_1 \forall x_2\, p\, x_2 x_1$ ist falsch. Wir müssten wegen des äußeren Existenzquantors einen Wert k finden, der für $Z(x_1)$ eingesetzt wird; $|\forall x_1\, p\, x_2 x_1|_{Z(x_1 \bullet k)}$ bedeutet $n \leqslant k$ für alle $n \in \mathbb{N}$. Welchen Wert wir für k auch immer finden, diese Aussage ist falsch. Das liegt daran, dass es keine größte natürliche Zahl gibt.

$\triangledown$ **Trullo**: Wir bleiben kurz bei einer ähnlichen Logik. Wir haben eine Konstante, ein einstelliges Funktionssymbol f und das zweistellige Prädikatssymbol q. Zur Interpretation mit der Struktur S wählen wir wieder $|S| := \mathbb{N}$, $|c| := 1$ und $|f| : n \mapsto n + 1$. Als $|q|$ nehmen wir $\{n \in \mathbb{N} \mid n \leqslant 2^n\}$.

Wir sehen uns, wieder mit $Z : x_i \mapsto i$, an

$$S, Z \models \Big(\big(q\, c \wedge (\forall x_1\, q\, x_1 \to q\, f\, x_1) \big) \to \forall x_2\, q\, x_2 \Big).$$

$\triangle$ **Charli**: Wir zerlegen die wff am besten.

- $|q\, c|_Z \Leftrightarrow |c| \in |q| \Leftrightarrow 1 \leqslant 2^1$.
- Der zweite Teil der Konjunktion ist jetzt ein bisschen länger:

$$|\forall x_1\, q\, x_1 \to q\, f\, x_1|_Z \Leftrightarrow |q\, x_1 \to q\, f\, x_1|_{Z(x_1 \bullet k)} \text{ für alle } k \in \mathbb{N}$$
$$\Leftrightarrow Z(x_1 \bullet k)(x_1) \in |q| \to |f|(Z(x_1 \bullet k)(x_1)) \in |q| \text{ für alle } k \in \mathbb{N}$$
$$\Leftrightarrow (\text{aus } k \in |q| \text{ folgt } k + 1 \in |q|) \text{ für alle } k \in \mathbb{N}$$
$$\Leftrightarrow (\text{aus } k \leqslant 2^k \text{ folgt } k + 1 \leqslant 2^{k+1}) \text{ für alle } k \in \mathbb{N}.$$

- $|\forall x_2\, q\, x_2|_Z \Leftrightarrow |q\, x_2|_{Z(x_2 \bullet k)}$ für alle $k \in \mathbb{N} \Leftrightarrow k \leqslant 2^k$ für alle $k \in \mathbb{N}$.

Insgesamt gilt die wff in S mit Z genau dann, wenn die Aussage

Falls $1 \leqslant 2^1$ und falls für alle $k \in \mathbb{N}$ gilt, dass $k + 1 \leqslant 2^{k+1}$ aus $k \leqslant 2^k$ folgt,
so gilt $n \leqslant 2^n$ für alle $n \in \mathbb{N}$

richtig ist.

> **!**
>
> Wir wissen also jetzt, wie die Gültigkeit einer wff für eine Struktur und eine Belegung von Variablen definiert ist. Hier sind wir in mehreren Schritten vorgegangen.
>
> - Zuerst haben wir wffs ohne Variablen angesehen, die Gültigkeit kann durch Einsetzen der Werte ermittelt werden.
> - Variablen kommen durch Quantoren ins Spiel.
> - Für den Existenzquantor haben wir die Belegung gerade für die Variable modifiziert, die ihn bindet, und der Belegung gesagt, welchen Wert sie für diese Variable annehmen soll.
> - Damit konnten wir dann die Gültigkeit einer $\exists$-quantifizierten Formel erklären.

∇ **Trullo**: Dazu kommen jetzt die üblichen Verallgemeinerungen:

- Die *wff φ gilt für $\mathcal{S}$*, in Zeichen $\mathcal{S} \models \varphi$, falls $\mathcal{S}, \mathsf{Z} \models \varphi$ für alle Abbildungen $\mathsf{Z} : \{x_1, x_2 \ldots\} \to |\mathcal{S}|$,
- die *wff φ ist gültig*, in Zeichen $\models \varphi$, falls $\mathcal{S} \models \varphi$ für jede Struktur $\mathcal{S}$ gilt.

$\triangle$ **Charli**: Langsam, langsam. Wenn ich mir ansehe, wie wir den Wert von $|\exists x\, \varphi|_{\mathsf{Z}}$ ermittelt haben, dann haben wir jedes Vorkommen von x in φ durch einen Wert $s \in |\mathcal{S}|$ ersetzt, den wir irgendwie gefunden haben. In der Definition in $\mathsf{Z}(x \bullet s)$ in (3.2) auf Seite 55 spielt der Wert von $\mathsf{Z}(x)$ überhaupt keine Rolle.

∇ **Trullo**: Ja, das stimmt. Deshalb gilt $\mathcal{S}, \mathsf{Z} \models \exists x\, \varphi \Leftrightarrow \mathcal{S}, \mathsf{Y} \models \exists x\, \varphi$ für jede Abbildung $\mathsf{Y} : \{x_1, x_2, \ldots\} \to |\mathcal{S}|$. Das zeigt unsere Überlegung. Es bedeutet, dass $|\mathcal{S}|, \mathsf{Z} \models \exists x\, \varphi$ entweder für alle derartigen Abbildungen Z gilt, oder für keine.

> **!**
>
> Die Vorgehensweise bei der Aussagenlogik kann als Muster herangezogen werden. Das kopieren wir jetzt, soweit es geht. Wir müssen's aber bei aller Ähnlichkeit doch weiterentwickeln.

Für Mengen von Formeln definieren wir die Gültigkeit ganz analog zu dem, was wir in der Aussagenlogik gemacht haben. Ist $\mathcal{A}$ eine Menge von wffs, so sagen wir, dass $\mathcal{A}$ *gültig für die Struktur* $\mathcal{S}$ ist, in Zeichen: $\mathcal{S} \models \mathcal{A}$, falls $\mathcal{S} \models \varphi$ für alle $\varphi \in \mathcal{A}$ gilt.

$\triangle$ **Charli**: Eine wff, die keine freien Variablen hat, haben wir auf Seite 51 eine *geschlossene Formel* genannt. Damit befassen wir uns jetzt. Für geschlossene Formeln übertragen wir auch den Begriff des Modells. Das ist wenig überraschend:

- $\mathcal{S}$ ist ein *Modell* für die geschlossene Formel φ, falls $\mathcal{S} \models \varphi$,
- ist $\mathcal{A}$ eine Menge geschlossener Formeln, so ist $\mathcal{S}$ *ein Modell für* $\mathcal{A}$ ($\mathcal{S} \models \mathcal{A}$), falls $\mathcal{S} \models \varphi$ für alle $\varphi \in \mathcal{A}$.

Dann gehen wir auch hier wie bei der Aussagenlogik vor: Ist $\mathcal{A} \cup \{\varphi\}$ eine Menge geschlossener Formeln, dann schreiben wir $\mathcal{A} \models \varphi$, falls jedes Modell von $\mathcal{A}$ auch ein Modell von φ ist. Die Formel φ wird dann eine *tautologische Konsequenz* von $\mathcal{A}$ genannt. Für $\mathcal{A} = \{\gamma\}$ schreiben wir auch $\gamma \models \varphi$ statt $\{\gamma\} \models \varphi$ und $\models \varphi$ für $\varnothing \models \varphi$.

∇ **Trullo**: Hört sich sehr ähnlich an, ist aber viel, viel komplizierter als in der Aussagenlogik: Man muss schließlich alle Modelle überprüfen (und hinter *jeder* Menge können Modelle lauern ...), während man in der Aussagenlogik lediglich alle Valuationen ansehen muss (da steht die Grundmenge fest).

$\triangle$ **Charli**: Ein paar Beispiele wären jetzt nicht schlecht .... Ich fange mal an (die Stelligkeit der Relationssymbole sollte klar sein):

- $\forall x_1\, p\, x_1 \models \exists x_1\, p\, x_1$. Wir nehmen uns eine Struktur $\mathcal{S}$ als Modell für $\forall x_1\, p\, x_1$ und müssen zeigen, dass $\mathcal{S}$ auch ein Modell für $\exists x_1\, p\, x_1$ ist. Für eine (beliebige) Abbildung $\mathsf{Z} : \{x_1, x_2, \dots\} \to |\mathcal{S}|$ wissen wir, dass $|x|_{\mathsf{Z}(x\bullet d)} \in |p|$ für alle $d \in |\mathcal{S}|$ gilt. Wir picken ein beliebiges $d^* \in |\mathcal{S}|$ heraus, dann ist $|x|_{\mathsf{Z}(x\bullet d^*)} \in |p|$. Das bedeutet aber $\mathcal{S} \models \exists x_1\, p\, x_1$, was wir zeigen wollten.

∇ **Trullo**: Na, dann mache ich mal weiter mit

- $\exists x_1 \forall x_2\, q\, x_1 x_2 \models \forall x_1 \exists x_2\, q\, x_1 x_2$. Ist $\mathcal{S}$ ein Modell für $\exists x_1 \forall x_2\, q\, x_1 x_2$, dann gibt es ein $d^* \in |\mathcal{S}|$, so dass für alle $e \in |\mathcal{S}|$ gilt $\langle d^*, e \rangle \in |q|$. Also finden wir auch für jedes $e \in |\mathcal{S}|$ ein $d \in |\mathcal{S}|$ mit $\langle d, e \rangle \in |q|$ (man nehme etwa stets d^*). Das heißt aber, dass $\mathcal{S}$ ein Modell für $\forall x_1 \exists x_2\, q\, x_1 x_2$ ist.
- $\forall x_1 \exists x_2\, q\, x_1 x_2 \not\models \exists x_1 \forall x_2\, q\, x_1 x_2$. Um das nachzuweisen, brauchen wir ein Gegenbeispiel, also eine zweistellige Relation über einer Trägermenge X. Wir nehmen eine beliebige Menge X mit mehr als einem Element und setzen $|q| := \{\langle x, x \rangle \mid x \in X\}$. Mit $|\mathcal{S}| := X$ haben wir dann ein Modell für $\forall x_1 \exists x_2\, q\, x_1 x_2$, denn wir können ja x_1 und x_2 mit demselben Namen belegen, also identisch wählen, aber das ist kein Modell für $\exists x_1 \forall x_2\, q\, x_1 x_2$, weil $|\mathcal{S}|$ mehr als ein Element enthält.

$\triangle$ **Charli**: Was ist eigentlich aus den Valuationen geworden, über die wir in der Aussagenlogik gesprochen haben?

∇ **Trullo**: Die können wir ziemlich gut in unserem Kontext definieren, glaube ich. Für eins Struktur $\mathcal{S}$ nehmen wir uns eine Abbildung $\mathsf{Z} : \{x_1, x_2, \ldots\} \to |\mathcal{S}|$ von den Variablen nach $|\mathcal{S}|$ her. Dann definieren wir eine Abbildung v_{Z} rekursiv über die Struktur der atomaren Formeln

$$v_{\mathsf{Z}}(p\, t_1 \ldots t_n) := \begin{cases} 1, & \text{falls } \langle |t_1|_{\mathsf{Z}}, \ldots, |t_n|_{\mathsf{Z}} \rangle \in |p|, \\ 0, & \text{sonst.} \end{cases}$$

Für eine LeO mit Gleichheit definieren wir zusätzlich

$$v_{\mathsf{Z}}(t_1 == t_2) := \begin{cases} 1, & \text{falls } |t_1|_{\mathsf{Z}} = |t_2|_{\mathsf{Z}}. \\ 0, & \text{sonst.} \end{cases}$$

$\triangle$ **Charli**: Und dann kann man weiter definieren:

$$v_{\mathsf{Z}}(\neg\varphi) := 1 - v_{\mathsf{Z}}(\varphi),$$
$$v_{\mathsf{Z}}(\varphi_1 \wedge \varphi_2) := \min\{v_{\mathsf{Z}}(\varphi_1), v_{\mathsf{Z}}(\varphi_2)\},$$
$$v_{\mathsf{Z}}(\varphi_1 \vee \varphi_2) := \max\{v_{\mathsf{Z}}(\varphi_1), v_{\mathsf{Z}}(\varphi_2)\},$$
$$v_{\mathsf{Z}}(\varphi_1 \to \varphi_2) := \max\{v_{\mathsf{Z}}(\neg\varphi_1), v_{\mathsf{Z}}(\varphi_2)\},$$

also genauso, wie wir es aus der Aussagenlogik gewöhnt sind.

∇ **Trullo**: Und klar, für den Allquantor können wir definieren

$$v_{\mathsf{Z}}(\forall x\, \varphi) := \min\{v_{\mathsf{Z}(x\bullet a)}(\varphi) \mid a \in |\mathcal{S}|\}.$$

Damit haben wir ($\mathcal{A}$ ist eine Menge geschlossener Formeln)

$$|\mathcal{S}|, \mathsf{Z} \models \varphi \iff v_{\mathsf{Z}}(\varphi) = 1$$
$$\mathcal{A} \models \varphi \iff \max_{\gamma \in \mathcal{A}} v_{\mathsf{Z}}(\gamma) \leqslant v_{\mathsf{Z}}(\varphi).$$

∇ **Trullo**: So haben wir den Anschluss an die Semantik der Aussagenlogik geschafft ...

$\triangle$ **Charli**: ... und die Aussagenlogik in diese Prädikatenlogik hier geschraubt.

> Alles gut & schön, wir müssen uns aber noch einmal um das Vorkommen unterschiedlicher Variablen in einer wff kümmern, weil hier die Bindungen, also sozusagen die Gültigkeitsbereiche der Quantoren, genauer angesehen werden sollte.
>
> Das machen wir auch im Hinblick auf die Beweistheorie, die fast schon um die Ecke schaut.

▽ **Trullo**: Wir brauchen aber noch ein wenig Technik. Für eine Formel φ, in der die Variable x vorkommt, ergeben sich bei der Ersetzung von x durch einen Term t ein paar Probleme.

△ **Charli**: Wieso? Das ist doch eine ziemlich verständliche Operation.

▽ **Trullo**: Ja, aber sehen wir uns dieses Beispiel an. Die Formel φ sei $\forall y(x == y)$. Darin kommt die Variable x vor. Wenn wir jetzt x durch y ersetzen, erhalten wir $\forall y\,(y == y)$, das riecht schon ziemlich verdächtig. Machen wir mal weiter: wenn wir φ einsetzen in $\forall x\,\neg\forall y\,(x == y)$, dann erscheint es sinnvoll, wenn wir hingegen die substituierte Formel an die Stelle setzen. So erscheint $\forall x\,\neg\forall y\,(y == y)$, und das sieht nicht so gut aus (und ist fast immer falsch).

△ **Charli**: Klar, wir haben das eingesetzte y in den Bereich des Allquantors gebracht, während die ursprüngliche Variable x nicht in der Reichweite dieses Quantors lag. Wir müssen also klären, wann ein Term für eine Variable substituierbar ist.

▽ **Trullo**: Ah, das trifft sich gut! Ich habe die Definition gleich mitgebracht. Sie sagt, wann ein Term t für eine Variable x in einer Formel φ substituierbar ist. Wir folgen in der Definition dem Formelaufbau rekursiv.

$$Subs(x, \varphi) := \mathcal{F}, \text{falls } \varphi \text{ atomar ist,}$$
$$Subs(x, \neg\varphi) := Subs(x, \varphi),$$
$$Subs(x, \varphi \to \psi) := Subs(x, \varphi) \cap Subs(x, \psi)$$
$$Subs(x, \forall y\varphi) := \begin{cases} \mathcal{F}, & \text{falls } x \notin Frei(\forall y\varphi), \\ \{t \in Subs(x, \varphi) \mid y \text{ kommt in } t \text{ nicht vor}\}, & \text{sonst} \end{cases}$$

△ **Charli**: Der kritische Punkt taucht in der letzten Zeile auf: die vom Quantor regierte Variable darf in dem Term, der eingesetzt wird, nicht vorkommen.

▽ **Trullo**: Na, mal sehen. Wir berechnen $Subs(y, \forall y\,(x == y)$. Weil $x == y$ atomar ist, gilt $Subs(y, x == y) = \mathcal{F}$, also besteht $Subs(y, \forall y\,(x == y))$ aus allen Termen, in denen y nicht vorkommt. Aber y kommt trivialerweise im Term y vor. Das erklärt, warum wir gerade in eine problematische Situation geraten sind.

$\triangle$ **Charli**: Noch ein Beispiel? Kann ich in der Formel $\exists x\,(p\,x \wedge q\,y)$ die Variable y durch x ersetzen?

$$Subs(y, \exists x\,(p\,x \wedge q\,y)) = \{t \in Subs(x, p\,x \wedge q\,y) \mid x \text{ kommt in } t \text{ nicht vor}\}$$
$$= \{t \in \mathcal{F} \mid x \text{ kommt in } t \text{ nicht vor}\},$$

weil $Subs(x, p\,x) = Subs(x, q\,y) = \mathcal{F}$. Also $x \notin Subs(y, \exists x\,(p\,x \wedge q\,y))$, eine Ersetzung ist also nicht möglich.

Wenn wir als Struktur die natürlichen Zahlen $\mathbb{N}$ nehmen, $|p| := \{n \in \mathbb{N} \mid n \text{ ist gerade}\}$ und $|q| := \{n \in \mathbb{N} \mid n \text{ ist ungerade}\}$, dann etwa $Z(y \bullet 3) \models \exists x\,(p\,x \wedge q\,y)$. Ersetzen wir y durch x, so ergibt sich $\exists x\,(p\,x \wedge q\,x)$. Diese Formel ist aber nicht erfüllbar, denn wir müssten ein x finden, das gerade und ungerade ist. Durch die Substitution hätten wir den „Wirkungsbereich" des Existenzquantors also unzulässig vergrößert.

> **!** Die formale Definition von *Subs* unten erlaubt uns, Substitutionen zu kontrollieren und zu verhindern, dass wir Substitutionen im Gültigkeitsbereich solcher Quantoren machen, die das nicht wollen (Quantoren können äußerst herrschsüchtig sein).

$\triangledown$ **Trullo**: Wir wollen jetzt die *Substitution* einer Variablen durch einen Term definieren. Intuitiv versuchen wir das ja schon, wenn wir etwa über eine Formel mit einem Existenzquantor nachdenken „könnte man das x nicht durch diesen oder jenen Term ersetzen ...?". Das schreiben wir jetzt genauer auf. Wir gehen wie gewohnt induktiv über den Formelaufbau vor.

Sei also φ eine Formel, x eine Variable und t ein Term. Die Formel φ_t^x ist so definiert:

$$(\neg\varphi)_t^x := \neg(\varphi)_t^x,$$
$$(\varphi \rightarrow \psi)_t^x := (\varphi_t^x \rightarrow \psi_t^x),$$
$$(\forall y\,\varphi)_t^x := \begin{cases} \forall y\,\varphi, & \text{falls } x = y, \\ \forall y\,(\varphi)_t^x, & \text{sonst.} \end{cases}$$

$\triangle$ **Charli**: Das ist ziemlich natürlich, zum Beispiel finden wir

$$(p\,x \rightarrow \exists x\,q\,x)_y^x = (p\,x)_y^x \rightarrow (\exists\,xq\,x)_y^x = p\,y \rightarrow \exists x\,q\,x$$

und

$$\left((\forall x\,\forall y\,x == y) \to \exists x\,x == y\right)^{x}_{z} = (\forall x\,\forall y\,x == y)^{x}_{z} \to (\exists x\,x == y)^{x}_{z}$$
$$= \forall x\,(\forall y\,x == y)^{x}_{z} \to \exists x\,x == y$$
$$= (\forall x\,\forall y\,z == y) \to \exists x\,x == y.$$

Wir entziehen also im Vordersatz der Implikation durch die Ersetzung von x durch z dem äußeren Allquantor seinen Wirkungsbereich in dem Term $x == y$. Du hast gerade gezeigt, dass wir in der Formel $\exists x\,(p\,x \wedge q\,y)$ die Variable y nicht durch x ersetzen können.

> **!** Das ist ganz ähnlich wie bei Programmiersprachen, in deren Blöcken lediglich lokal sichtbare Variablen vorkommen. Da kann es zu Problemen kommen, wenn man die lokale Gültigkeit der Namen von Variablen nicht beachtet (darum kümmert sich in der Regel die semantische Analyse des Compilers).

∇ **Trullo**: Wo wir gerade über Semantik sprechen: Wir sollten uns jetzt um Beweise kümmern.

$\triangle$ **Charli**: Ein Meister der Überleitung ....

„Meister der Überleitung" vielleicht gerade nicht, denn jetzt geht es eher um syntaktische Aspekte (die wir aber nachher mit der Semantik verknüpfen).

3.3 Ein Beweissystem

Wir definieren ein Beweissystem, das ganz ähnlich zu dem in der Aussagenlogik (Abschnitt 2.5) ist. Da die Sprache der LeO aussagekräftiger und reicher ist, wird auch das Beweissystem umfangreicher sein. Das Ziel besteht dann darin, den Ersten Gödelschen Satz zu beweisen, also die Gleichwertigkeit von Gültigkeit und Beweisbarkeit.

In der Literatur wird eine Vielzahl von Beweissystemen vorgeschlagen, die sich in den Axiomen wie in den Beweisregeln unterscheiden. Die Unterschiede werden spätestens in den Beweisen des Gödelschen Satzes sichtbar. Der hier eingeschlagene Weg ist pragmatisch orientiert und orientiert sich im wesentlichen an den Darstellungen bei Enderton [19] und Richter [37]. Als attraktive Alternative bietet sich der Zugang bei Manzano [30] an, dem einige Anregungen entnommen sind.

> Was benötigen wir für ein Beweissystem? Offensichtlich doch Axiome und Schlussregeln. Das haben wir schon bei der Diskussion in der Aussagenlogik im Abschnitt 2.5 so gemacht.
>
> Als Schlussregel behalten wir den Modus ponens bei. Über die Axiome müssen wir uns Gedanken machen, denn der Existenzquantor muss berücksichtigt werden.

▽ **Trullo**: Bei den Schlussregeln müssen wir verhindern, dass wir die Kontrolle über die freien Variablen verlieren. Deshalb führen wir die Verallgemeinerung einer Formel φ ein: Die *Verallgemeinerung von φ* ist $\forall x_1 \forall x_2 \ldots \forall x_k \varphi$, für Variablen $x_1, \ldots, x_k$. Wenn wir alle in der wff φ vorkommenden freien Variablen universell quantifizieren, erhalten wir den *Abschluss von φ* als $\forall x_1 \forall x_2 \ldots \forall x_n \varphi$, wobei n der größte Index j ist, so dass x_j frei in φ vorkommt. Der Abschluss wird notiert als $\forall \varphi$.

Wenn wir also von der Verallgemeinerung beziehungsweise vom Abschluss einer wff sprechen, so meinen wir diese Konstruktionen.

△ **Charli**: Gut. Die Axiome werden sinnvollerweise in Gruppen eingeteilt (x, y sind Variablen, t ein Term, und φ, ψ sind wffs); sie sind die Verallgemeinerungen der Formeln mit der folgenden Gestalt:

A̲ Alle Tautologien.
B̲ $\forall x\, \varphi \to \varphi_t^x$, falls $t \in Subs(x, \varphi)$.
C̲ $\big(\forall x\, (\varphi \to \psi)\big) \to \big(\forall x\, \varphi \to \forall x\, \psi\big)$.
D̲ $\varphi \to \forall x\, \varphi$, falls $x \notin Frei(\varphi)$.

▽ **Trullo**: Ja, aber was ist mit der Gleichheit $==$? Da sehe ich keine Axiome, aber falls die Gleichheit in der Logik berücksichtigt wird, muss man ja auch dafür sorgen. Es wäre wirklich merkwürdig, wenn zwar die Gleichheit in der Logik modelliert ist, aber wenn man nicht wüsste, ob sie, sagen wir, transitiv ist.

△ **Charli**: Ja, klar, wir müssen also auch dafür Vorsorge treffen. Dazu also, falls die Gleichheit in der **LeO** berücksichtigt wird:

E̲ $x == x$.
F̲ $x == y \to (\varphi \to \psi)$, wobei ψ aus φ hervorgeht durch die Ersetzung freier Vorkommen von x in der atomaren Formel φ durch y (es müssen nicht alle Vorkommen von x ersetzt werden).

▽ **Trullo**: Wie sieht es mit Beweisen aus? Das wird durch vermutlich ganz genau so definiert wie in der Aussagenlogik?

$\triangle$ **Charli**: Ja, das ist so. Ich wiederhole der Einfachheit halber die Definition, damit wir nicht immer auf Seite 24 nachgucken müssen:

> Die Formel φ wird aus der Formelmenge $\mathcal{A}$ bewiesen genau dann, wenn es Formeln $\varphi_1, \ldots, \varphi_n$ gibt, so dass jedes φ_i entweder in $\mathcal{A}$ liegt, ein Axiom ist oder aus $\varphi_1, \ldots, \varphi_{i-1}$ mit dem Modus ponens folgt. Wir schreiben dann $\mathcal{A} \vdash \varphi$, φ wird dann *Theorem von* $\mathcal{A}$ genannt. Falls $\mathcal{A} = \varnothing$ schreiben wir auch $\vdash \varphi$, und φ heißt dann einfach ein *Theorem*.

∇ **Trullo**: Soweit, so gut. Ob eine Formel ein Theorem einer Formelmenge $\mathcal{A}$ ist, hängt natürlich von der Formelmenge ab, dagegen sind die Theoreme für $\mathcal{A} = \varnothing$ nur von den Axiomen und der Ableitungsregel, also dem Modus ponens, abhängig. Das bedeutet aber, dass wir solche Theoreme aus der Aussagenlogik übernehmen können, die mit dem Modus ponens aus den Tautologien abgeleitet wurden.

$\triangle$ **Charli**: Ja, klar, die entsprechenden Beweise sind dann identisch, so dass wir uns der Mühe, sie zu beweisen, nicht zweimal unterziehen müssen[3]. Das gilt aber auch für Beweise, die ganz analog zu denen für die Aussagenlogik geführt werden können.

Ich liste mal die Theoreme auf, die wir aus der Aussagenlogik importieren können:

[*] Das *Tautologie-Theorem*: Sind Formeln $\varphi_1, \ldots, \varphi_n$ und $\varphi_1 \to \cdots \to \varphi_n \to \psi$ Theoreme von $\mathcal{A}$, dann ist auch ψ ein Theorem von $\mathcal{A}$ (vgl. Seite 29),

[†] Das *Deduktions-Theorem*: $\mathcal{A} \cup \{\varphi\} \vdash \tau \iff \mathcal{A} \vdash \varphi \to \tau$ (vgl. Seite 25).

∇ **Trullo**: Aus [†] können wir leicht die Kontraposition ableiten, also die Aussage

$$\mathcal{A} \cup \{\varphi\} \vdash \neg\psi \iff \mathcal{A} \cup \{\psi\} \vdash \neg\varphi.$$

$\triangle$ **Charli**: Ja, wir haben die Tautologie $(\varphi \to \neg\psi) \to (\psi \to \neg\varphi)$, also können wir so vorgehen:

$$\mathcal{A} \cup \{\varphi\} \vdash \neg\psi \iff \mathcal{A} \vdash \varphi \to \neg\psi$$
$$\iff \mathcal{A} \vdash \psi \to \neg\varphi$$
$$\iff \mathcal{A} \cup \{\psi\} \vdash \neg\varphi.$$

∇ **Trullo**: Aus [*] können wir leicht ableiten: Wenn $\mathcal{A} \vdash \varphi_1$, ..., $\mathcal{A} \vdash \varphi_n$, und $\{\varphi_1, \ldots, \varphi_n\}$ tautologisch ψ impliziert, dann gilt auch $\mathcal{A} \vdash \psi$.

---

[3] Man denke an das Sprichwort „Ohne Beweis keinen Preiß", was nur in Bayern als antipreußisch angesehen wird.

$\triangle$ **Charli:** Wegen $\{\varphi_1, \ldots, \varphi_n\} \models \psi$ ist $\varphi_1 \rightarrow \cdots \rightarrow \varphi_n \rightarrow \psi$ eine Tautologie, also ein Theorem von $\mathcal{A}$; das wissen wir aus (2.1) auf Seite 12. Damit folgt die Behauptung direkt aus [∗].

∇ **Trullo:** Eine Menge $\mathcal{A}$ von Formeln heißt *inkonsistent*, falls $\mathcal{A} \vdash \beta$ und $\mathcal{A} \vdash \neg\beta$ für eine Formel β gilt.

Als Folgerung aus [∗] und [†] können wir jetzt ziemlich leicht sehen: Ist $\mathcal{A} \cup \{\varphi\}$ inkonsistent, dann gilt $\mathcal{A} \vdash \neg\varphi$.

$\triangle$ **Charli:** Mal versuchen. Wir wissen, dass $\mathcal{A} \vdash \varphi \rightarrow \beta$ und auch, dass $\mathcal{A} \vdash \varphi \rightarrow \neg\beta$ gelten. Außerdem folgt $\neg\varphi$ tautologisch aus $\{\varphi \rightarrow \beta, \varphi \rightarrow \neg\varphi\}$. Daraus folgt mit [∗] die Behauptung.

> **!**
> Beim Studium der Beweise für die Aussagenlogik haben wir einiges an Kapital angesammelt, wie wir gerade gesehen haben. Aber wir müssen uns auch um die Quantoren kümmern ....

∇ **Trullo:** Für den Beweis[4] der Aussage

$$\mathcal{A} \vdash \varphi \text{ impliziert } \mathcal{A} \vdash \forall x\, \varphi, \text{ falls } x \text{ in keiner Formel von } \mathcal{A} \text{ frei vorkommt}$$
$$(3.3)$$

können wir eine ganz interessante Beweistechnik studieren: Wir sehen uns die Menge aller Formeln an, für die diese Aussage richtig ist und schließen daraus, dass $\mathcal{A}$ darin enthalten ist.

$\triangle$ **Charli:** Na, das ist arg skizzenhaft, aber so geht man im Grunde bei Beweisen durch vollständige Induktion für die natürlichen Zahlen auch vor. Man betrachtet die Menge aller Zahlen, für die die Aussage richtig ist, zeigt, dass sie die Zahl 1 enthält und mit jeder Zahl auch ihren Nachfolger. Daraus schließt man dann, dass diese Menge nichts anderes ist als die Menge aller natürlichen Zahlen, dass also die Aussage für alle natürlichen Zahlen gilt.

Interessant ist der Wechsel der Perspektive. Man guckt sich nicht die Aussage an, die man beweisen möchte, sondern die Menge aller *good guys*, also aller Zahlen, für die die Aussage gilt.

∇ **Trullo:** Machen wir's konkret. Sei $\mathcal{X}$ die Menge der Axiome und

$$\mathcal{G} := \{\varphi \mid \mathcal{A} \vdash \forall x\, \varphi\}$$

(das sind unsere *good guys*). Wir zeigen, dass $\mathcal{A} \cup \mathcal{X} \subseteq \mathcal{G}$, und dass $\mathcal{G}$ abgeschlossen ist im Hinblick auf den Modus ponens.

---

[4] nach [19, p. 109f.]

△ **Charli**: Die Abgeschlossenheit bezüglich des Modus ponens wirkt auf Anhieb etwas merkwürdig. Es ist aber klar, dass wir das zeigen müssen: Was immer wir aus $\mathcal{A} \cup \mathcal{X}$ mit Hilfe dieser Schlussregel beweisen, muss ja in dieser Menge bleiben.

▽ **Trullo**: Das zeigen wir vielleicht zuerst. Sind $\psi, \psi \to \varphi \in \mathcal{G}$, so dass wir φ durch den Modus ponens gewinnen, so wissen wir, dass

1. $\mathcal{A} \vdash \forall x\, \psi$,
2. $\mathcal{A} \vdash \forall x\, (\psi \to \varphi)$.

Wir benutzen Axiom $\underline{C}$ und sehen

3. $\forall x\, (\psi \to \varphi) \to (\forall x\, \psi \to \forall x\, \varphi)$.

Mit 1. und 3. füttern wir jetzt den Modus ponens, so dass wir $\mathcal{A} \vdash \forall x\, \psi$ schließen können. Daraus folgt aber $\psi \in \mathcal{G}$.

△ **Charli**: Das ist die Abgeschlossenheit im Hinblick auf den Modus ponens, also die halbe Miete. Was ist mit $\mathcal{A} \cup \mathcal{X} \subseteq \mathcal{G}$?

Klar, wenn φ ein Axiom ist, so ist $\forall x\, \varphi$ auch ein Axiom wegen der Abschlusseigenschaften der Formeln, also gilt $\mathcal{A} \vdash \forall x\, \varphi$, damit $\varphi \in \mathcal{G}$. Ist $\varphi \in \mathcal{A}$, so ist $x \notin Frei(\varphi)$ nach Voraussetzung, also können wir auf das Axiom $\underline{D}$ zugreifen, wo wir $\varphi \to \forall x\, \varphi$ finden. Der Modus ponens gibt uns dann $\mathcal{A} \vdash \forall x\, \varphi$.

▽ **Trullo**: Damit ist (3.3) bewiesen.

> **!** Spoiler Warnung: Wir brauchen diese Aussage (3.3) gleich noch ziemlich dringend.

△ **Charli**: Was hat es mit der Einschränkung bei (3.3) auf sich, dass x nicht frei in $\mathcal{A}$ vorkommt? Das wird nur an einer einzigen Stelle benutzt, nämlich wenn wir Axiom $\underline{D}$ anwenden. Kann man das irgendwie umgehen?

▽ **Trullo**: Versuchen wir's. Nehmen wir einfach ein einstelliges Prädikat p, dann haben wir trivialerweise $p\,x \vdash p\,x$. Aber wir können nicht folgern $p\,x \vdash \forall x\, p\,x$.

△ **Charli**: Ja, klar: wenn $p\,x$ sagt, dass x eine Primzahl ist, dann können wir aus dem Auftreten einer Primzahl nicht schließen, dass alle x Primzahlen sind, dass also dann auch $\forall x p\,x$ gilt.

Gleichheit

∇ **Trullo**: Falls die LeO Gleichheit modelliert, so greifen die Axiome $\underline{E}$ und $\underline{F}$. Wir müssten uns also mal überlegen, was das für die Funktions- und für die Relationssymbole bedeutet.

$\triangle$ **Charli**: Wir wissen ja noch nicht einmal, ob die Feld-, Wald- und Wiesenaussagen über die Gleichheit gelten.

∇ **Trullo**: Bauernverband?

$\triangle$ **Charli**: Nein, was ich meine ist, dass wir nicht einmal wissen, ob die Gleichheit symmetrisch ist. Ist sie transitiv?

∇ **Trullo**: Auf geht's – versuchen wir uns an der Symmetrie! x, y und z seien Variablen.
Aus $\underline{F}$ sehen wir $x == y \to (x == x \to y == x)$, und $\big(x == y \to (x == x \to y == x)\big) \to \big(x == x \to (x == y \to y == x)\big)$ ist eine Tautologie, also folgt $x == y \to y == x$ mit dem Modus ponens.

$\triangle$ **Charli**: Ganz ähnlich geht das mit der Transitivität. Aus $\underline{F}$ sehen wir $x == y \to \big((x == z \to x == z) \to (y == z \to x == z)\big)$, mit der Tautologie $x == z \to (x == z)$ und dem Modus ponens folgt dann die Transitivität $x == y \to (y == z \to x == z)$.

∇ **Trullo**: Da sind wirklich arg viele Pfeile unterwegs, aber was will man machen? Kümmern wir uns mal um Relationen und Funktionen. Um den Schreibaufwand nicht ausufern zu lassen, betrachten wir jeweils nur einstellige Exemplare. Sind als p und f jeweils einstellige Relations- bzw. Funktionssymbole, so müssten wir zeigen.

1. $x == y \to p\,x \to p\,y,$
2. $x == y \to f\,x == f\,y$

$\triangle$ **Charli**: (1) erhält man unmittelbar aus $\underline{F}$, und zum Beweis vom (2) zeigen wir zuerst $x == x \to f\,x == f\,x$ mit $\underline{E}$ und $\underline{B}$ (weil $Subs(x, x == x) = \mathcal{F}$). Daraus bekommt man ziemlich schnell die Behauptung mit dem Modus ponens.

Jetzt kennen wir ein Beweissystem für unsere LeO – offensichtlich sind andere möglich und wurden in der Tat auch studiert. Wir werden im Folgenden viel Energie darauf verwenden, das Verhältnis zwischen Gültigkeit und Beweisbarkeit zu studieren.

3.4 Korrektheit des Beweissystems ($\vdash\, \subseteq\, \models$)

Wir zeigen, dass unser Beweissystem korrekt ist, dass also $\mathcal{A} \vdash \varphi \Rightarrow \mathcal{A} \models \varphi$ gilt. Dazu gehen wir die Axiome durch und weisen nach, dass sie korrekt sind. Das reicht offensichtlich aus, wenn man zusätzlich noch weiß, dass sich der Modus ponens in die tautologische Implikation abbilden lässt.

$\triangledown$ **Trullo**: Wir wollen jetzt zeigen, dass eine beweisbare Formel auch gültig ist, und umgekehrt, dass man eine gültige Formel auch beweisen kann. Unser Beweissystem soll also korrekt und vollständig sein. Das ist das Programm.

$\triangle$ **Charli**: Dazu fangen wir am besten mit der Korrektheit an. Wir fixieren dazu eine Menge $\mathcal{A} \cup \{\varphi\}$ von Formeln und werden zeigen

$$\mathcal{A} \vdash \varphi \Rightarrow \mathcal{A} \models \varphi.$$

> Hierzu reicht es ganz sicher, wenn wir zeigen, dass
>
> - alle Axiome korrekt sind,
> - die Schlussregel der tautologischen Implikation gehorcht.
>
> Das ist ziemlich trivial – wenn wir einen Beweis haben, in dem jedes Axiom und jeder Schritt korrekt ist, dann bleibt dem Resultat nichts anderes übrig, als selbst wieder korrekt zu sein.

$\triangledown$ **Trullo**: Die Behandlung der Schlussregel ist einfach: der Modus ponens

$$\frac{\varphi \quad \varphi \to \psi}{\psi}$$

überträgt sich sofort in

$$\{\varphi, \varphi \to \psi\} \models \psi.$$

Außerdem ist klar, dass $\mathcal{A} \vdash \varphi$ gilt, falls $\varphi \in \mathcal{A}$.

So, das war unsere Startrampe. Wir müssten jetzt wohl die einzelnen Axiome einzeln durchgehen und sie uns auf ihre Gültigkeit hin ansehen.

> **Axiome in $\underline{\mathrm{A}}$**

$\triangle$ **Charli**: Das sind alle Tautologien. Von ihnen wissen wir, dass sie gültig sind.

> **Axiome in $\underline{B}$**

▽ **Trullo**: Ist $\mathcal{S}$ ein Modell für $\mathcal{A}$ und $Z : \{x_1, x_2, \ldots\} \to |\mathcal{S}|$ eine Abbildung auf den Variablen in den Träger des Modells, so dass $\mathcal{S}, Z \models \forall x\, \varphi$. Wir müssen zeigen, dass $\mathcal{S}, Z \models \varphi_t^x$, wobei $t \in \mathit{Subs}(x, \varphi)$.

△ **Charli**: Das Problem ist: Wir wissen nicht, was es mit $|\varphi_t^x|_Z$ auf sich hat. Das müssten wir also zuerst anschauen.

▽ **Trullo**: Wir brauchen unbedingt einen Hilfssatz!

△ **Charli**: Klar, Hilfssätze sind immer gut, vielleicht können wir einen auf dem Markt kaufen, oder im Netz ersteigern?

△ **Charli**: Nun alber mal hier nicht rum, die Lage ist kompliziert genug!

▽ **Trullo**: Ich mein' ja nur. Aber ich hätte eine Vermutung für die Formulierung eines Hilfssatzes: Für die Terme t, s gilt

$$|s_t^x|_Z = |s|_{Z(x\, \bullet\, |t|_Z)}. \tag{3.4}$$

> **!** Na ja, das ist ja eigentlich ziemlich einfach: Ich sehe mir das Bild des Terms in $|\mathcal{S}|$ an, der aus s entsteht, wenn ich x durch t ersetze. Das kann ich doch auch so machen, dass ich zuerst t nach $|\mathcal{S}|$ werfe (dadurch entsteht $|t|_Z$) und dann x im Bild des Terms von s durch $|t|_Z$ ersetze.

△ **Charli**: Ersetzen und Auswerten ist also dasselbe wie Auswerten und dann Ersetzen mit dem Ausgewerteten.

▽ **Trullo**: Sehe ich ein, wenn wir das so plausibel machen. Wie beweist man das?

△ **Charli**: Durch Induktion nach dem Aufbau von s, denn t halten wir ja fest. Der Beweis hat aber wenig Nährwert, weil es viel Schreiberei erfordert, aber wenig Einsicht bringt. Deshalb erklären wir das zur Freizeitübung.

▽ **Trullo**: Aber das war ja nur ein Hilfssatz.

$\triangle$ **Charli**: Verachte mir die Hilfssätze nicht! Manchmal sind sie wie Schmiermittel, manchmal steckt die ganze Substanz drin (denk an das Lemma von Zorn).

Wir zeigen aber jetzt: Ist $t \in Subs(x, \varphi)$, so gilt

$$\mathcal{S}, \mathsf{Z} \models \varphi_t^x \Leftrightarrow \mathcal{S}, \mathsf{Z}(x \bullet |t|_\mathsf{Z}) \models \varphi. \tag{3.5}$$

∇ **Trullo**: Das machen wir sicher am besten durch Induktion nach dem Formelaufbau. Ich fange mal an:

1. φ ist atomar, sagen wir φ ist $r == s$ für zwei Terme r und s. Dann haben wir

$$
\begin{aligned}
\mathcal{S}, \mathsf{Z} \models (r == s)_t^x &\longleftrightarrow |r_t^x|_\mathsf{Z} - |s_t^x|_\mathsf{Z} \\
&\overset{(3.4)}{\longleftrightarrow} |r|_{\mathsf{Z}(x \bullet |t|_\mathsf{Z})} = |s|_{\mathsf{Z}(x \bullet |t|_\mathsf{Z})} \\
&\longleftrightarrow \mathcal{S}, \mathsf{Z}(x \bullet |t|_\mathsf{Z}) \models r == s.
\end{aligned}
$$

Falls φ die Form $p\, r_1 \ldots r_n$ für ein n-stelliges Prädikat p hat, so geht man mit (3.4) ganz genauso vor.

$\triangle$ **Charli**: Also ist die Gleichung (3.4) technisch ziemlich hilfreich. Ich versuche mal weiterzumachen:

2. φ ist $\neg\psi$ oder $\psi \rightarrow \tau$. Dann greift die Induktionsvoraussetzung für die Teilformeln, also gilt die Behauptung dann auch für φ.
3. φ ist $\forall y\, \psi$, aber $x \notin Frei(\varphi)$. Dann gilt zum einen $\varphi_t^x = \varphi$, zum anderen gilt, wenn wir uns die Definition von $\mathsf{Z}(\cdot \bullet s)$ in (3.2) auf Seite 55 noch einmal genau anschauen, $\mathsf{Z}(z) = \mathsf{Z}(x \bullet |t|_\mathsf{Z})(z)$ für alle $z \in Frei(\varphi)$. Daraus folgt auch hier die Behauptung.

∇ **Trullo**: Jetzt kommt der ein wenig kompliziertere Teil:

4. φ ist $\forall y\, \psi$ und $x \in Frei(\varphi)$. Wegen $t \in Subs(x, \varphi)$ wissen wird, dass y nicht in t vorkommt, und dass $t \in Subs(x, \psi)$. Das bedeutet, es gilt für alle $d \in |\mathcal{S}|$

   a. $|t|_\mathsf{Z} = |t|_{\mathsf{Z}(y \bullet d)}$,
   b. $\mathsf{Z}(y \bullet d)(x \bullet |t|_\mathsf{Z}) = \mathsf{Z}(x \bullet |t|_\mathsf{Z})(y \bullet d)$, weil $x \neq y$.

Nach der Definition der Substitution (siehe Seite 62) gilt $\varphi_t^x = \forall y\, \psi_t^x$, also

$$\mathcal{S}, Z \models \varphi_t^x \iff \mathcal{S}, Z(y \bullet d) \models \psi_t^x \text{ für alle } d \in |\mathcal{S}|$$
$$\iff \mathcal{S}, Z(y \bullet d)(x \bullet |t|_{Z(y \bullet d)}) \models \psi \text{ für alle } d \in |\mathcal{S}|$$
$$\overset{(4a)}{\iff} \mathcal{S}, Z(y \bullet d)(x \bullet |t|_Z) \models \psi \text{ für alle } d \in |\mathcal{S}|$$
$$\overset{(4b)}{\iff} \mathcal{S}, Z(x \bullet |t|_Z)(y \bullet d) \models \psi \text{ für alle } d \in |\mathcal{S}|$$
$$\iff \mathcal{S}, Z(x \bullet |t|_Z) \models \forall y\, \psi$$
$$\iff \mathcal{S}, Z(x \bullet |t|_Z) \models \varphi.$$

> **!** Das ist ja eine ziemliche Rechnerei, aber wir brauchen das halt für den Beweis der Gültigkeit.

△ **Charli**: So, damit ist (3.5) beweisen, und wir können die Gültigkeit der Axiome in $\underline{B}$ beweisen.

Wegen $\mathcal{S}, Z \models \forall x\, \varphi$ wissen wir, dass $\mathcal{S}, Z(x \bullet d) \models \varphi$ für alle $d \in |\mathcal{S}|$ gilt, insbesondere können wir $d = |t|_Z$ setzen, also gilt $\mathcal{S}, Z(x \bullet |t|_Z) \models \varphi$ gilt. Das ist nach (3.5) gleichwertig mit $\mathcal{S}, Z \models \varphi_t^x$.

> Axiome in $\underline{C}$

▽ **Trullo**: Das ist nicht so doll: Man sieht direkt, dass $\forall x\, \psi$ tautologische Konsequenz von $\{\forall x\, (\varphi \rightarrow \psi), \forall x\, \varphi\}$ ist.

> Axiome in $\underline{D}$ und $\underline{E}$ (Gleichheit)

△ **Charli**: Die Gültigkeit von $\underline{D}$ ist trivial, siehe (3.1) auf Seite 55.

Bei $\underline{E}$ bemerken wir, dass $\{x == y, \varphi\} \models \psi$ gilt, falls ψ aus der atomaren Formel φ durch Ersetzung einiger freier Vorkommen von x durch y hervorgegangen ist. Hierzu muss man zeigen, dass für die Terme r und s gilt $r == s \models |r_y^x|_Z = |r_y^x|_Z$, wenn Z eine Valuation ist. Das zeigt man durch Induktion nach dem Termaufbau mit Hilfe einer Aussage analog zu (2), die zeigt, dass Funktionssymbole Gleichheit respektieren.

▽ **Trullo**: Damit haben wir die Korrektheit des Beweissystems bewiesen.

Wir haben also jetzt gezeigt, dass die Regeln unseres Beweissystems korrekt sind, dass also jede Formel, die mit diesen Regeln bewiesen wird, auch gültig ist. Wir haben uns beim Beweis dieser Aussage an den Regelkatalog gehalten, sind Regel für Regel durchgegangen und haben sie auf ihre Gültigkeit hin überprüft.
Der Beweis der Vollständigkeit ist technisch interessanter, er greift auf die Untersuchung der Lindenbaum-Algebra zurück.

3.5 Vollständigkeit des Beweissystems ($\models\,\subseteq\,\vdash$)

Wir zeigen jetzt, dass eine Formel beweisbar ist, wenn sie gültig ist, also die Vollständigkeit des Beweissystems. Ein Blick in die Literatur [19, 41, 30, 18] zeigt, dass die Beweise durchweg umfangreich sind, auch wenn sie elegante Konstruktionen benutzen.

Wir beschränken uns auf den Fall, dass eine abzählbare Logik vorliegt, dass also eine abzählbare Anzahl von Konstanten, Prädikats- und Funktionssymbolen vorliegt. Für viele Anwendungen ist das keine einschneidende Einschränkung. Dieser Zugang hat den Vorteil, dass wir die Lindenbaum-Tarski-Algebra aus Abschnitt 2.6 verwenden können, wie, das sehen wir gleich.

∇ **Trullo**: Wir nehmen also jetzt an, dass wir (nur) abzählbare viele Konstanten, Funktions- und Prädikatssymbole zur Verfügung haben. Also kann es ja nur abzählbar viele Formeln geben.

$\triangle$ **Charli**: Ja, klar. Ein einzelnes Funktionssymbol kann ja nur abzählbar viele Terme erzeugen. Da es abzählbar viele Funktionssymbole gibt, kann es auch nur abzählbar viele Terme geben. Genauso argumentiert man für atomare Formeln und schließlich für Formeln, weil es ja auch nur abzählbar viele Variablen gibt.

Damit ist unsere Welt jetzt abzählbar.

> **!** Wenn wir die Lindenbaum-Algebra nutzen wollen, müssen wir sie dressieren. Das bedeutet, dass wir uns um die Rolle der Quantoren kümmern müssen.

∇ **Trullo**: Damit wir weiterkommen, halten wir jetzt eine Menge $\mathcal{A}$ abgeschlossener Formeln fest.

$\triangle$ **Charli**: Ah, ich erinnere mich: eine Formel ist abgeschlossen, wenn sie keine freien Variablen hat. Der Abschluss der Formel φ wird als $\forall\varphi$ geschrieben, das ist einfach die universelle Quantifizierung über alle freien Variablen von φ, siehe Seite 64. Das bedeutet insbesondere, dass in keiner der Formeln von $\mathcal{A}$ eine freie Variable vorkommt.

∇ **Trullo**: Unser Ziel ist es also jetzt nachzuweisen, dass

$$\mathcal{A} \models \varphi \Rightarrow \mathcal{A} \vdash \varphi \tag{3.6}$$

für alle wffs φ gilt.

Abbildung 3.2 zeigt einen Plan für das Vorgehen. Er ist ganz ähnlich zum Plan in Abbildung 2.3 auf Seite 38 für die Aussagenlogik, jedoch angepasst an die komplizierteren Verhältnisse in der Prädikatenlogik.

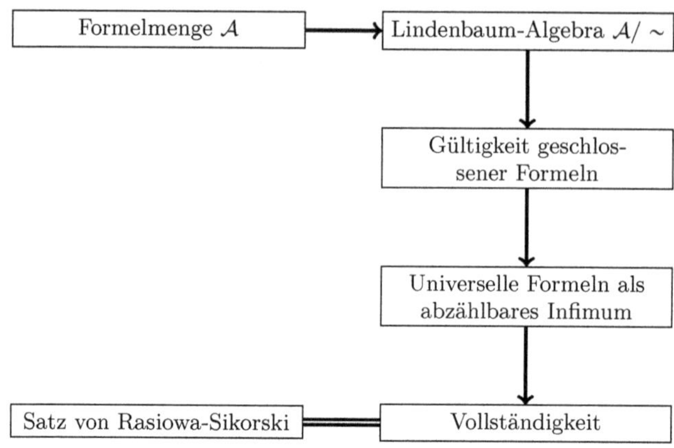

Abb. 3.2: Ein Plan für das Vorgehen

$\triangle$ **Charli:** Wenn wir uns die Lindenbaum-Algebra $\mathcal{A}/\sim$ ansehen, dann haben wir ein Problem: Was machen wir mit universell quantifizierten Formeln? Wir wissen, dass die Konjunktion $\wedge$ der Operation $\sqcap$ und die Disjunktion $\vee$ der Operation $\sqcup$ entspricht. Was machen wir aber mit $\forall x$?

∇ **Trullo:** Nur die Ruhe, das sehen wir uns an, wenn wir es benötigen. Wir setzen uns also jetzt die Lindenbaum-Brille auf und arbeiten in der Lindenbaum-Algebra, die von $\mathcal{A}$ und dem Beweissystem erzeugt wird.

Zur Erinnerung: es gilt $\varphi \sim \psi$ genau dann für die Formeln φ und ψ, wenn $\mathcal{A} \vdash \varphi \leftrightarrow \psi$ gilt; 1 ist die Klasse $[\varphi]_\sim$ aller Formeln φ, die aus $\mathcal{A}$ beweisbar sind, und wir wissen, dass $[\varphi]_\sim \leqslant [\psi]_\sim$ genau dann, wenn $\mathcal{A} \vdash \varphi \rightarrow \psi$. Das alles haben wir im Abschnitt 2.6 gezeigt, und das gilt auch hier.

$\triangle$ **Charli:** So, das war die Wiederholung, vielleicht ist die Lektüre von Abschnitt 2.6 im Zweifelsfall ganz nützlich.

Wir zeigen zuerst

$$[\varphi]_\sim = 1 \Leftrightarrow [\forall\varphi]_\sim = 1. \tag{3.7}$$

> **!** Die Aussage ist zunächst ziemlich überraschend, weil sie sagt, dass eine Formel und ihr Abschluss in derselben Klasse landen.
>
> Aber zunächst machen wir uns das Leben ein bißchen einfacher.

∇ **Trullo:** Also, wie üblich, zwei Richtungen. Ich denke aber, es reicht aus, eine scheinbar schwächere Aussage nachzuweisen:

$$[\varphi]_\sim = 1 \Leftrightarrow [\forall x\,\varphi]_\sim = 1. \tag{3.8}$$

Dann können wir uns schrittweise vorarbeiten: Wenn n der höchste Index einer freien Variable in φ ist, hat ja $\forall\varphi$ die Gestalt $\forall x_1 \forall x_2 \ldots \forall x_n\,\varphi$. Wenn wir diese Äquivalenz (3.8) dann n-mal anwenden, haben wir auch (3.7) bewiesen.

$\triangle$ **Charli**: Stimmt, das macht's einfacher.

∇ **Trullo**: Ich fang' mal mit „$\Leftarrow$" in (3.8) an. Wir haben in (3.3) gesehen, dass aus $\mathcal{A} \vdash \varphi$ folgt $\mathcal{A} \vdash \forall x\,\varphi$, falls x in keiner Formel von $\mathcal{A}$ frei vorkommt. Jetzt ist $\mathcal{A}$ eine Menge abgeschlossener Formeln, x kommt also in keiner Formel dort frei vor. Damit haben wir:

$$[\varphi]_\sim = 1 \Rightarrow \mathcal{A} \vdash \varphi \overset{(3.3)}{\longrightarrow} \mathcal{A} \vdash \forall x\,\varphi \Rightarrow [\forall x\,\varphi]_\sim = 1.$$

$\triangle$ **Charli**: Das geht ja wie geschmiert! Das passt ja alles gut zusammen. Bei „$\Rightarrow$" in (3.8) können wir so argumentieren:

$$[\forall x\,\varphi]_\sim = 1 \ \Rightarrow \mathcal{A} \vdash \forall x\,\varphi$$
$$\mathcal{A} \vdash \forall x\,\varphi \rightarrow \varphi_x^x \ (\text{Axiom } \underline{B}, \text{ da } x \in Subs(x,\varphi))$$
$$\mathcal{A} \vdash \varphi \ (\text{Modus ponens})$$
$$[\varphi]_\sim = 1.$$

Hier geht übrigens nicht ein, dass alle Formeln in $\mathcal{A}$ geschlossen sind.

> **!** Jetzt sollten wir herausfinden, wie zum Beispiel $[\forall x\,\varphi]_\sim$ in der Lindenbaum-Algebra berechnet wird. Wir müssen also nachsehen, ob wir den Quantor in eine Operation der Booleschen Algebra transformieren können.

∇ **Trullo**: Es gilt sicherlich $[\forall x\,\varphi]_\sim \leqslant [\varphi]_\sim$, denn wir wissen aus Axiom $\underline{B}$, dass $\forall x\,\varphi \rightarrow \varphi$ gilt (denn $\varphi_x^x = \varphi$), daraus folgt die Behauptung mit (2.11) auf Seite 31.

$\triangle$ **Charli**: Das hilft aber im Augenblick nicht so richtig. Ich behaupte

$$[\forall x\,\varphi]_\sim = \inf\big\{\,[\varphi_y^x]_\sim \mid y \notin Frei(\varphi) \text{ und die Variable } y \text{ kommt in } \varphi \text{ nicht vor}\big\}. \tag{3.9}$$

> **!** Zur Erinnerung: $x = \inf Y$ genau dann, wenn x eine *untere* Schranke zu Y ist, und wenn für jede untere Schranke x^* zu Y gilt $x^* \leqslant x$; x ist also die *größte untere* Schranke.

∇ **Trullo**: Na gut, versuchen wir's. Mit dem selben Argument wie oben sieht man, dass $[\forall x\, \varphi]_\sim \leqslant \left[\varphi^x_y\right]_\sim$ gilt, falls $y \notin Frei(\varphi)$ und y in φ nicht als Variable vorkommt. Also ist $[\forall x\, \varphi]_\sim$ eine untere Schranke für die Menge auf der rechten Seite.

$\triangle$ **Charli**: Um zu zeigen, dass $[\forall x\, \varphi]_\sim \leqslant \left[\varphi^x_y\right]_\sim$ das Infimum dieser Menge ist, müssen wir also jetzt nachweisen, dass für jede untere Schranke $[\psi]_\sim$ dieser Menge auch gilt $[\psi]_\sim \leqslant [\forall x\, \varphi]_\sim$.

∇ **Trullo**: Weil $[\psi]_\sim$ eine untere Schranke der Menge in (3.9) ist, gilt $\mathcal{A} \vdash \psi \to \varphi^x_y$ für jedes y. Jetzt wähle ich eine Variable $y \notin Frei(\varphi)$, die in φ nicht vorkommt, und die nicht frei in ψ ist (es gibt schließlich unendlich viele Variablen).

$\triangle$ **Charli**: Ja, klar, dann wissen wir aus (3.3), dass $\mathcal{A} \cup \{\psi\} \vdash \varphi^x_y$, also, weil y nicht in $\mathcal{A} \cup \{\psi\}$ frei vorkommt, schließen wir $\mathcal{A} \cup \{\psi\} \vdash \forall y\, \varphi^x_y$.

∇ **Trullo**: Jetzt können wir wieder (3.3) anwenden und sehen, dass $\mathcal{A} \vdash \psi \to \forall y\, \varphi^x_y$. Daraus folgt $[\psi]_\sim \leqslant \left[\forall y\, \varphi^x_y\right]_\sim$.

$\triangle$ **Charli**: Na fein, aber das wollten wir eigentlich nicht zeigen. Wir wollten zeigen, dass $[\psi]_\sim$ eine untere Schranke für $[\forall x\, \varphi]_\sim$ ist, oder nicht? Wie kommen wir denn jetzt weiter?

∇ **Trullo**: Wenn wir zeigen könnten, dass $\left[\forall y\, \varphi^x_y\right]_\sim \leqslant [\forall x\, \varphi]_\sim$ gilt, dann hätten wir gewonnen. Ich weiß auch schon, wie wir das machen, nämlich so:

Wir wissen aus Axiom $\underline{\text{B}}$, dass $\mathcal{A} \vdash \forall y\, \varphi^x_y \to (\varphi^x_y)^y_x$ gilt, wenn die Variable x für y substituierbar ist. Durch Induktion nach φ zeigt man, dass in diesem Fall $(\varphi^x_y)^y_x = \varphi$ ist; das ist ziemlich einfach, aber schreibintensiv. Also erhalten wir $\mathcal{A} \vdash \forall y\, \varphi^x_y \to \varphi$.

Daraus sehen wir, dass $\mathcal{A} \cup \{\forall y\, \varphi^x_y\} \vdash \varphi$ und, weil x nicht frei in $\mathcal{A} \cup \{\forall y\, \varphi^x_y\}$ vorkommt, schließen wir ...

$\triangle$ **Charli**: ..., dass $\mathcal{A} \cup \{\forall y\, \varphi^x_y\} \vdash \forall x\, \varphi$ gilt. Als Resultat haben wir $\mathcal{A} \vdash (\forall y\, \varphi^x_y) \to (\forall x\, \varphi)$.

∇ **Trullo**: Jetzt wissen wir also, dass $\left[\forall y\, \varphi^x_y\right]_\sim \leqslant [\forall x\, \varphi]_\sim$ gilt, also ist gilt $\psi \leqslant [\forall x\, \varphi]_\sim$, was wir zeigen wollten.

$\triangle$ **Charli**: Damit ist (3.9) bewiesen.

> **!** Es kann sich lohnen, sich den Beweis auf der Zunge zergehen zu lassen, insbesondere das Zusammenspiel von Ordnung und Allquantor.

∇ **Trullo**: Bevor wir weitermachen, würde ich mir gern noch einmal den Abschluss $\forall\varphi$ der Formel φ ansehen, genauer: die Gültigkeit in einer Struktur. Es gilt nämlich für jede Struktur $\mathcal{S}$

$$\mathcal{S} \models \varphi \Leftrightarrow \mathcal{S} \models \forall\varphi. \tag{3.10}$$

> **!** Zur Erinnerung: $\mathcal{S} \models \varphi$ gilt genau dann für eine Struktur $\mathcal{S}$, wenn $\mathcal{S}, \mathsf{Z} \models \varphi$ für alle Abbildungen $\mathsf{Z} : \{x_1, x_2 \ldots\} \to |\mathcal{S}|$ gilt.

$\triangle$ **Charli**: Das sieht auf den ersten Blick verblüffend aus. Ich versuche mal „$\Rightarrow$" zu zeigen, durch Widerspruch. Es ist keine Einschränkung, die Aussage für einen einzigen Quantor zu zeigen, also anzunehmen, dass $\forall\varphi = \forall x\,\varphi$ gilt, denn wir können diese Argumentation ja iterieren. Wenn also $\mathcal{S} \models \varphi$ gilt, aber $\mathcal{S} \not\models \forall\varphi$, dann finden wir eine Abbildung $\mathsf{Z} : \{x_1, x_2, \ldots\} \to |\mathcal{S}|$ und ein $d \in |\mathcal{S}|$ mit $\mathcal{S}, \mathsf{Z}(x \bullet d) \not\models \varphi$. Damit ist aber gezeigt, dass $\mathcal{S} \not\models \varphi$ gilt, im Widerspruch zur Annahme.

∇ **Trullo**: Analog kann man „$\Leftarrow$" durch Widerspruch zeigen. Falls $\mathcal{S} \models \forall\varphi$ gilt, $\mathcal{S} \models \varphi$ aber nicht, so findet sich Z mit $\mathcal{S}, \mathsf{Z} \not\models \varphi$. Sei x eine nicht in φ vorkommende Variable und $d \in |\mathcal{S}|$ beliebig, so gilt $\mathcal{S}, \mathsf{Z} \models \varphi$ genau dann, wenn $\mathcal{S}, \mathsf{Z}(x \bullet d) \models \varphi$. Wegen $\mathcal{S}, \mathsf{Z}(x \bullet d) \not\models \varphi$ kann also $\mathcal{S} \models \forall\varphi$ nicht gelten.

$\triangle$ **Charli**: Jetzt sind wir aber wirklich in der Lage zu zeigen, dass $\mathcal{A} \models \varphi$ impliziert $\mathcal{A} \vdash \varphi$.

∇ **Trullo**: Nö, noch nicht so ganz. Wir müssen nämlich verhindern, dass unsere Boolesche Algebra kollabiert, dass also $\top = \bot$ gilt. Dann ist die ganze Sache ziemlich trostlos und langweilig.

$\triangle$ **Charli**: Ja, das stimmt. Wir müssen also fordern, dass $\mathcal{A}$ konsistent ist (vgl. Seite 66). Denn wenn $\mathcal{A}$ inkonsistent ist, gibt es eine Formel β mit $\mathcal{A} \vdash \beta$ und $\mathcal{A} \vdash \neg\beta$. Also ist $[\beta]_\sim = [\neg\beta]_\sim = -[\beta]_\sim$, damit $\top = \bot$, wie befürchtet.

∇ **Trullo**: Also dann: Sei $\mathcal{A}$ konsistent, dann gilt

$$\mathcal{A} \models \varphi \Rightarrow \mathcal{A} \vdash \varphi.$$

> **!**　Der Beweis folgt im wesentlichen dem Plan, dem wir bei der Aussagenlogik im Abschnitt 2.6 gefolgt sind. Wir haben uns schon eine Boolesche Algebra gebaut, jetzt fehlt uns nur noch ein Primideal. Dann können wir nämlich die entsprechende Äquivalenzklassen bilden und uns ansehen, wie sich die Formeln verhalten.

△ **Charli**: Wir müssen uns also jetzt auf die Suche nach einem Primideal machen; das darf aber kein Feld-Wald-und-Wiesen-Primideal sein. Es muss mit den Quantoren zurechtkommen, also abzählbare Infima respektieren.

▽ **Trullo**: Das hört sich ja ganz gut an, aber woher bekommen wir ein solches wunderbares Primideal?

△ **Charli**: Mal sehen, wir fangen erstmal an. Also, nehmen wir an, dass $\mathcal{A} \models \varphi$ gilt, aber $\mathcal{A} \not\vdash \varphi$. Das bedeutet $[\varphi]_\sim \ne 1$, also nach (3.8) auch $[\forall\varphi]_\sim \ne 1$. Jetzt wissen wir aus (3.9) auf Seite 75, dass $[\forall\varphi]_\sim = \inf\{\dots\}$ gilt.

> **!**　Und jetzt: im Anhang nachschauen!

Mit dem Lemma von Rasiowa-Sikorski (Theorem 4 auf Seite 198) finden wir ein Primideal P mit $[\varphi]_\sim \in P$ und $[\forall\varphi]_\sim \in P$.

▽ **Trullo**: Jubel! Jetzt haben wir uns ein Primideal P verschafft. Damit können wir jetzt die Menge aller Klassen $(\mathcal{A}/{\sim})/P$ bilden und für alle Sätze, also alle geschlossenen Formeln ψ, die kanonische Valuation $V : \psi \mapsto [[\psi]_\sim]_P$ berechnen:

$$V(\psi) := \begin{cases} 0, & \text{falls } [\psi]_\sim \in P, \\ 1, & \text{sonst.} \end{cases}$$

Das ist genauso wie im Abschnitt 2.6 auf Seite 37 für die einfachere Welt der Aussagenlogik.

△ **Charli**: Aus $[\forall\varphi]_\sim \in P$ erhalten wir $V(\forall\varphi) = 0$, also $\mathcal{A} \not\models \forall\varphi$. Das bedeutet aber nach (3.10), dass $\mathcal{A} \not\models \varphi$, im Widerspruch zur Annahme.

▽ **Trullo**: Wo geht denn jetzt eigentlich die Annahme ein, dass wir nur abzählbar viele Formeln haben?

△ **Charli**: Ganz zum Schluss verschaffen wir uns ja durch den Satz von Rasiowa-Sikorski ein Primideal mit den gewünschten Eigenschaften. Die Existenz des Primideals hängt an der Abzählbarkeit.

Damit haben wir gezeigt, dass Beweisbarkeit und Gültigkeit äquivalente Konzepte sind, jedenfalls für eine LeO. Die Vollständigkeit des Beweissystems wurde mit algebraischen Hilfsmitteln gezeigt. Das ist nicht die einzige Möglichkeit: Ein alternativer Weg, der oft beschritten wird, besteht in der Einführung zusätzlicher Konstanten, mit denen das Problem auf die Vollständigkeit eines Beweissystems für die Aussagenlogik reduziert werden kann.

3.6 Unentscheidbarkeit der Prädikatenlogik

Kann man für eine gegebene Formel einer LeO φ entscheiden, ob $\models \varphi$ gilt? Wir zeigen in diesem Abschnitt, dass es keinen Algorithmus dafür gibt. Das steht im scharfen Gegensatz zur Situation in der Aussagenlogik, in der man z. B. durch eine Wahrheitstafel entscheiden kann, ob eine Formel gültig ist.

Die Technik, mit der die Unentscheidbarkeit bewiesen wird, ist ebenfalls interessant: Das Problem wird auf ein bekannt unlösbares Problem reduziert. Wir folgen hier der Darstellung [26, Kap. 2.6], dort wird der Beweis von A. Church präsentiert.

$\triangle$ **Charli**: Wir wollen zeigen, dass es keinen Algorithmus gibt, der für eine beliebige Formel einer beliebigen LeO entscheidet, ob sie gültig ist.

∇ **Trullo**: Das sagt aber nicht, dass wir in Spezialfällen keine Algorithmen finden können. Es geht um den allgemeinen Fall. Gäbe es einen solchen Algorithmus, so würden wir ihm eine beliebige Formel präsentieren können. Der Algorithmus sieht sich das an, terminiert und gibt als Antwort „Ja" oder „Nein" aus.

> **!** Hört sich schwierig an – wie zeigt man, dass etwas nicht existiert? Da gibt es zwei Möglichkeiten:
>
> - Man nimmt an, dass es existiert, und führt diese Annahme zum Widerspruch. Das sieht hier nicht aus, als ob wir einen Angriffspunkt hätten.
> - Die zweite Möglichkeit ist eine *Reduktion*: Man reduziert das Problem Π auf ein anderes, unlösbares Problem Π^*. Wenn man dann Π lösen kann, so kann man auch Π^* lösen. Man weiß aber, dass Π^* nicht lösbar ist. **Peng!**

$\triangle$ **Charli**: Das ist ähnlich wie bei der NP-Vollständigkeit: Wenn man zeigen will, dass ein Problem in der Klasse NP liegt, reduziert man es polynomiell auf ein bekanntes Problem, von dem man weiß, dass es in dieser Klasse liegt.

∇ **Trullo**: Wir brauchen also ein Basisproblem, das unlösbar ist. Hier wird das *Postsche Korrespondenzproblem* betrachtet, von dem man weiß [25, S. 14.2], dass es nicht algorithmisch lösbar ist[5].

$\triangle$ **Charli**: Dieser Klassiker sieht so aus:

> **Postsches Korrespondenzproblem**
> Gegeben ist eine endliche Folge $\langle s_1, r_1 \rangle, \dots, \langle s_k, r_k \rangle$ von binären, nicht-leeren Zeichenketten. Man finde eine endliche Folge $i_1, \dots, i_n$ mit $n \geqslant 1$, so dass $s_{i_1} s_{i_2} \dots s_{i_n} = r_{i_1} r_{i_2} \dots r_{i_n}$ gilt.

∇ **Trullo**: Ein Beispiel?

$$s_1, s_2, s_3 := 1, 10, 011,$$
$$r_1, r_2, r_3 := 101, 00, 11.$$

Dann ist $\langle 1, 3, 2, 3 \rangle$ eine Lösung: $s_1 s_3 s_2 s_3 = 101110011 = r_1 r_3 r_2 r_3$.

$\triangle$ **Charli**: Wichtig ist, dass man keinen Algorithmus findet, der für alle Instanzen eine endliche Folge findet (auch wenn ein Algorithmus für einzelne Beispiele gefunden werden kann.

∇ **Trullo**: Wir schreiben uns am besten zuerst genau auf, was wir zeigen wollen.

$\triangle$ **Charli**: Gute Idee, also:

> **Entscheidungsproblem für die Prädikatenlogik erster Stufe**
> Gibt es einen Algorithmus, der für eine gegebene Formel φ entscheidet, ob $\models \varphi$ gilt?

∇ **Trullo**: Was müssen wir also tun? Nehmen wir an, dass das Entscheidungsproblem entscheidbar ist, dann könnten wir das Postsche Korrepondenzproblem lösen.

Wir haben also eine Instanz für das Problem vorgegeben, sagen wir,

$$\langle s_1, r_1 \rangle, \ \langle s_2, r_2 \rangle, \ \dots, \ \langle s_k, r_k \rangle,$$

Wir müssen jetzt zeigen, dass wir eine Formel φ der LeO konstruieren können, so dass $\models \varphi$ genau dann gilt, wenn die gegebene Instanz eine Lösung hat.

$\triangle$ **Charli**: Wir konstruieren zuerst eine LeO. Es geht um die Konkatenation von Zeichenketten, das sollte angemessen einfließen.

---

[5] Eine Beweisskizze findet sich auch in `https://en.wikipedia.org/wiki/Post_correspondence_problem` (aufgerufen am 23. März 2025). Der Beweis reduziert übrigens die Unlösbarkeit des Postschen Problems auf die Unlösbarkleit des Halteproblems für Turing-Maschinen, vgl. auch [25, Theorem 14.1]

Konstante	e	$\rightarrow$ leeres Wort
Funktionssymbole f_0, f_1 einstellig,		$\rightarrow$ $0, 1$
Prädikatssymbol p	zweistellig	

Tabelle 3.1: Ausstattung der Struktur $\mathcal{S}$

Wir nehmen eine einzige Konstante, die wir e nennen. Dazu kommen zwei einstellige Funktionssymbole f_0 und f_1. e soll die leere Zeichenkette darstellen. Wenn wir eine binäre Zeichenkette $b_1 b_2 \ldots b_n$ haben, können wir sie als Term darstellen als $f_{b_n} f_{b_{n-1}} \ldots f_{b_2} f_{b_1}\, e$, wenn auch in umgekehrter Reihenfolge. Für einen Term t schreiben wir $f_{b_1 b_2 \ldots b_n}(t) := f_{b_n} f_{b_{n-1}} \ldots f_{b_2} f_{b_1}\, t$.

∇ **Trullo**: Wir brauchen auch ein zweistelliges Prädikat p mit der Idee, dass $p\,sr$ genau dann gilt, wenn es eine Folge $i_1, i_2, \ldots, i_m$ gibt, so dass $s = s_{i_1} s_{i_2} \ldots s_{i_m}$ und $r = r_{i_1} r_{i_2} \ldots r_{i_m}$.

$\triangle$ **Charli**: Unsere LeO wird also in Tabelle 3.1 beschrieben.

∇ **Trullo**: Damit machen wir uns jetzt an die Arbeit.

$\triangle$ **Charli**: Wir wollen eine Folge von Indizes haben, mit der die Zusammensetzung auf der s-Seite und auf der r-Seite geregelt wird. Das ist die Idee bei der Formulierung (3.11) des Prädikatssymbols p (die Idee wird vielleicht erst beim zweiten Lesen verständlich).

Wir fordern hier also noch nicht, dass die Folge der Indizes so gestaltet sein muss, dass $s = r$ gilt. Das versuchen wir dann über Formeln zu regeln.

∇ **Trullo**: Ja, jetzt brauchen wir eine Formel φ. Diese Formel soll so formuliert sein, dass sie genau dann allgemeingültig ist, wenn das Postsche Korrespondenzproblem eine Lösung hat.

$\triangle$ **Charli**: Church schlägt $\varphi = \varphi_1 \wedge \varphi_2 \rightarrow \varphi_3$ vor. Die Komponenten werden so definiert:

$$\varphi_1 := \bigwedge_{i=1}^{k} p\, f_{s_i}(e) f_{r_i}(e),$$

$$\varphi_2 := \forall x_1 \forall x_2 \big(p\, x_1 x_2 \rightarrow \bigwedge_{i=1}^{k} p\, f_{s_i}(x_1) f_{r_i}(x_2) \big),$$

$$\varphi_3 := \exists x_3\, p\, x_3 x_3.$$

$\triangle$ **Charli**: Im ersten Schritt konstruieren wir eine Struktur $\mathcal{S}$ mit $\mathcal{S} \models \varphi$, woraus wir eine Lösung für das Postsche Problem ableiten.

> **!** Die Auswahl der Teilformeln ist ziemlich raffiniert.
> Wieso sie ihren Zweck erfüllen, wird klar, wenn wir
> sie gleich bei der Arbeit beobachten.

▽ **Trullo:** Auf geht's! Weil wir mit binären Zeichenketten arbeiten, liegt als Trägermenge $|\mathcal{S}| := \{0,1\}^*$, also die Menge aller binären Zeichenketten einschließlich der leeren Zeichenkette ϵ.

△ **Charli:** Das liegt nahe, und auch, wie es weitergeht. Wir setzen

$$|e| := \epsilon, |f_0| : v \mapsto v0, |f_1| : v \mapsto v1$$

und

$$|p| := \{\langle u,v\rangle \mid \text{es gibt } i_1, \ldots, i_m \text{ mit } u = s_{i_1} s_{i_2} \ldots s_{i_m} \text{ und } v = r_{i_1} r_{i_2} \ldots r_{i_m}\}. \tag{3.11}$$

▽ **Trullo:** Ah, trickreich. Wenn $\langle v,v\rangle \in |p|$ für ein $v \in |\mathcal{S}|$ gezeigt werden kann, dann ist das Postsche Problem gelöst. Das bedeutet aber, dass wir $\mathcal{S}, \mathsf{Z} \models \varphi_3$ für alle $\mathsf{Z} : \{x_1, x_2, \ldots\} \to |\mathcal{S}|$ zeigen müssen. Wir halten ein Z fest.

△ **Charli:** Ja, genau! Dazu müssen wir aber zeigen, dass $\mathcal{S}, \mathsf{Z} \models \varphi_1 \wedge \varphi_2$ stets gilt (denn wir arbeiten ja unter der Annahme, dass $\models \varphi_1 \wedge \varphi_2 \to \varphi_3$).

▽ **Trullo:** Also, $\mathcal{S}, \mathsf{Z} \models \varphi_1$ ist einfach, denn das heißt ja nichts anderes als $\langle s_i, r_i\rangle \in |p|$ für alle Indizes i.

△ **Charli:** $\mathcal{S}, \mathsf{Z} \models \varphi_2$ ist auch nicht allzu schwer zu sehen: Wenn $\langle \mathsf{Z}(x_1), \mathsf{Z}(x_2)\rangle \in |p|$, dann gibt es eine endliche Folge $i_1, \ldots, i_m$ mit $\mathsf{Z}(x_1) = s_{i_1} s_{i_2} \ldots s_{i_m}$ und $\mathsf{Z}(x_2) = r_{i_1} r_{i_2} \ldots r_{i_m}$. Für jedes i hängen wir an die Folge den Index i an, so dass wir $\langle \mathsf{Z}(x_1)s_i, \mathsf{Z}(x_2)r_i\rangle \in |p|$ erhalten.

▽ **Trullo:** Wir wissen jetzt wegen $\models \varphi_1 \wedge \varphi_2 \to \varphi_3$, dass auch φ_3 in $\mathcal{S}$ gelten muss. Das heißt aber, dass wir durch die Gültigkeit von φ eine Lösung des Postschen Problems gefunden haben.

Jubel! Schlagt die Trommeln! Lasst die Drommeten ertönen!

> **!** Ganz ruhig bleiben! Das war erst eine Hälfte, jetzt
> geht es um die andere.

△ **Charli:** Das sieht nicht gerade einfach aus. Wir müssen nämlich für *jede* Struktur $\mathcal{S}$, die eine Konstante $c_\mathcal{S}$, zwei unäre Funktionen $f_{0,\mathcal{S}}$ und $f_{1,\mathcal{S}}$ und ein binäres Prädikat $p_\mathcal{S}$ besitzt, und *jede* Abbildung $\mathsf{Z} : \{x_1, x_2, \dots\} \to |\mathcal{S}|$ zeigen, dass $\mathcal{S}, \mathsf{Z} \models \varphi$.

∇ **Trullo**: Die Idee von A. Church sieht so aus, dass man versucht, die binären Zeichenketten in die Struktur $\mathcal{S}$ zu übertragen. Das ist so eine Art Umcodierung, als wenn man ein **Java**-Programm, von dem man sich nicht trennen möchte, nach **Python** überträgt.

$\triangle$ **Charli**: Wir fangen am besten mit einer Fallunterscheidung an. Unsere Formel $\varphi = \varphi_1 \wedge \varphi_2 \to \varphi_3$ besteht aus drei Teilen. Wenn nun $\mathcal{S} \models \varphi_1 \wedge \varphi_2$ nicht gilt, so gilt die Formel φ nach Definition der Gültigkeit einer Implikation.

∇ **Trullo**: Klar, dann wird's langweilig. Also nehmen wir an, dass $\mathcal{S} \models \varphi_1 \wedge \varphi_2$ wahr ist, dass also $\mathcal{S} \models \varphi_1$ und $\mathcal{S} \models \varphi_2$ gelten. Das ist ja gerade das Deduktions-Theorem (vgl. Seite 65).

> **!**
>
> Das ist der entscheidende strategische Gedanke im Beweis: Es muss ausgenutzt werden, welche Konsequenzen $\mathcal{S} \models \varphi_1$ und $\mathcal{S} \models \varphi_2$ hat.
>
> Zur Erinnerung: Wir kennen die Details der Struktur $\mathcal{S}$ nur durch die Tabelle 3.1

Wir müssen nun – unter diesen Voraussetzungen – zeigen, dass $\mathcal{S} \models \varphi$ wahr ist, also dass $\mathcal{S} \models \varphi_3$ gilt. Dazu zeigen wir, dass $\mathcal{S}, \mathsf{Z} \models \varphi_3$ für jede Abbildung $\mathsf{Z} : \{x_1, x_2, \dots\} \to |\mathcal{S}|$ gilt.

Die Abbildung $\mathsf{Z} : \{x_1, x_2, \dots\} \to |\mathcal{S}|$ wird für den Augenblick festgehalten.

$\triangle$ **Charli**: Kümmern wir uns also der Reihe nach um unsere Formeln. Wir beginnen, unsere LeO zu interpretieren, indem wir $|\epsilon|_\mathcal{S} := c_\mathcal{S}, |p|_\mathcal{S} := p_\mathcal{S}$ setzen.

∇ **Trullo**: Au weia! Wir kennen aber keine Details in der Struktur $\mathcal{S}$. Also müssen wir uns irgendwie vortasten.

$\triangle$ **Charli**: Ja, das stimmt, denn $\mathcal{S}$ ist beliebig gewählt (das sind halt die Regeln in unserem Spiel).

Wir sollten uns jetzt um die Verarbeitung von binären Zeichenketten kümmern. Die zentrale Idee ist der Bau eines Übersetzers $\mathfrak{I}$, der binäre Zeichenketten nach $|\mathcal{S}|$ überträgt. Die rekursive Konstruktion sieht so aus:

$$\mathfrak{I}(\epsilon) := c_\mathcal{S},$$
$$\mathfrak{I}(v0) := (f_{0,\mathcal{S}} \circ \mathfrak{I})(v),$$
$$\mathfrak{I}(v1) := (f_{1,\mathcal{S}} \circ \mathfrak{I})(v).$$

▽ **Trullo**: Mal sehen, wie das funktioniert:

$$\mathfrak{I}(0100110) = (f_{0,\mathcal{S}} \circ \mathfrak{I})(010011) = (f_{0,\mathcal{S}} \circ f_{1,\mathcal{S}} \circ \mathfrak{I})(01001)$$

$$\cdots$$

$$= (f_{0,\mathcal{S}} \circ f_{1,\mathcal{S}} \circ f_{1,\mathcal{S}} \circ f_{0,\mathcal{S}} \circ f_{0,\mathcal{S}} \circ f_{1,\mathcal{S}} \circ f_{0,\mathcal{S}})(c_{\mathcal{S}}).$$

Das dreht, genau wie oben, die Reihenfolge der binären Zeichenkette um.

△ **Charli**: Wir schreiben $f_{b_1 b_2 \ldots b_n, \mathcal{S}} := f_{b_n, \mathcal{S}} \circ f_{b_{n-1}, \mathcal{S}} \circ \cdots \circ f_{b_2, \mathcal{S}} \circ f_{b_1 \mathcal{S}}$, so wie wir es oben gemacht haben. Also $\mathfrak{I}(b_1 b_2 \ldots b_n) = f_{b_1 b_2 \ldots b_n, \mathcal{S}}(|\epsilon|_{\mathcal{S}})$.

▽ **Trullo**: Dann können wir uns die Formeln, um die es uns geht, jetzt im Licht der Interpretation ansehen. Wir sehen

$$\langle f_{s_i, \mathcal{S}}(|\epsilon|_{\mathcal{S}}), f_{r_i, \mathcal{S}}(|\epsilon|_{\mathcal{S}}) \rangle \in |p|_{\mathcal{S}} \Leftrightarrow \langle \mathfrak{I}(s_i), \mathfrak{I}(r_i) \rangle \in |p|_{\mathcal{S}}.$$

Das bedeutet,

$$\mathcal{S} \models \varphi_1 \Leftrightarrow \bigwedge_{1 \leqslant i \leqslant k} \langle \mathfrak{I}(s_i), \mathfrak{I}(r_i) \rangle \in |p|_{\mathcal{S}}.$$

Man sieht, dass das unabhängig von Z ist.

Also können wir aus $\mathcal{S}, \mathsf{Z} \models \varphi_1$ schließen, dass $\langle \mathfrak{I}(s_i), \mathfrak{I}(r_i) \rangle \in |p|_{\mathcal{S}}$ für alle $i \in \{1, \ldots, k\}$ gilt.

△ **Charli**: Nach Definition der Gültigkeit können wir aus $\mathcal{S}, \mathsf{Z} \models \varphi_2$ schließen, dass für alle $a, b \in |\mathcal{S}|$ gilt

$$\langle a, b \rangle \in |p|_{\mathcal{S}} \rightarrow \bigwedge_{1 \leqslant i \leqslant k} \langle f_{s_i}(a), f_{r_i}(b) \rangle \in |p|_{\mathcal{S}},$$

denn dann ist $\mathsf{Z}(x_1 \bullet a)(x_1) = a$ und $\big(\mathsf{Z}(x_1 \bullet a)\big)(x_2 \bullet b)(x_2) = b$. Insbesondere können wir $a = \mathfrak{I}(v)$ und $b = \mathfrak{I}(w)$ setzen.

Wenn wir wissen, dass $\langle \mathfrak{I}(v), \mathfrak{I}(w) \rangle \in |p|_{\mathcal{S}}$ gilt, so wissen wir auch, dass für alle Indizes i gilt

$$\big\langle f_{s_i}\big(\mathfrak{I}(v)\big), f_{r_i}\big(\mathfrak{I}(w)\big) \big\rangle = \langle \mathfrak{I}(vs_i), \mathfrak{I}(wr_i) \rangle \in |p|_{\mathcal{S}}.$$

> **!** Zum Beweis der Gültigkeit arbeiten wir jetzt die Lösung des Korrespondenzproblems ab.

▽ **Trullo**: Nach diesen Vorüberlegungen geht es jetzt endlich um die Gültigkeit von φ_3. Es sei $i_1, i_2, \ldots, i_k$ eine Lösung des Postschen Korrespondenzproblems. Wir wissen (mit φ_1), dass $\mathfrak{I}(s_{i_1}), \mathfrak{I}(r_{i_1}) \rangle \in |p|_{\mathcal{S}}$, schrittweise (mit φ_2) also auch

$$\langle \mathfrak{I}(s_{i_1}s_{i_2}), \mathfrak{I}(r_{i_1}r_{i_2})\rangle \in |p|_{\mathcal{S}},$$

$$\langle \mathfrak{I}(s_{i_1}s_{i_2}s_{i_3}), \mathfrak{I}(r_{i_1}r_{i_2}r_{i_3})\rangle \in |p|_{\mathcal{S}},$$

$$\ldots$$

$$\langle \mathfrak{I}(s_{i_1}s_{i_2}\ldots s_{i_k}), \mathfrak{I}(r_{i_1}r_{i_2}\ldots r_{i_k})\rangle \in |p|_{\mathcal{S}}.$$

$\triangle$ **Charli**: Nun gilt aber $\mathfrak{I}(s_{i_1}s_{i_2}\ldots s_{i_k}) = \mathfrak{I}(r_{i_1}r_{i_2}\ldots r_{i_k})$ nach Voraussetzung. Damit haben wir gezeigt, dass $\mathcal{S}, \mathsf{Z} \models \exists x_3\, p\, x_3 x_3$, das heißt $\mathcal{S}, \mathsf{Z} \models \varphi_3$.

Insgesamt wissen wir jetzt, dass $\mathcal{S}, \mathsf{Z} \models \varphi_1 \wedge \varphi_2 \to \varphi_3$ für ein beliebiges Z gilt, also mit $\varphi = \varphi_1 \wedge \varphi_2 \to \varphi_3$

$$\mathcal{S} \models \varphi.$$

Das wollten wir zeigen.

∇ **Trullo**: Der Beweis ist schon ziemlich trickreich, insbesondere die Art und Weise, wie er die Gültigkeit von $\varphi_1 \wedge \varphi_2$ für sich nutzbar macht.

$\triangle$ **Charli**: Insgesamt haben wir also die Unentscheidbarkeit der Relation $\models$ durch die Reduktion auf das Postsche Korrespondenzproblem gezeigt. In dem Beweis kam eine trickreiche Übersetzungstechnik zum Tragen.

Dieser Abschnitt zeigt, dass die Gültigkeit einer Formel im Allgemeinen nicht durch einen Algorithmus nachgewiesen werden kann (auch wenn es in einzelnen Fällen möglich ist). Der von A. Church stammende Beweis wurde geführt, indem das Problem auf das Postsche Korrespondenzproblem reduziert wurde. Ein Teil des Beweises erforderte die Untersuchung des Verhaltens einer Formel in einer (fast) unbekannten Struktur. Dieses Hindernis konnte durch eine Übersetzung genommen werden.

3.7 Für Liebhaber: Morphismen

Morphismen dienen dazu, Strukturen miteinander zu vergleichen, so wie man Implementierungen einer und derselben Spezifikation miteinander vergleicht. Diese Idee wird genauer ausgeführt, so dass wir uns überlegen, wie ein solcher Vergleich gestaltet werden sollte. Der springende Punkt ist natürlich die Frage nach der Leistungsfähigkeit eines solchen Vergleichs, also spezifisch danach, inwieweit die Gültigkeit von Formeln beeinflusst wird. Das wird im Detail studiert, Bedingungen werden erkundet, unter denen etwa die Gültigkeit einer universell quantifizierten Formel erhalten bleibt.

∇ **Trullo**: Wenn man eine Logik als Spezifikation ansieht, so ist ein Modell die Implementation, also die Realisierung des Spezifikation. Hier muss man ja ganz konkret sagen, wie die Eigenschaften der LeO umgesetzt werden sollen.

$\triangle$ **Charli**: Der Vergleich bringt uns aber nicht bis auf die Ebene ganz realer Maschinen, weil die Objekte in einem Modell immer noch mathematischer Natur sind – trotzdem?

∇ **Trullo**: Na, auch wenn sie mathematischer Natur sind, so können sie doch als Blaupausen von Implementationen dienen. Ein **Python**-Skript ist auch keine Beschreibung der elektrotechnischen Vorgänge während einer Berechnung, trotzdem ist es aussagekräftig im Hinblick auf die mathematischen Sachverhalte, die es spezifiziert.

$\triangle$ **Charli**: Gut, fassen wir Modelle als Implementationen auf. Ich will auf die Frage hinaus, wie wir Implementationen miteinander in Beziehung setzen.

∇ **Trullo**: Ganz naiv: ich sehe mir an, was die eine Implementation tut, und überprüfe, wie die andere das macht. Ich bilde also eine Implementation auf die andere ab.

> **!**
>
> Dieser Gedanke soll jetzt formalisiert werden, um herauszufinden, wie eine Struktur in eine andere mit einer anderen verglichen wird.

$\triangle$ **Charli**: Wenn wir das auf Strukturen übertragen, dann

- bilden wir eine Trägermenge in die andere ab,
- vergleichen wir die Realisierungen der Funktions- und der Relationssymbole,
- vergleichen wir, was die Strukturen aus den Symbolen für Konstanten machen.

> **!**
>
> Als Beispiel nehmen wir zwei Gruppen $\mathcal{G} = (G, \circ)$ und $\mathcal{H} = (H, *)$. Die Verknüpfung $\circ$ wird als Abbildung $\circ : G \times G \to G$ gesehen, analog $*$ für $\mathcal{H}$. Die einstellige Abbildung $i_{\mathcal{G}} : x \mapsto x^{-1}$ bildet jedes Element in $\mathcal{G}$ auf sein Inverses ab, analog für $i_{\mathcal{H}}$.
>
> Ein Homomorphismus $\tau : \mathcal{G} \to \mathcal{H}$ bildet die Trägermenge G von $\mathcal{G}$ in die Trägermenge H von $\mathcal{H}$ ab. Die Verträglichkeit von τ bedeutet, dass gelten
>
> $$*(\tau(a), \tau(b)) = \tau(\circ(a, b)),$$
> $$\tau(i_{\mathcal{G}}(a)) = i_{\mathcal{H}}(\tau(a)),$$
> $$\tau(1_{\mathcal{G}}) = 1_{\mathcal{H}}.$$

▽ **Trullo**: Der Gedanke wird jetzt auf Strukturen übertragen: Seien $\mathcal{S}$ und $\mathcal{T}$ Strukturen, dann benötigen wir eine Abbildung $F : |\mathcal{S}| \to |\mathcal{T}|$. F bildet die Trägermenge der Struktur $\mathcal{S}$ in die Trägermenge der Struktur $\mathcal{T}$ ab.

△ **Charli**: Jetzt muss F aber mit den Strukturen verträglich sein. Nehmen wir zur Demonstration ein Funktionssymbol f, sagen wir, f ist zweistellig; die zugehörige Interpretation in $\mathcal{S}$ und $\mathcal{T}$ ist $|f|_{\mathcal{S}}$ bzw. $|f|_{\mathcal{T}}$ Verträglichkeit bedeutet dann, dass es gleichgültig ist, ob ich $|f|_{\mathcal{S}}$ zuerst auf zwei Argumente s_1, s_2 in $|\mathcal{S}|$ anwende und dann das Resultat nach $|\mathcal{T}|$ transportiere, oder ob ich $|f|_{\mathcal{T}}$ auf $F(s_1)$ und $F(s_2)$ anwende:

$$F\big(|f|_{\mathcal{S}}(s_1, s_2)\big) = |f|_{\mathcal{T}}\big(F(s_1), F(s_2)\big). \tag{3.12}$$

▽ **Trullo**: Die Idee ist klar. Vielleicht ist die Notation weniger sperrig, wenn wir einfach setzen

$$F_{\sharp}(s_1, \ldots, s_n) := \langle F(s_1), \ldots, F(s_n)\rangle.$$

Wir wenden also F auf jede Komponente eines n-Tupels an (und kümmern uns nicht um den Wert von $n)^6$. Dann können wir die Gleichung in (3.12) auch schreiben als

$$F \circ |f|_{\mathcal{S}} = |f|_{\mathcal{T}} \circ F_{\sharp}. \tag{3.13}$$

△ **Charli**: Wie sieht es mit Prädikatssymbolen aus? Nehmen wir wieder der Einfachheit halber ein zweistelliges Prädikat p mit $\langle s_1, s_2\rangle \in |p|_{\mathcal{S}}$, dann soll $\langle F(s_1), F(s_2)\rangle = F_{\sharp}(s_1, s_2)$ ein Element von $|p|_{\mathcal{T}}$ sein, und umgekehrt. Das können wir so umformulieren:

$$|p|_{\mathcal{S}} = F_{\sharp}^{-1}\big[|p|_{\mathcal{T}}\big]. \tag{3.14}$$

▽ **Trullo**: Wieso nehmen wir hier das Urbild und nicht das Bild von $F_{\sharp}$?

△ **Charli**: Das Urbild ist manchmal praktischer. Zur Erinnerung: ist $g : X \to Y$ eine Abbildung und $B \subseteq Y$, dann ist das Urbild $g^{-1}[B]$ von B unter g definiert als

$$g^{-1}[B] = \{x \in X \mid g(x) \in B\},$$

also $x \in g^{-1}[B]$ genau dann, wenn $g(x) \in B$.

Also: Übertragen auf (3.14) bedeutet $\langle s_1, s_2\rangle \in F_{\sharp}^{-1}\big[|p|_{\mathcal{T}}\big]$, dass $F_{\sharp}(s_1, s_2) \in |p|_{\mathcal{T}}$. Damit sagt (3.14):

$$\langle t_1, t_2\rangle \in |p|_{\mathcal{S}} \Leftrightarrow \langle F(t_1), F(t_2)\rangle \in |p|_{\mathcal{T}}.$$

---

6 Das ist ähnlich zur `map`-Funktion in **Python**: `map(f, L)` wendet die Funktion `f` auf jedes Element der Liste L an und gibt die Liste der Ergebnisse zurück.

Das ist genau das, was wir haben wollten.

∇ **Trullo**: Ok, (3.14) ist in Grunde schon für alle Prädikatssymbole formuliert. Bleibt nur noch, die Konstanten zu betrachten.

> **!** In unserem Beispiel der Gruppen muss $\tau(1_\mathcal{G}) = 1_\mathcal{H}$ gelten.

$\triangle$ **Charli**: Aber das ist doch ziemlich klar: die Struktur $\mathcal{S}$ modelliert die Konstante c als $|c|_\mathcal{S} \in |\mathcal{S}|$, $\mathcal{T}$ als $|c|_\mathcal{T} \in |\mathcal{T}|$, also sollte gelten $F(|c|_\mathcal{S}) = |c|_\mathcal{T}$.

∇ **Trullo**: Das fassen wir jetzt zusammen: Ein *Morphismus* $F : \mathcal{S} \to \mathcal{T}$ für die Strukturen $\mathcal{S}$ und $\mathcal{T}$ ist eine Abbildung $F : |\mathcal{S}| \to |\mathcal{T}|$ mit den folgenden Eigenschaften:

- für alle Konstantensymbole c gilt $F(|c|_\mathcal{S}) = |c|_\mathcal{T}$,
- für alle Funktionssymbole f gilt $F \circ |f|_\mathcal{S} = |f|_\mathcal{T} \circ F_\sharp$,
- für alle Prädikatssymbole p gilt $|p|_\mathcal{S} = F_\sharp^{-1}[|p|_\mathcal{T}]$.

Hierbei ist $F_\sharp : \langle s_1, \ldots, s_n \rangle \mapsto \langle F(s_1), \ldots, F(s_n) \rangle$ die Erweiterung von F auf beliebige n-Tupel.

$\triangle$ **Charli**: Ach ja: Eine Abbildung $\mathsf{Z} : \{x_1, x_2, \ldots\} \to |\mathcal{S}|$ von den Variablen in den Träger der Struktur $\mathcal{S}$ induziert die Abbildung $F \circ \mathsf{Z} : \{x_1, x_2, \ldots\} \to |\mathcal{T}|$. Mit einem Morphismus bekommen wir also auch gleich eine Abbildung auf den Variablen mitgeliefert.

∇ **Trullo**: Wir sehen uns mal an, wie sich ein Morphismus auf Terme auswirkt. Sind $t_1, \ldots, t_k$ Terme (in der LeO), so gilt für $\mathsf{Z} : \{x_1, x_2, \ldots\} \to |\mathcal{S}|$

$$F_\sharp(|t_1|_\mathsf{Z}, \ldots, |t_k|_\mathsf{Z}) = \langle |t_1|_{F \circ \mathsf{Z}}, \ldots, |t_k|_{F \circ \mathsf{Z}} \rangle. \tag{3.15}$$

$\triangle$ **Charli**: Der Beweis wird durch Induktion nach dem Formelaufbau geführt. Dabei ist der Beginn trivial, weil wir ja wissen, wie der Morphismus mit Konstanten und mit Variablen umgeht. Der Induktionsschritt ist eine ziemliche Schreiberei. Wir sehen uns einen instruktiven Spezialfall an, damit das Prinzip klar wird.

∇ **Trullo**: Also, es sei $t = f(t_1, \ldots, t_k)$ ein Term. Wir nehmen an, die Behauptung (3.15) ist für $\langle t_1, \ldots, t_k \rangle$ bewiesen und wollen sie jetzt für t beweisen. Wir müssen $F(|t|_\mathsf{Z})$ berechnen. Das geht so:

$$
\begin{aligned}
F(|t|_{\mathsf{z}}) &= F\big(|f|_{\mathcal{S}}(|t_1|_{\mathsf{z}}, \ldots, |t_k|_{\mathsf{z}})\big) \\
&= (F \circ |f|_{\mathcal{S}})(|t_1|_{\mathsf{z}}, \ldots, |t_k|_{\mathsf{z}}) \\
&\overset{\bullet}{=} (|f|_{\mathcal{T}} \circ F_\sharp)(|t_1|_{\mathsf{z}}, \ldots, |t_k|_{\mathsf{z}}) \\
&= |f|_{\mathcal{T}}\big(F_\sharp(|t_1|_{\mathsf{z}}, \ldots, |t_k|_{\mathsf{z}})\big) \\
&\overset{\dagger}{=} |f|_{\mathcal{T}}(|t_1|_{F \circ \mathsf{z}}, \ldots, |t_k|_{F \circ \mathsf{z}}) \\
&= |t|_{F \circ \mathsf{z}}.
\end{aligned}
$$

In Gleichung $\bullet$ geht die Definition $F \circ |f|_{\mathcal{S}} = |f|_{\mathcal{T}} \circ F_\sharp$ eines Morphismus ein, in Gleichung $\dagger$ die Induktionsvoraussetzung (3.15).

> **!** Das betrifft die Terme. Die wesentliche Voraussetzung ist diese Verknüpfungseigenschaft, die es uns erlaubt, den Morphismus von der linken auf die rechte Seite zu schaufeln.

$\triangle$ **Charli**: Wie sieht es mit Formeln aus? Da gibt's ja einiges zu überlegen, besonders, wenn Quantoren vorkommen.

∇ **Trullo**: Wir lassen die Quantoren zunächst beiseite und nehmen uns Formeln ohne Quantoren vor. Dann haben wir

$$
\mathcal{S}, \mathsf{Z} \models \varphi \Leftrightarrow \mathcal{T}, F \circ \mathsf{Z} \models \varphi, \tag{3.16}
$$

falls in φ keine Quantoren vorkommen.

$\triangle$ **Charli**: Ich versuch's mal mit der atomaren Formel $\varphi = p\, t_1 \ldots t_n$:

$$
\begin{aligned}
\mathcal{S}, \mathsf{Z} \models p\, t_1 \ldots t_n &\Leftrightarrow \langle |t_1|_{\mathsf{z}}, \ldots, |t_n|_{\mathsf{z}} \rangle \in |p|_{\mathcal{S}} = F_\sharp^{-1}\big[|p|_{\mathcal{T}}\big] \\
&\overset{*}{\Leftrightarrow} F_\sharp\big(|t_1|_{\mathsf{z}}, \ldots, |t_n|_{\mathsf{z}} \rangle \in |p|_{\mathcal{T}} \\
&\Leftrightarrow \langle |t_1|_{\mathcal{F} \circ \mathsf{z}}, \ldots, |t_n|_{\mathcal{F} \circ \mathsf{z}} \rangle \in |p|_{\mathcal{T}} \\
&\Leftrightarrow \mathcal{T}, F \circ \mathsf{Z} \models \varphi.
\end{aligned}
$$

∇ **Trullo**: Die Implikation $*$ können wir umkehren, weil wir angenommen haben, dass $|p|_{\mathcal{S}}$ mit $F_\sharp^{-1}\big[|p|_{\mathcal{T}}\big]$ übereinstimmt.

Wenn wir (3.16) aber schon für atomare Formeln gezeigt haben, können wir auch gleich für Boolesche Kombinationen schließen, dass (3.16) gilt, wie üblich durch Induktion über den Formelaufbau. Das sehen wir uns jetzt für die Konjunktion an. Wir nehmen an, dass die Aussage schon für φ_1 und φ_2 bewiesen ist:

$$
\begin{aligned}
\mathcal{S}, \mathsf{Z} \models \varphi_1 \wedge \varphi_2 &\Leftrightarrow \mathcal{S}, \mathsf{Z} \models \varphi_1 \text{ und } \mathcal{S}, \mathsf{Z} \models \varphi_2 \\
&\Leftrightarrow \mathcal{T}, F \circ \mathsf{Z} \models \varphi_1 \text{ und } \mathcal{T}, F \circ \mathsf{Z} \models \varphi_2 \\
&\Leftrightarrow \mathcal{T}, F \circ \mathsf{Z} \models \varphi_1 \wedge \varphi_2.
\end{aligned}
$$

$\triangle$ **Charli**: Na gut, aber was machen wir mit Formeln, in denen Quantoren vorkommen?

> **!** Bei Quantoren entsteht das Problem der Zuordnung von Variablen zu Werten: Die Gültigkeit von $\exists x\,\varphi$ erfordert die Suche nach einem Wert in $|\mathcal{S}|$ für x. Das nützt uns aber in $\mathcal{T}$ nichts, weil wir uns auf die Suche nach einem Wert in $|\mathcal{T}|$ begeben müssen.
>
> Wir müssen also den Zusammenhang klären.

∇ **Trullo**: Wie üblich, benötigen wir zuerst eine Hilfsaussage, wir müssen uns nämlich um die Abbildung $F \circ Z(x \bullet a)$ kümmern. Zur Erinnerung: die Abbildung $Z(x \bullet a)$ war so definiert ((3.2) auf Seite 55):

$$Z(x \bullet a)(y) := \texttt{if } x = y \texttt{ then } a \texttt{ else } Z(y) \texttt{ fi}$$

Nur an der Stelle x wurde a eingesetzt, sonst arbeitet die Abbildung wie Z. Also gilt

$$\big(F \circ Z(x \bullet a)\big)(y) = F\big(Z(x \bullet a)(y)\big) = \begin{cases} F(a), & y = x, \\ F(Z(y)), & y \neq x \end{cases}$$

$$= (F \circ Z)(x \bullet F(a))(y).$$

Also gilt $F \circ (Z(x \bullet a)) = (F \circ Z)(x \bullet F(a))$.

$\triangle$ **Charli**: Wenn ich mir diese Darstellung ansehe, dann muss also $F(a)$ statt a für x substituiert werden, wenn wir die Gültigkeit einer quantifizierten Formel in $\mathcal{T}$ nachweisen wollen. Das heißt aber, dass F ganz $|\mathcal{T}|$ als Bild haben muss (sonst erwischen wir einige Elemente in $|\mathcal{T}|$ nicht im Bild!).

Das heißt aber, dass F surjektiv sein muss, wenn wir von der Gültigkeit in $\mathcal{S}$ auf die in $\mathcal{T}$ schließen wollen. Genauer: Ist F surjektiv, so gilt

$$\mathcal{S}, Z \models \forall x\,\varphi \Leftrightarrow \mathcal{T}, F \circ Z \models \forall x\,\varphi. \tag{3.17}$$

∇ **Trullo**: Der Beweis benutzt unsere Darstellung von $F \circ Z(x \bullet a)$:

$$\mathcal{S}, Z \models \forall x\,\varphi \Leftrightarrow \mathcal{S}, Z(x \bullet a) \models \varphi \text{ für alle } a \in |\mathcal{S}|$$
$$\Leftrightarrow \mathcal{T}, F \circ Z(x \bullet a) \models \varphi \text{ für alle } a \in |\mathcal{S}|$$
$$\Leftrightarrow \mathcal{T}, (F \circ Z)(x \bullet F(a)) \models \varphi \text{ für alle } a \in |\mathcal{S}|$$
$$\overset{\dagger}{\Leftrightarrow} \mathcal{T}, (F \circ Z)(x \bullet b) \models \varphi \text{ für alle } b \in |\mathcal{T}|$$
$$\Leftrightarrow \mathcal{T}, F \circ Z \models \forall x\,\varphi.$$

In † wird die Surjektivität von F benutzt.

> **!** Diese Morphismen sind offenbar einigermaßen empfindliche Instrumente. Falls wir eine LeO mit Gleichheit betrachten, so muss der Morphismus F schon bijektiv sein, um die Gültigkeit getreu von einem Modell zum anderen zu übertragen.

△ **Charli**: Wir sind bislang davon ausgegangen, dass wir eine LeO ohne Gleichheit $==$ haben. Um die Eigenschaft (3.16) auch für die Gleichheit zu beobachten, müssen wir annehmen, dass F injektiv ist:

$$\mathcal{S}, \mathsf{Z} \models t_1 == t_2 \Leftrightarrow |t_1|_{\mathsf{Z}} = |t_2|_{\mathsf{Z}}$$
$$\overset{\ddagger}{\Leftrightarrow} F(|t_1|_{\mathsf{Z}}) = F(|t_2|_{\mathsf{Z}})$$
$$\Leftrightarrow |t_1|_{F \circ \mathsf{Z}} = |t_2|_{F \circ \mathsf{Z}} \text{ mit } (3.15)$$
$$\Leftrightarrow \mathcal{T}, F \circ \mathsf{Z} \models t_1 == t_2.$$

Weil F injektiv ist, können wir in ‡ mit „genau dann, wenn" argumentieren.

▽ **Trullo**: Man kann übrigens die Art, wie Funktionssymbole von Morphismen behandelt werden, graphisch ganz gut darstellen, nämlich durch kommutative Diagramme. Sehen wir uns eins für ein n-äres Funktionssymbol f an (ich habe das für Gruppen zum Vergleich rechts daneben geschrieben):

$$
\begin{array}{ccc}
|\mathcal{S}|^n & \overset{F_\sharp}{\longrightarrow} & |\mathcal{T}|^n \\
{\scriptstyle |f|_{\mathcal{S}}}\downarrow & & \downarrow{\scriptstyle |f|_{\mathcal{T}}} \\
|\mathcal{S}| & \underset{F}{\longrightarrow} & |\mathcal{T}|
\end{array}
\qquad\qquad
\begin{array}{ccc}
G^2 & \overset{\prime_\sharp}{\longrightarrow} & H^2 \\
{\scriptstyle \circ}\downarrow & & \downarrow{\scriptstyle *} \\
G & \underset{\tau}{\longrightarrow} & H
\end{array}
$$

> **!** Das Diagramm versammelt die Abbildungen $F_\sharp :$ $|\mathcal{S}|^n \to |\mathcal{T}|^n$, $F : |\mathcal{S}| \to |\mathcal{T}|$, $|f|_{\mathcal{S}} : |\mathcal{S}|^n \to |\mathcal{S}|$ und $|f|_{\mathcal{T}} : |\mathcal{T}|^n \to |\mathcal{T}|$.
>
> Die Kommutativität besagt, dass der Weg von $|\mathcal{S}|^n$ nach $|\mathcal{T}|$ über $|\mathcal{T}|^n$ via $|f|_{\mathcal{T}} \circ F_\sharp$ derselbe ist wie der Weg von $|\mathcal{S}|^n$ nach $|\mathcal{T}|$ über $|\mathcal{S}|$ via $F \circ |f|_{\mathcal{S}}$. Das bedeutet also, dass $F \circ |f|_{\mathcal{S}} = |f|_{\mathcal{T}} \circ F_\sharp$. Das ist die graphische Version von (3.12).

△ **Charli**: Wenn wir einen Morphismus beschreiben, nehmen wir an, dass wir für jedes Funktionssymbol ein solches kommutatives Diagramm haben. Das macht Modelle für modale Logiken manchmal anschaulicher.

Morphismen wurden als strukturerhaltende Abbildungen eingeführt. Dieser Abschnitt präzisiert diesen Begriff. Es wird gezeigt, unter welchen Bedingungen Morphismen die Gültigkeit von Formeln erhalten. Zum Schluss werden kurz kommutative Diagramme eingeführt, die sich später als nützlich erweisen werden.

Literaturhinweise Die Darstellungen der Prädikatenlogik erster Stufe unterscheiden sich meist in der Wahl des Beweissystems, und in der Behandlung des Gödelschen Vollständigkeitssatzes. Ich habe das Beweissystem aus dem Buch [19] von Enderton übernommen und mich auch sonst gelegentlich von diesem didaktisch wohldurchdachten Buch leiten lassen. Ein anderes, methodisch interessantes Buch ist die Monographie [30] von Manzano, das freilich in Teilen die Axiomatik aus [18] übernimmt. Das Buch [41] von Shoenfield ist ein Klassiker, zu nennen ist auch die kompakte Darstellung in [43]. Wie oben erwähnt, ist die Darstellung der Lindenbaum-Algebra stark durch [37] mit einigen Hinweisen aus [29] beeinflusst (mit ganz viel Mut kann man sich auch an das Buch [36] wagen, in dem das Lemma von Rasiowa-Sikorski in den Kontext gestellt und mitsamt Varianten hergeleitet wird). Die Darstellung der Unentscheidbarkeit der Prädikatenlogik folgt [26, Kap. 2.6]; dort wird der Beweis von A. Church durchsichtig dargestellt.

Allgemein ist ein kommutatives Diagramm durch die folgenden Überlegung motiviert. Es seien $f : A \to B, g : A \to C, h : B \to D$ und $j : C \to D$ Abbildungen, also

$$A \xrightarrow{\;f\;} B \qquad\qquad g \downarrow \qquad \downarrow h \qquad\qquad C \xrightarrow{\;j\;} D \tag{3.18}$$

Dann kann man auf unterschiedlichen Wegen von A nach D gelangen („...ob er aber über Ober-Ammergau oder aber über Unter-Ammergau (oder aber überhaupt nicht) kommt..."), nämlich mittels $j \circ g$ oder mittels $h \circ f$.

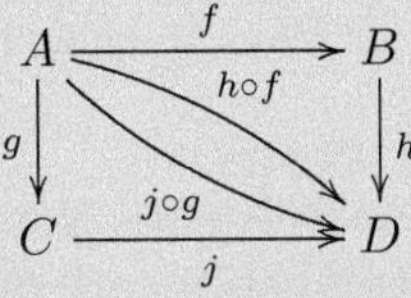

Das Diagramm (3.18) heißt *kommutativ*, wenn diese beiden Abbildungen übereinstimmen, wenn also gilt $j \circ g = h \circ f$.

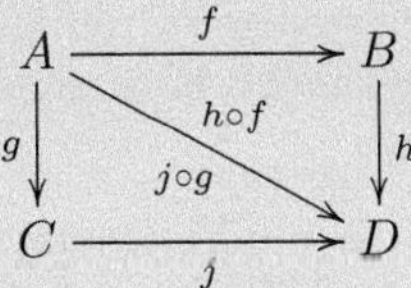

Man verzichtet dann in der Regel auf den Pfeil $A \to D$.

3.8 Aufgaben

Aufgabe 3.1: Eine Abbildung $f : X \to Y$ mit Mengen X, Y induziert eine Abbildung $f^{-1} : \mathcal{P}(Y) \to \mathcal{P}(X)$ mit

$$f^{-1} : B \mapsto \{x \in X \mid f(x) \in B\},$$

der Menge $B \subseteq Y$ wird ihr Urbild, also die Menge aller x zugeordnet, die durch f nach B abgebildet werden.
Zeigen Sie:

1. f ist injektiv genau dann, wenn f^{-1} surjektiv ist.
2. f ist surjektiv genau dann, wenn f^{-1} injektiv ist.
3. Ist f injektiv, so gilt $f^{-1}\big[f[A]\big] = A$ für alle $A \subseteq X$.
4. Ist f surjektiv, so gilt $f\big[f^{-1}[B]\big] = B$ für alle $B \subseteq Y$.

Aufgabe 3.2: Definieren Sie jeweils Prädikate in einer LeO zur Formulierung dieser Aussagen

1. Nicht jeder Vogel kann fliegen, aber jeder Fisch kann schwimmen.
2. Jedes Kind ist jünger als seine Mutter.
3. Cousinen haben gemeinsame Großmütter.
4. Mein Enkel ist der Sohn meiner Tochter.
5. Die Schachtel enthält nur rote Objekte.
6. Wer eine Mutter hat, hat auch einen Vater.
7. „Mein Garten ist kleiner als Rom, aber mein *pilum* ist stärker als Euer *sternum*"[7].
8. Ein Passwort darf nicht **1234** lauten.
9. Ein Angreifer kann das Passwort eines Nutzers neu setzen.
10. Zwei unterschiedliche Nutzer haben auch unterschiedliche Passwörter.
11. Alice liebt Bob, aber Bob liebt eine andere Person und Alice ist eifersüchtig.
12. Kein Passwort darf mit dem Geburtsdatum des Nutzers übereinstimmen.

Aufgabe 3.3: Gegeben seien diese einstelligen Prädikate p, s, v (Professor, Student, Vorlesung) und die zweistelligen Prädikate k, h ($k\, x\, y$ – x versteht Vorlesung y, $h\, x\, y$ – x hält Vorlesung y). Formulieren Sie mit diesen Prädikaten

- Jeder Professor hält eine Vorlesung.
- Es gibt einen Studenten, der die Vorlesung nicht versteht.
- Wenn jemand eine Vorlesung hält, ist er ein Professor (Wieso ist $\forall x_1 \forall x_2\, h\, x_1\, p\, x_2$ keine Lösung?).
- Mancher Professor hält eine Vorlesung, die kein Student versteht.
- Es gibt keine Vorlesung, die jeder Student versteht.

Aufgabe 3.4: Es sei φ die Formel $\exists x\, \big(p\, x\, y \wedge (\neg q\, y, x \wedge \forall y\, p\, x\, y)\big)$. Berechnen Sie $Frei(\varphi)$ und $Subs(y, \varphi)$.

Aufgabe 3.5: Wieder haben p und q die Stelligkeit 1, c ist wieder eine Konstante.

1. $\exists x(c \to q\, x) \models c \to \exists x\, q\, x)$.
2. $c \to \exists\, xp\, x \models \exists x(c \to q\, x)$.

---

[7] Asterix bei den Briten, p. 18

3. $\forall\, x\, p\, x \to c \models \exists\, x(p\, x \to c)$.
4. $\exists\, x(\neg p\, x \wedge \neg q\, x) \models \exists\, x\big(\neg(p\, x \wedge q\, x)\big)$.

Aufgabe 3.6: p und q haben die Stelligkeit 1, c ist eine Konstante.

1. $\exists x(c \to q\, x) \vdash c \to \exists x\, q\, x)$.
2. $c \to \exists\, x\, p\, x \vdash \exists x(c \to q\, x)$.
3. $\forall\, x\, p\, x \to c \vdash \exists\, x(p\, x \to c)$.
4. $\exists\, x(\neg p\, x \wedge \neg q\, x) \vdash \exists\, x\big(\neg(p\, x \wedge q\, x)\big)$.

Aufgabe 3.7: Formulieren Sie die Axiome einer totalen Ordnung in einer LeO mit Gleichheit.

Aufgabe 3.8: Für das zweistellige Prädikat p sei φ die Formel $\forall x\, p\, xx$. Finden Sie ein Modell $\mathcal{S}$ mit $\mathcal{S} \models \varphi$ und eine Struktur $\mathcal{T}$ mit $\mathcal{T} \not\models \varphi$.

Aufgabe 3.9: Für das zweistellige Prädikate r setzen wir $\varphi := \forall x\, \forall y\, \exists z\, (r\, xy \to r\, xz)$. Wir definieren eine Struktur $\mathcal{S}$ und eine Relation $|r|$:

1. $|\mathcal{S}| := \{a,b,c,d\}$ und $|r| := \{\langle b,c\rangle, \langle b,b\rangle, \langle b,a\rangle\}$. Gilt $\mathcal{S} \models \varphi$?
2. $|\mathcal{S}| := \{a,b,c\}$ und $|r| := \{\langle b,c\rangle, \langle a,b\rangle, \langle c,b\rangle\}$. Gilt $\mathcal{S} \models \varphi$?

Aufgabe 3.10: Durch diese drei Formeln wird eine Äquivalenzrelation definiert, wenn p ein zweistelliges Prädikat ist:

Reflexivität: $\rho := \forall x\, p\, xx$.
Symmetrie: $\sigma := \forall x\, \forall y\, (p\, xy \to p\, yx)$.
Transitivität: $\tau := \forall x\, \forall y\, \forall z\, \big((p\, xy \wedge p\, yz) \to p\, xz\big)$.

Finden Sie für jeweils zwei der obigen Eigenschaften eine Struktur, in der sie gültig sind, die ausgeschlossene Eigenschaft jedoch nicht. Schließen Sie daraus, dass die Eigenschaften unabhängig voneinander sind.

Aufgabe 3.11: Gruppen sind ein wichtiges Hilfsmittel u.a. in der Kryptographie. Zur Erinnerung: eine Gruppe $(G, \circ)$ ist definiert durch eine assoziative Verknüpfung $\circ : G \times G \to G$, infix notiert als $\circ : \langle a,b\rangle \mapsto a \circ b$, mit neutralem Element e, so dass zu jedem Element ein Inverses existiert. Formulieren Sie die Axiome einer Gruppe und einer kommutativen Gruppe in einer LeO mit Gleichheit.

Aufgabe 3.12: Sei $(G, +)$ eine kommutative Gruppe, additiv geschrieben (d.h. wir schreiben $a + b$ statt $a \circ b$ und $-a$ statt a^{-1}, 0 ist das neutrale Element). H sei eine Untergruppe von G.

1. Mit $a \sim b \Leftrightarrow a - b \in H$ wird eine Äquivalenzrelation auf G definiert. $[a]$ sei die Klasse von a.
2. Mit $a_1 \sim b_1$ und $a_2 \sim b_2$ gilt auch $a_1 + a_2 \sim b_1 + b_2$ sowie $a_1 - b_1 \sim a_2 - b_2$.

3. $[a] \oplus [b] := [a + b]$ und $\ominus[a] := [-a]$ sind wohldefiniert und definieren eine Gruppenstruktur auf der Menge $G/\sim$ aller Äquivalenzklassen.
4. Die Abbildung $\pi : a \mapsto [a]$ definiert einen Morphismus $G \to G/\sim$.
5. Ist $\tau : G \to K$ ein Morphismus in eine kommutative Gruppe $(K, +)$, dann ist $H := \{g \in G \mid \tau(g) = 0\}$ eine Untergruppe von G.
6. Die Abbildung $\sigma([g]) := \tau(g)$ ist ein injektiver Morphismus $G/\sim \to K$.

Aufgabe 3.13: Eine LeO für Mengen hat die leere Menge, notiert als $\emptyset$, als einzige Konstante, und die Element-Menge-Beziehung $\in$ als einzige Relation, vgl. Seite 47; die Logik hat keine Gleichheit. Formulieren Sie die Teilmengenbeziehung und definieren Sie ein zweistelliges Prädikat zur Charakterisierung der Gleichheit von Mengen.

Aufgabe 3.14: Ein deterministischer Automat mit Eingabealphabet X und Zustandsmenge S ist definiert durch eine Abbildung $\delta : S \times X \to S$. Die Funktionssymbole einer LeO lassen jedoch keine Abbildungen zu, die auf unterschiedlichen Mengen beruhen. Überlegen Sie, wie man trotzdem eine LeO für einen solchen Automaten definieren kann (**Hinweis:** $W := X \cup S$ könnte interessant sein).

Aufgabe 3.15: Eine Alternative zur Definition eines deterministischen Automaten über der Eingabe X und den Zuständen S ist die Sichtweise der Definition einer LeO mit einer Menge $\{\delta_x \mid x \in X\}$ unärer Funktionen. Sei $\mathcal{S}$ eine Struktur für diese LeO mit $S := |\mathcal{S}|$ und $|\delta_x|_{\mathcal{S}} := d_x$, wobei $d_x : S \to S$ die zur Struktur gehörende unäre Abbildung ist. Man möchte die sequentielle Arbeit des Automaten abbilden, dazu setzt $d_\epsilon := id$ (nach der leeren Eingabe tut sich nix) und $d_{vx} := d_x \circ d_v$ für ein Wort $v \in X^*$ und $x \in X$.

Zeigen Sie:

1. $\Delta_n := \{\langle s, s'\rangle \mid d_v(s) = d_v(s')$ für alle Wörter der Länge $n\}$ ist eine Äquivalenzrelation auf S.
2. $\Delta := \bigcap_{n \in \mathbb{N}} \Delta_n$ ist die größte Äquivalenzrelation $\equiv$ auf S mit $d_v(s) = d_v(s')$, falls $s \equiv s'$.
3. Man setzt $D_x([s]_\Delta) := [d_x(s)]_\Delta$ für $x \in X$, dann ist $D_x : S/\Delta \to S/\Delta$ eine Abbildung, d.h. wohldefiniert.
4. (bisschen sportlich) Setzt man $|\mathcal{T}| := |\mathcal{S}|/\Delta$ und $|t_x|_{\mathcal{T}} := D_x$ für $x \in X$, dann definiert $\Pi : s \mapsto [s]_\Delta$ einen Morphismus $\Pi : \mathcal{S} \to \mathcal{T}$.

Aufgabe 3.16: Eine LeO hat eine binäres Relationssymbol k und eine unäres Funktionssymbol f. Man definiert die Strukturen $\mathcal{S}$ und $\mathcal{T}$ so: $|\mathcal{S}| := |\mathcal{T}| := \mathbb{N}$ und $|f|_{\mathcal{S}} := |f|_{\mathcal{T}} : n \mapsto n+1$, die Nachfolgerfunktion. Zudem setzt man $|k|_{\mathcal{S}} := \leqslant$ und $\langle x, y \rangle \in |k|_{\mathcal{T}} \Leftrightarrow x$ teilt y. $id : \mathbb{N} \to \mathbb{N}$ ist die Identität $n \mapsto n$, φ sei die wff $\forall x_1 k\, x_1\, f\, x_1$.

1. Zeigen oder widerlegen Sie: $\mathcal{S} \models \varphi$ bzw. $\mathcal{T} \models \varphi$.
2. Ist $id : \mathcal{S} \to \mathcal{T}$ ein Morphismus?

3. Ist $id : \mathcal{T} \to \mathcal{S}$ ein Morphismus?

Aufgabe 3.17: Wir betrachten eine LeO ohne Konstanten, mit einem einzigen Funktionssymbol f der Stelligkeit 2 und einem einzigen Relationssymbol p der Stelligkeit 1. $\mathcal{S}$ sei eine Struktur für diese Logik, und $\equiv$ eine Äquivalenzrelation auf $|\mathcal{S}|$ mit diesen Eigenschaften:

1. Falls $s_1 \equiv s_1', s_2 \equiv s_2'$ gilt, so gilt $|f|_{\mathcal{S}}(s_1, s_2) \equiv |f|_{\mathcal{S}}(s_1', s_2')$,
2. falls $s \in |p|_{\mathcal{S}}$ und $s' \equiv s$, so gilt $s' \in |p|_{\mathcal{S}}$ ($|p|_{\mathcal{S}}$ ist also eine Vereinigung von $\equiv$-Klassen).

Definieren Sie eine Struktur $\mathcal{S}/\equiv$ mit Trägermenge $|\mathcal{S}|/\equiv$, so dass $\pi : \mathcal{S} \to \mathcal{S}/\equiv$ ein Morphismus ist (hierbei ist $\pi : x \mapsto [x]_{\equiv}$ die Abbildung, die jedem Element seine $\equiv$-Klasse zuordnet).

Aufgabe 3.18: Hier geht es um das Postsche Korrespondenzproblem.

1. Untersuchen Sie das Problem für diese Instanz:

	1	2	3
s	10	011	101
r	101	11	011

   Hinweis: Man beginnt sicher mit $i_1 = 1$, $i_2 = 1$ geht nicht, also $i_2 = 3$, und dann weiter?
2. Schreiben Sie ein Programm, das das Problem für diese Instanz löst:

	1	2	3	4
s	001	01	01	10
r	0	001	101	001

Kapitel 4
Modale Logik

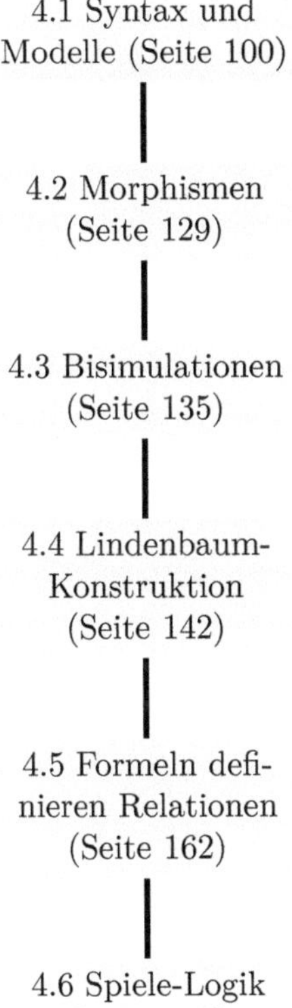

Wir sehen, dass sich die Aussagenlogik oder die Prädikatenlogik mit der Darstellung dynamischer Sachverhalte schwer tun, also benötigen wir einen neuen logischen Mechanismus. Das führt zur Definition modaler Logiken. Überlegungen zur Syntax werden begleitet von Überlegungen zur semantischen Modellierung, einmal durch Kripke-Modelle, dann durch Nachbarschaftsmodelle. Morphismen diesen zum Vergleich von Modellen, und Bisimulationen zeigen, wie ein Modell ein anderes simulieren kann.

Auch hier erhebt sich die Frage nach Gültigkeit und Beweisbarkeit; hierzu konstruieren wir zunächst ein kanonisches Modell und gehen der Frage nach Vollständigkeit und Korrektheit nach. Wir beobachten, dass manche Formeln ganze Familien von Kripke-Modellen definieren und untersuchen Vollständigkeit und Korrektheit in diesem eingeschränkten Zusammenhang. Schließlich zeigen wir, dass Nachbarschaftsmodelle für die Semantik der Spiele-Logik besser als Kripke-Modelle geeignet sind.

© Der/die Autor(en), exklusiv lizenziert an
Springer-Verlag GmbH, DE, ein Teil von Springer Nature 2025
E.-E. Doberkat, *Formale Logik im Dialog*,
https://doi.org/10.1007/978-3-662-72701-0_4

4.1 Modale Logik: Syntax und Modelle

Operatoren zur Darstellung von Möglichkeit und Notwendigkeit werden einge-
führt, die Diskussion von Relationen führt zur Definition von Rahmen und von
Kripke-Modellen. Relationen dienen dann zur Definition der Gültigkeit modallo-
gischer Formeln. Die Frage nach der Verwandtschaft zur Prädikatenlogik erster
Stufe stellt sich. Wir stellen eine Schnittstelle dazu vor und zeigen, wie sich die
Gültigkeit überträgt. Schließlich werden – als Verallgemeinerung von Kripke-
Modellen – Nachbarschaftsmodelle mit ihrer Semantik eingeführt.

△ **Charli**: Mit der Aussagenlogik und der Prädikatenlogik, die wir in den ersten
beiden Kapiteln kennengelernt haben, sind dynamische Vorgänge nicht besonders gut darstellbar.

▽ **Trullo**: Wenn man zum Beispiel einen nicht-deterministischen Automaten
modellieren möchte, muss man sich ziemlich verrenken. Das liegt daran, dass
man die Dynamik der Transitionen nur indirekt darstellen kann.

Es gibt aber schon darüber hinaus kompliziertere Vorgänge, die durch komplexere Modelle als nicht-deterministische Automaten dargestellt werden.

△ **Charli**: Was folgt daraus?

▽ **Trullo**: Klar – wir benötigen eine andere Logik, mit der Dynamik wie etwa
Zustandswechsel angemessen modelliert werden können, ohne dass man sich die
Ohren bricht.

> 
> Für Automaten ist der Zustandswechsel nach einer
> Eingabe wichtig, spontane Transitionen sind nicht
> erlaubt.

△ **Charli**: Wenn wir schon eine neue Logik definieren, sollten wir uns überlegen,
was mindestens darin vorkommen sollte. Wir sind von Transitionen für Zustände
ausgegangen, die sind aber selten eindeutig bestimmt. Also wäre ein Operator
wie „es ist möglich, dass" ganz gut.

▽ **Trullo**: Meinst du so nach der Art „es ist möglich, dass Formel φ gilt"?

△ **Charli**: Ja, so in der Art. Was ist mit einem Operator wie „es muss bestimmt
gelten"?

▽ **Trullo**: Ach, das brauchen wir nicht.

△ **Charli**: ???

▽ **Trullo**: Na, „es regnet bestimmt" ist doch dasselbe wie *„es ist möglich, dass es nicht regnet* ist falsch".

△ **Charli**: Ahh, „Kein Regen ist unmöglich". Ja, sehe ich ein. Das bedeutet aber, dass wir zusammen mit der Negation einen Möglichkeits-Operator einführen. Was sonst?

▽ **Trullo**: Es wäre wohl ganz hilfreich, ein unmögliches Ereignis einzuführen (als eins, in das keine Transition führen kann). Aus Gründen der Symmetrie gibt es dann natürlich auch ein sicheres Ereignis, als Negation des unmöglichen Ereignisses.

△ **Charli**: Was ist mit Quantoren? Nachdem wir die Prädikatenlogik erster Stufen mit Quantoren und all dem diskutiert haben, müssten wir uns doch auch Gedanken über Quantoren machen, oder nicht?

▽ **Trullo**: Vielleicht sollten wir da ein wenig vorsichtig sein: Wenn wir sagen, dass etwas möglich ist, sagen wir ja implizit auch, dass es einen Zustand gibt, der das möglich macht. Da ist ein Existenzquantor irgendwo versteckt. Deshalb winken wir den Quantoren freundlich zu, nehmen sie aber im Augenblick nicht mit ins Boot.

> **!** Wir verzichten also in der Definition der (Syntax der) modalen Logik auf Quantoren. In Abschnitt 4.1.3 werden wir sehen, dass uns gerade dieser Verzicht eine Schnittstelle zur Prädikatenlogik ermöglicht.

So, jetzt kommt der große Augenblick:

△ **Charli**: Wir fixieren eine Menge $\mathfrak{C}$ von atomaren Aussagen. Die *einfache modale Sprache* $\mathcal{L}(\mathfrak{C})$ über $\mathfrak{C}$ wird durch diese Grammatik gegeben:

$$\varphi ::= \bot \mid p \mid \varphi_1 \wedge \varphi_2 \mid \neg\varphi \mid \Diamond\varphi \tag{4.1}$$

mit $p \in \mathfrak{C}$. $\mathcal{F}(\mathfrak{C})$ ist die Menge aller modalen Formeln über $\mathfrak{C}$.

▽ **Trullo**: Klar, eine Formel in $\mathcal{L}(\mathfrak{C})$ ist entweder $\bot$, ein Element aus $\mathfrak{C}$, die Konjunktion zweier Formeln, die Negation einer Formel oder hat als Präfix das $\Diamond$-Symbol. Wir legen fest, dass modale Operatoren stärker binden als die binären Operatoren (das hilft der Lesbarkeit).

△ **Charli**: Bis auf den Diamanten $\Diamond$ ist das ja ziemlich klar. $\Diamond$ soll eine Möglichkeit ausdrücken, also $\Diamond\,\varphi$ soll sagen, es ist möglich, dass φ gilt. Eine Formel der Art $\varphi_1 \wedge \Diamond\,\varphi_2$ sagt dann, dass φ_1 und möglicherweise φ_2 gelten.

∇ **Trullo**: Wir führen zusätzliche Operatoren ein:

$$\top := \neg\bot,$$
$$\varphi_1 \vee \varphi_2 := \neg(\neg\varphi_1 \wedge \neg\varphi_2),$$
$$\varphi_1 \rightarrow \varphi_2 := \neg\varphi_1 \vee \varphi_2,$$
$$\Box\varphi := \neg\Diamond\neg\varphi.$$

$\triangle$ **Charli**: Die Konstante $\bot$ bezeichnet *False* oder *unmöglich*, also bezeichnet $\top = \neg\bot$ *True* oder *ganz sicher*, Negation $\neg$ und Konjunktion $\wedge$ sind nicht besonders überraschend. Wie gesagt, informell bedeutet $\Diamond\varphi$, dass es möglich ist, dass Formel φ gilt. Der zu $\Diamond$ duale Operator ist $\Box$, wobei $\Box\varphi$ sagen soll, dass φ *notwendig* gilt.

Daher wird der Diamant $\Diamond$ auch als Möglichkeitsoperator und der duale Box-Operator $\Box$ als Notwendigkeitsoperator bezeichnet.

∇ **Trullo**: Syntaktisch sieht das aus wie in der Aussagenlogik, erweitert um die modalen Operatoren $\Diamond$ und $\Box$.

> **!**   Es ist klar, dass sie die modalen Operatoren $\Diamond$ und $\Box$ darauf beziehen, was *nach* einer Transition sein wird. Bei $\Diamond\varphi$ schimmert die Gültigkeit der Formel φ am Horizont auf, ohne freilich schon realisiert zu sein.

$\triangle$ **Charli**: Damit haben wir unsere Ausdrucksmöglichkeiten schon erweitert. Wenn wir zum Beispiel wissen, dass $\{\texttt{Gefahr}, \texttt{Stop}, \texttt{Geld}\} \subseteq \mathfrak{C}$, dass also $\texttt{Gefahr}$ und $\texttt{Stop}$ zu unseren atomaren Aussagen gehören, dann können wir mit $\texttt{Gefahr} \rightarrow \Box\texttt{Stop}$ die entsprechende Anweisung ausdrücken: *bei Gefahr* ***muss*** *angehalten werden*. Weil auch $\texttt{Geld}$ zu $\mathfrak{C}$ gehört, können wir auch ausdrücken $\texttt{Gefahr} \rightarrow \Diamond\texttt{Geld}$, *bei Gefahr kann Geld ausgegeben werden*.

∇ **Trullo**: Na, damit können wir jetzt ziemlich herumspielen. Bei der Diskussion der Aussagenlogik haben Tautologien eine wichtige Rolle gespielt. Die gibt es hier natürlich auch, weil die Aussagenlogik in der einfachen modalen Logik enthalten ist.

Aber wie sieht das Zusammenspiel der modalen Operatoren aus? Gilt zum Beispiel $\Box p \rightarrow p$, *wenn p notwendig ist, so gilt p*? Oder $p \rightarrow \Diamond p$, *wenn p gilt, so gilt p möglicherweise*? Was ist mit $\Box p \rightarrow \Diamond p$, *wenn p notwendig ist, ist p möglich*? Ziemlich unklar ist im Augenblick auch $\Diamond\Diamond p \rightarrow \Diamond p$.

$\triangle$ **Charli**: Aber wir sind ja nicht an die informelle Interpretation von $\Diamond$ als *möglich* gebunden. Wie wär's mit $\Diamond$ als *in der Zukunft*?

$\Diamond p \to p$, *wenn* p *in der Zukunft gilt, gilt* p *auch jetzt, oder* p *wird in Zukunft nicht gelten* als $\neg \Diamond p$.

> **!** Eine interessante Interpretation interpretiert $\Diamond$ als Wissen. $\Diamond \varphi$ würde dann gedeutet als *ich weiß, dass φ gilt*. Dann kann man zum Beispiel mit $\Diamond \Diamond \varphi \to \Diamond \varphi$ modellieren, dass *ich weiß, dass φ gilt, wenn ich weiß, dass ich weiß, das φ gilt*. Die modale Logik ist zum Teil auch entstanden, um Wissensrepräsentation zu modellieren.

∇ **Trullo**: Wir finden also durch diesen neuen Operator $\Diamond$ eine erhebliche und bequeme Erweiterung unserer Ausdrucksmöglichkeiten.

Unsere Interpretationen waren bislang eher informell, auch wenn eine Dynamik schon sichtbar wurde. Um das formal in den Griff zu bekommen, befassen wir uns kurz mit Relationen.

4.1.1 Relationen

Relationen sind aus der elementaren Mengenlehre bekannt. Weil wir sie intensiv benutzen werden, ist das hier ein kleiner Steilkurs.

∇ **Trullo**: Irgendwie ein alter Hut: Äquivalenzrelationen, Ordnungsrelationen, Teilbarkeitsrelationen ....

$\triangle$ **Charli**: Aber jetzt schreiben wir es mal richtig auf: Eine *Relation* R über einer Menge M ist eine Teilmenge von $M \times M$, also $R \subseteq M \times M$.

∇ **Trullo**: Dass also zwei Elemente s und s' von M in der Relation R stehen, bedeutet $\langle s, s' \rangle \in R$, manchmal auch geschrieben als sRs' oder sogar als Rss'. Gelegentlich schreiben wir auch $s \xrightarrow{R} s'$.

$\triangle$ **Charli**: Wir schreiben einfach mal einige bekannte Relationstypen auf. Sei R eine Relation auf M.

Äquivalenzrelation: R muss reflexiv, symmetrisch und transitiv sein, also

> reflexiv: Es gilt xRx für alle $x \in M$.
> symmetrisch: Falls xRy gilt, so gilt auch yRx für alle $x, y \in M$.
> transitiv: Falls xRy und yRz gilt, so gilt auch xRz für alle $x, y, z \in M$.

Ordnungsrelation: R muss reflexiv, antisymmetrisch und transitiv sein, also antisymmetrisch: Falls xRy und yRx, dann gilt $x = y$ für alle $x, y \in M$.

Die Ordnungsrelation R heißt *strikt*, falls aus xRy stets $x \neq y$ folgt, kein Element also zu sich selbst in der Relation R steht, sie heißt *total*, wenn für die Elemente $x, y \in M$ eine der drei Alternativen gilt: xRy, yRx oder $x = y$ (z. B. ist $\leqslant$ auf den natürlichen Zahlen total).

∇ **Trullo**: Diese Definitionen sehen sich die einzelnen Paare in der Relation an. Es geht aber auch stärker algebraisch.

$\triangle$ **Charli**: Was heißt das? *Stärker algebraisch?*

> **!** Das klingt komplizierter als es ist. Wenn man zum Beispiel in **Python** ein Objekt definiert, so interessiert in erster Linie, welche Operationen man auf den Daten durchführen kann: Man abstrahiert also ein Stück weit von den Daten zugunsten der darauf durchzuführenden Operationen. Das machen wir hier auch so

∇ **Trullo**: Wir abstrahieren von den Elementen und konzentrieren uns auf die Eigenschaften von R als Menge. Die Menge R hat ja dadurch, dass sie aus Paaren besteht, eine Struktur.

Seien R und S Relationen auf der Menge M, dann definieren wir die *Komposition* oder *Verknüpfung* von R und S als die Relation

$$R \circ S := \{\langle x, z \rangle \mid \text{ es gibt } y \in M \text{ mit } \langle x, y \rangle \in R \text{ und } \langle y, z \rangle \in S\}. \tag{4.2}$$

Man fährt mit öffentlichen Verkehrsmitteln von Bochum nach Schweinfurt, indem man mit dem Zug von Bochum nach Frankfurt und mit dem Bus von Frankfurt nach Schweinfurt fährt. Frankfurt ist die Zwischenstation, es kann aber auch Kassel, Fulda oder Würzburg sein.

$\triangle$ **Charli**: Ok, also um zu sehen, ob $\langle x, z \rangle \in R \circ S$ gilt, müssen wir nachsehen, ob wir ein Zwischenglied y so finden können, dass $\langle x, y \rangle \in R$ und $\langle y, z \rangle \in S$.

∇ **Trullo**: Wir setzen gleich noch

$$id_M := \{\langle x, x \rangle \mid x \in M\},$$

das ist die *Identität* auf M, dann sieht man direkt $R \circ id_M = id_M \circ R = R$ für alle Relationen R auf M. Die Identität auf M wird auch manchmal die *Diagonale* auf M genannt.

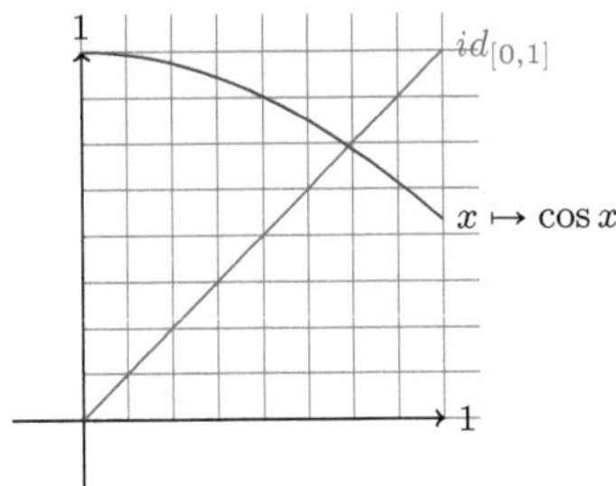

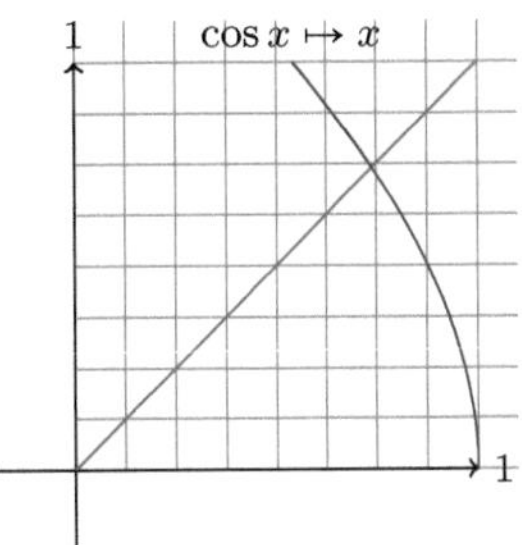

Abb. 4.1: Zwei Graphen, dargestellt als Relationen und ihre Umkehrrelationen

> **!** Man sieht in Abbildung 4.1, dass die Diagonale $id_{[0,1]}$ genau die Diagonale in dem Rechteck $[0,1] \times [0,1]$ ist. So erklärt sich der Name.

△ **Charli**: Wie ist das mit Abbildungen $f : M \to M$? Die erzeugen doch auch eine Relation, oder nicht?

▽ **Trullo**: Ah, du meinst den *Graphen einer Funktion*. Das ist so:

$$graph(f) := \{\langle x, f(x)\rangle \mid x \in M\},$$

also sozusagen die Visualisierung der Funktion.

△ **Charli**: Das Bild in Abbildung 4.1 zeigt links die Graphen der Funktionen $x \mapsto \cos(x)$ und $x \mapsto x$ für $M = [0,1]$, dem Einheitsintervall. Man erkennt auch, warum id_M die Diagonale genannt wird.

▽ **Trullo**: Wir können eine Relation auch umdrehen: statt mit R von x nach y zu springen, hüpfen wir mit R^{-1} von y nach x:

$$R^{-1} := \{\langle y, x\rangle \mid \langle x, y\rangle \in R\}.$$

Die rechte Seite der Abbildung 4.1 zeigt das für den Graphen von $x \mapsto \cos(x)$. Man erkennt die Spiegelung an der Diagonalen.

△ **Charli**: Ja, aber wie ist das mit der umgedrehten Relation. Gilt denn dann auch $R \circ R^{-1} = id_M$, so ähnlich wie bei Gruppen?

▽ **Trullo**: Nö. Beispiel: $M := \{1, 2\}$, $R := \{\langle 1, 2\rangle\}$.

△ **Charli**: Ach ja! Dann ist $R^{-1} = \{\langle 2,1 \rangle\}$, und $R \circ R^{-1} = \{\langle 1,1 \rangle\}$, aber $id_M = \{\langle 1,1 \rangle, \langle 2,2 \rangle\}$.

▽ **Trullo**: Wir sehen uns schnell mal Äquivalenz- und Ordnungsrelationen im Licht unserer Operationen an. Dazu ist R eine Relation auf der Menge M. Das ist jetzt eine Übersetzungstabelle:

Reflexivität	$id_M \subseteq R$
Symmetrie	$R^{-1} \subseteq R$
Antisymmetrie	$R \cap R^{-1} \subseteq id_M$
Transitivität	$R \circ R \subseteq R$

Das ist tatsächlich eine rein algebraische Charakterisierung, denn wir haben dazu kein Element der Menge in die Hand genommen. Man kann Relationen axiomatisch charakterisieren, ohne Elemente zu betrachten, vgl. [39, 40, 12], aber das nur nebenbei.

△ **Charli**: Gerichtete Graphen sind Beispiele für Relationen: eine gerichtete Kante von x nach y kann ja als geordnete Paar $\langle x, y \rangle$ dargestellt werden. Die Kollektion aller gerichteter Kanten ist dann eine Relation.

▽ **Trullo**: Trifft sich gut, ich habe zwei gerichtete Graphen mitgebracht (Abbildung 4.2).

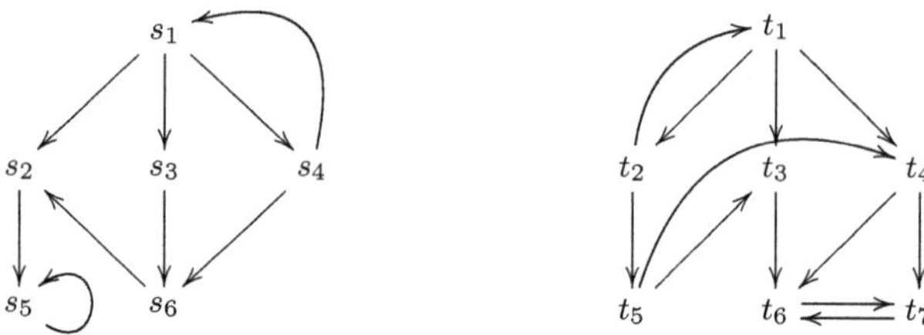

Abb. 4.2: Zwei gerichtete Graphen

△ **Charli**: Es kann ja auch ungerichtete Kanten geben, aber die können wir aufspalten in zwei gerichtete Kanten, eine hin, die andere zurück. Das kann man im Graphen der Abbildung 4.3 sehen. Hier wird die ungerichtete Kante zwischen den Knoten s_9 und s_{12} in die beiden gerichteten Kanten $\langle s_9, s_{12} \rangle$ und $\langle s_{12}, s_9 \rangle$ zerlegt. Warum das wichtig ist, sehen wir bei der Diskussion der Semantik.

▽ **Trullo**: In einem Graphen kann man für eine Knotenmenge A alle Knoten finden, von denen aus ein Element von A direkt erreicht werden kann:

$$R^{-1}[A] := \{x \mid \langle x, y \rangle \in R \text{ für ein } y \in A\}. \tag{4.3}$$

Also z. B. $R^{-1}[\{s_3, s_4, s_5\}] = \{s_1, s_2, s_4, s_5\}$ im linken Graphen der Abbildung 4.2. Für einen Knoten x ist

$$R(x) := \{y \mid \langle x, y \rangle \in R\}, \tag{4.4}$$

$$R[A] := \bigcup_{x \in A} R(x). \tag{4.5}$$

die Menge aller Knoten, die direkt von x aus bzw. von der Menge A aus erreichbar sind. Also z.B. $R(s_1) = \{s_2, s_3, s_4\}$, ebenfalls im linken Graphen der Abbildung 4.2.

$\triangle$ **Charli**: Manchmal möchte man für eine Relation R eine transitive Relation R^+ finden, die R enthält. Dazu geht an so vor. Man definiert Potenzen von R, $R^1 := R$ und induktiv $R^{n+1} := R \circ R^n$. Dann setzt man

$$R^+ := \bigcup_{n \in \mathbb{N}} R^n, \tag{4.6}$$

$$R^* := R^+ \cup id_M. \tag{4.7}$$

R^+ wird die *transitive Hülle* von R, R^* die *reflexive-transitive Hülle* von R genannt.

∇ **Trullo**: Das mit der Hülle ist klar, weil R jeweils darin enthalten ist. Es geht aber noch weiter: R^+ ist die kleinste transitive Relation, die R enthält, und R^* ist die kleinste reflexive und transitive Relation, die R enthält. Die Hüllen sind also maßgeschneidert und sitzen passgenau.

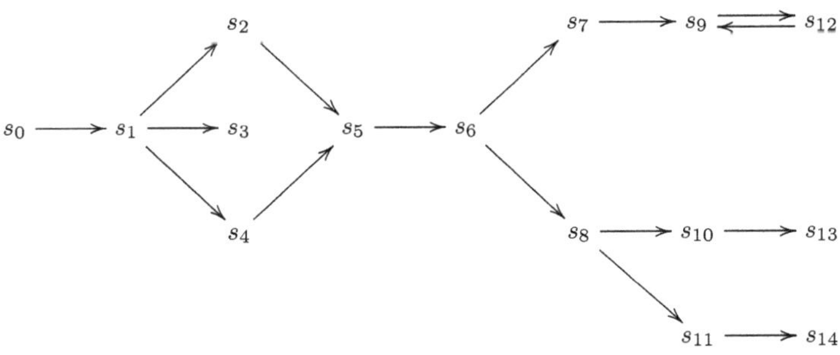

Abb. 4.3: Die Kanten zwischen s_9 und s_{12} sind interessant.

> **!** *Kleinste* Relation bedeutet hier, dass die neue Relation maßgeschneidert ist: Ist S eine transitive Relation mit $R \subseteq R$, so gilt auch $R^+ \subseteq S$. Das kann man gelegentlich für Beweise ganz gut nutzen.

$\triangle$ **Charli**: Die Hüllenbildung ist mitunter ganz praktisch. In Abbildung 4.4 ist der Teilbarkeitsgraphen der Zahl 24 angegeben, links der Graph selbst, rechts ein Gerüst, das den Graphen erzeugt. Wir geben also nur das Gerüst an, den Rest erledigt die Hüllenbildung für uns.

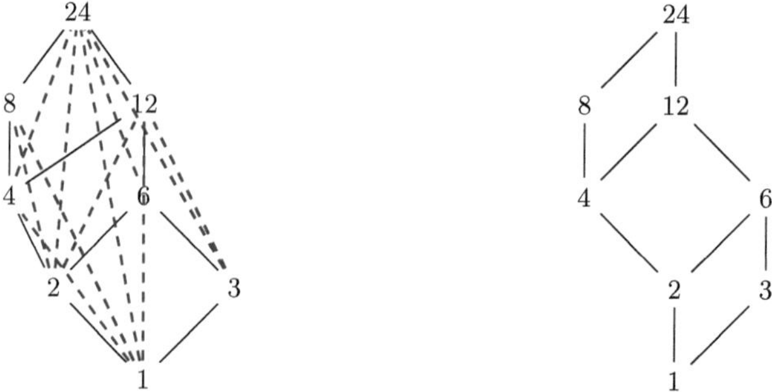

Abb. 4.4: Teilbarkeitsgraph für die Zahl 24, rechts das Gerüst

∇ **Trullo**: Ja, man sieht, dass es links eine Kante $\langle 2, 24 \rangle$ gibt, rechts kommt man zum Beispiel über den Pfad $\langle 2, 4, 12, 24 \rangle$ dorthin.

Damit sind die wesentlichen Relations-Typen bekannt. Wir wissen, wie man Relationen verknüpft, wie man sie umkehrt und diverse Hüllen bildet. Zudem kennen wir das – arbeitssparende – Gerüst einer Relation. All das wird uns als Werkzeug für die Diskussion der Semantik modaler Logiken nützlich sein.

4.1.2 Rahmen und Kripke-Modelle

Rahmen lassen sich kurz und bündig als Welt + Relation definieren, wobei die Relation für die dynamische Komponente zuständig ist, Kripke-Modelle als Rahmen + Bewertung, wobei eine Bewertung die Interpretation der atomaren Aussagen übernimmt. Das sind alle Ingredienzien, die wir zur Definition der Semantik einer modalen Formel benötigen.

> Zur Interpretation der einfachen modalen Logik müssten wir uns zunächst überlegen, wie wir die atomaren Aussagen interpretieren. Dazu benötigen wir zuerst eine Trägermenge oder ein Universum W. Gelegentlich nennt man die Elemente von W auch *Welten*.

△ **Charli**: Also, in einer Welt w kann eine atomare Aussage gelten, in einer anderen kann sie falsch sein. Gehört Utopia zu unseren Welten, und ist Geld $\in \mathfrak{C}$, so könnte man Geld dort nicht gelten lassen, in anderen, wie z.B. Trumplandia, natürlich schon.

▽ **Trullo**: Das heißt, wir sammeln für jede atomare Aussage alle Welten, in denen sie gilt. Formal ist das eine Abbildung $\mathfrak{C} \to \mathcal{P}(W)$, oder nicht?

△ **Charli**: Ja, und die Möglichkeiten, die sich in einer Welt ergeben, modellieren wir mit einer Relation R. In einer Welt w sind dann Transitionen aus der Menge $\{w' \in W \mid \langle w, w' \rangle \in R\} = R(w)$ möglich.

▽ **Trullo**: Also, wenn R als Graph dargestellt wird, dann sind das alle Welten w', zu denen man direkt von w aus gelangt.

> Wir können diese Welten w' charakterisieren durch $w \xrightarrow{R} w'$. Dann können wir $R(w)$ auch schreiben als
> $$R(w) = \{w' \mid w \xrightarrow{R} w'\}.$$

△ **Charli**: Ist R die Teilbarkeitsrelation aus Abbildung 4.4 (links), so kommt man von der Welt 4 zu den Welten $8, 12, 24$.

▽ **Trullo**: Wir definieren jetzt Rahmen und Kripke-Modelle.

- Ein *Rahmen* (W, R) ist eine Menge W von Welten zusammen mit einer Relation $R \subseteq W \times W$, der *Übergangsrelation*.
- Eine *Kripke-Modell* $\mathcal{R} = (W, R, \ell)$ besteht aus einem Rahmen (W, R) und einer Bewertung ℓ, also einer Abbildung $\ell : \mathfrak{C} \to \mathcal{P}(W)$.

Die Trägermenge W des Modells wird gelegentlich auch als $|\mathcal{R}|$ notiert.

> ! Rahmen sind fest eingebaut, Modelle nutzen diese Rahmen für ihre Zwecke. Das ist wie mit Fensterrahmen, die in einem Haus fest eingebaut sind und mit unterschiedlichen Scheiben versehen oder mit Vorhängen dekoriert werden können. Die Sicht aus einem Fenster bestimmt der Rahmen, auch wenn die Scheiben die Sichtbarkeit beschränken oder filtern können.
>
> Wir werden die Beobachtung, dass Rahmen eine feste Fundierung bieten, später substantiell nutzen.

$\triangle$ **Charli**: Mit einem Kripke-Modell $\mathcal{R}$ können wir jetzt für eine Welt $w \in |\mathcal{R}|$ bestimmen, wann eine Formel dort gilt:

$$
\begin{aligned}
\mathcal{R}, w \models \bot \quad &\Leftrightarrow w \in \varnothing, \\
\mathcal{R}, w \models p \quad &\Leftrightarrow w \in \ell(p), \text{ falls } p \in \mathfrak{C}, \\
\mathcal{R}, w \models \varphi_1 \wedge \varphi_2 &\Leftrightarrow \mathcal{R}, w \models \varphi_1 \text{ und } \mathcal{R}, w \models \varphi_2, \\
\mathcal{R}, w \models \neg\varphi \quad &\Leftrightarrow \mathcal{R}, w \models \varphi \text{ ist falsch}, \\
\mathcal{R}, w \models \Diamond\varphi \quad &\Leftrightarrow \text{es gibt } w' \in R(w) \text{ mit } w' \models \varphi.
\end{aligned}
$$

∇ **Trullo**: Also gilt $\bot$ nie, das ist klar. Der interessante Teil ist die letzte Definition: Um zu bestimmen, ob $\mathcal{R}, w \models \Diamond\varphi$ gilt, müssen wir in der Relation R nachsehen, ob wir eine Welt w' finden, die R-Nachfolger von w ist, so dass $\mathcal{R}, w' \models \varphi$ gilt. Das beschreibt die Möglichkeit einer Transition.

$\triangle$ **Charli**: Klar ist auch, dass $\mathcal{R}, w \models \Box\varphi$ genau dann gilt, wenn $\mathcal{R}, w' \models \varphi$ für alle R-Nachfolger w' von w, also alle w' mit $\langle w, w' \rangle \in R$. Das beschreibt die Notwendigkeit.

∇ **Trullo**: Die Menge aller Welten, in denen eine Formel φ gilt, wird durch

$$
\llbracket \varphi \rrbracket_{\mathcal{R}} := \{ w \in |\mathcal{R}| \mid \mathcal{R}, w \models \varphi \} \tag{4.8}
$$

beschrieben, die Menge aller in einer Welt w gültigen Formeln durch

$$
Th_{\mathcal{R}}(w) := \{ \varphi \mid \mathcal{R}, w \models \varphi \}, \tag{4.9}
$$

die *Theorie* von w.

$\triangle$ **Charli**: Hübsch symmetrisch. Das ist so eine Dualität

$$
\varphi \in Th_{\mathcal{R}}(w) \Leftrightarrow w \in \llbracket \varphi \rrbracket_{\mathcal{R}}.
$$

Man kann die Gültigkeitsmengen jetzt auch so definieren:

$$\begin{aligned}
[\![\bot]\!]_{\mathcal{R}} &:= \varnothing, \\
[\![c]\!]_{\mathcal{R}} &:= \ell(c) \text{ für } c \in \mathfrak{C}, \\
[\![\varphi_1 \wedge \varphi_2]\!]_{\mathcal{R}} &:= [\![\varphi_1]\!]_{\mathcal{R}} \cap [\![\varphi_2]\!]_{\mathcal{R}}, \\
[\![\neg\varphi]\!]_{\mathcal{R}} &:= W \backslash [\![\varphi]\!]_{\mathcal{R}}, \\
[\![\Diamond\varphi]\!]_{\mathcal{R}} &:= \{w \mid R(w) \cap [\![\varphi]\!]_{\mathcal{R}} \neq \varnothing\}.
\end{aligned}$$

$\triangledown$ **Trullo:** Na gut, vielleicht können wir das ja irgendwo gebrauchen. Ein paar Beispiele wären ganz nützlich. Vorher überlegen wir, dass gilt

$$\mathcal{R}, w \models \Box\varphi \Leftrightarrow R(w) \subseteq [\![\varphi]\!]_{\mathcal{R}}. \tag{4.10}$$

$\triangle$ **Charli:** Die Richtung „$\Rightarrow$" ist ziemlich klar: wenn $\mathcal{R}, w \models \Box\varphi$ gilt, so bedeutet das, dass $\mathcal{R}, w \models \Diamond\neg\varphi$ falsch ist. Für alle $w' \in R(w)$ ist also $\mathcal{R}, w' \models \neg\varphi$ falsch, also $\mathcal{R}, w' \models \varphi$, d.h. $w' \in [\![\varphi]\!]_{\mathcal{R}}$.

$\triangledown$ **Trullo:** Die Richtung „$\Leftarrow$" wird ähnlich bewiesen: Falls $R(w) \subseteq [\![\varphi]\!]_{\mathcal{R}}$, aber $\mathcal{R}, w \models \Box\varphi$ falsch ist, also $\mathcal{R}, w \models \Diamond\neg\varphi$ wahr ist, findet sich ein $w' \in R(w)$ mit $\mathcal{R}, w' \models \neg\varphi$, also kann $R(w) \subseteq [\![\varphi]\!]_{\mathcal{R}}$ nicht gelten, im Widerspruch zur Annahme.

Die Beobachtung hilft uns jetzt bei den Beispielen.

$\triangle$ **Charli:** Die Menge $\mathfrak{C} = \{p\}$ der atomaren Aussagen besteht nur aus p; $W := \{a, b, c\}$, R ist gegeben durch

$$a \longleftarrow c \longrightarrow b$$

und $\ell(p) := \{c\}$ Ist $\mathcal{R}, c \models p \rightarrow \Box\Diamond p$ wahr (wenn p in c gilt, dann ist notwendigerweise p in c möglich)?

$\triangledown$ **Trullo:** Wir müssten also zeigen, dass $\mathcal{R}, c \models \Box\Diamond p$, also $R(c) \subseteq [\![\Diamond p]\!]_{\mathcal{R}}$. Nun gilt

$$\begin{aligned}
[\![\Diamond p]\!]_{\mathcal{R}} &= \{w \mid R(w) \cap [\![p]\!]_{\mathcal{R}} \neq \varnothing\} \\
&= \{w \mid R(w) \cap \{c\} \neq \varnothing\} \\
&= \{w \mid c \in R(w)\} \\
&= \varnothing,
\end{aligned}$$

andererseits $R(c) = \{a, b\}$. Also gilt die Aussage nicht.

$\triangle$ **Charli:** Sei $W := \{1, 2, 3, 4, 5\}$ mit dieser ziemlich flachen Relation R:

$$1 \longrightarrow 2 \longrightarrow 3 \longrightarrow 4 \longrightarrow 5$$

. Wir setzen $\mathfrak{C} := \{p, q, r\}$ als Menge der atomaren Aussagen mit

$$\ell(t) := \begin{cases} \{2, 3\}, & t = p, \\ \{1, 2, 3, 4, 5\}, & t = q, \\ \varnothing, & t = r. \end{cases}$$

Also:

- $\mathcal{R}, 1 \models \Diamond \Box p$: Dies gilt, da $\mathcal{R}, 3 \models p$ (weil $3 \in \ell(p)$), also $\mathcal{R}, 2 \models \Box p$, daher $\mathcal{R}, 1 \models \Diamond \Box p$.
- $\mathcal{R}, 1 \not\models \Diamond \Box p \to p$: Da $1 \notin \ell(p)$, haben wir $\mathcal{R}, 1 \not\models p$.
- $\mathcal{R}, 2 \models \Diamond(p \wedge \neg r)$: Der einzige Nachfolger von 2 in R ist Zustand 3, und wir sehen, dass $3 \in \ell(p)$ und $3 \notin \ell(r)$.
- $\mathcal{R}, 1 \models q \wedge \Diamond(q \wedge \Diamond(q \wedge \Diamond(q \wedge \Diamond q)))$: Weil $1 \in \ell(q)$ und 2 der Nachfolger von 1 ist, untersuchen wir, ob $\mathcal{R}, 2 \models q \wedge \Diamond(q \wedge \Diamond(q \wedge \Diamond q))$ gilt. Da $2 \in \ell(q)$ und $\langle 2, 3 \rangle \in R$, schauen wir uns $\mathcal{R}, 3 \models q \wedge \Diamond(q \wedge \Diamond q)$ an; jetzt $\langle 3, 4 \rangle \in R$ und $\mathcal{R}, 3 \models q$, also untersuchen wir $\mathcal{R}, 4 \models q \wedge \Diamond q$. Da $4 \in \ell(q)$ und $\langle 4, 5 \rangle \in R$, finden wir, dass dies wahr ist. Sei φ die Formel $q \wedge \Diamond(q \wedge \Diamond(q \wedge \Diamond(q \wedge \Diamond q)))$, dann zeigt dieses Abräumen von Klammern, dass $\mathcal{R}, 2 \not\models \varphi$, weil $\mathcal{R}, 5 \models \Diamond p$ nicht gilt.
- $\mathcal{R}, 1 \not\models \Diamond \varphi \wedge q$: Da $\mathcal{R}, 2 \not\models \varphi$, und da Zustand 2 der einzige Nachfolger von 1 ist, sehen wir, dass $\mathcal{R}, 1 \not\models \varphi$.
- $\mathcal{R}, w \models \Box q$: Dies gilt für alle Welten w, weil $R(w) \subseteq \ell(q)$.

∇ **Trullo**: Ein Beispiel mitten aus der Unterhaltungselektronik. Die Logik für den Plattenspieler hat zwei atomare Aussagen, $\mathfrak{C} := \{\mathbf{an}, \mathbf{aus}\}$. Unser Kripke-Modell $\mathcal{R}$ hat als Träger $W := \{\mathbf{sp}, \mathbf{st}, \mathbf{to}\}$ (**sp**ielt, **st**umm, **to**t) mit $\ell(\mathbf{an}) := \{\mathbf{sp}, \mathbf{to}\}$ und $\ell(\mathbf{aus}) := \{\mathbf{st}, \mathbf{to}\}$. Das ist Übergangsrelation R:

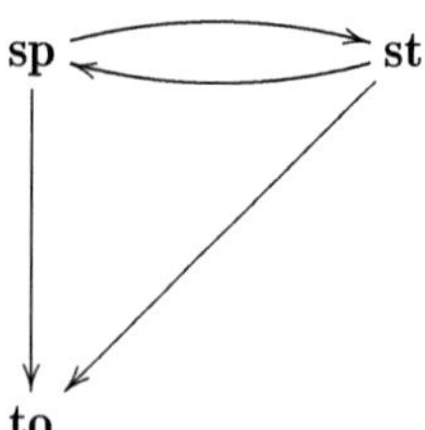

1. Man sieht $R(\mathbf{sp}) = \{\mathbf{st}, \mathbf{to}\}$, $R(\mathbf{st}) = \{\mathbf{sp}, \mathbf{to}\}$ und $R(\mathbf{to}) = \varnothing$. Daraus berechnet man $[\![\mathbf{aus}]\!]_\mathcal{R} = \{\mathbf{st}, \mathbf{to}\}$ und $R^{-1}[[\![\mathbf{aus}]\!]_\mathcal{R}] = \{\mathbf{sp}, \mathbf{st}\}$, also $\mathcal{R}, \mathbf{sp} \models \Diamond\,\mathbf{aus}$ (wenn der Spieler spielt, kann er anschließend ausgeschaltet werden), aber auch $\mathcal{R}, \mathbf{st} \models \Diamond\,\mathbf{aus}$. Offensichtlich gilt $\mathcal{R}, \mathbf{to} \not\models \Diamond\Diamond\,\mathbf{aus}$, jedoch $\mathcal{R}, \mathbf{to} \models \Box\Diamond\,\mathbf{aus}$.

2. Man sieht auch $[\![\mathbf{an} \to \Diamond\,\mathbf{aus}]\!]_{\mathcal{R}} = W\backslash[\![\mathbf{an}]\!]_{\mathcal{R}} \cup [\![\Diamond\,\mathbf{aus}]\!]_{\mathcal{R}} = \{\mathbf{st}\} \cup \{\mathbf{sp},\mathbf{st}\} = \{\mathbf{sp},\mathbf{st}\}$ und $[\![\Box\,\Diamond\,\mathbf{aus}]\!]_{\mathcal{R}} = \{\mathbf{to}\}$, also ist $\mathcal{R}, w \models (\mathbf{an} \to \Diamond\,\mathbf{aus}) \to \Box\,\Diamond\,\mathbf{aus}$ für alle $w \in W$ richtig.

$\triangle$ **Charli**: Ich erinnere daran, statt wir $\langle x, y \rangle \in R$ auch schreiben können als $x \xrightarrow{R} y$.

∇ **Trullo**: Ja, versuchen wir's mit dieser Schreibweise. Machen wir weiter mit der Teilbarkeitsrelation als Übergangsrelation R für $W := \{1, 2, 4, 6, 8, 12, 24\}$

$$\langle x, y \rangle \in R \Leftrightarrow x \text{ ist ein echter Teiler von } y,$$

siehe Abbildung 4.4 (links) und $\mathfrak{C} := \{p, q\}$. Wir haben also zwei atomare Aussagen p und q, für die wir definieren $\ell(p) := \{4, 8, 12, 24\}$ und $\ell(q) := \{6\}$. Dann gilt zum Beispiel:

- $\mathcal{R}, 4 \models \Box p$: $R(4) = \{8, 12, 24\} \subseteq \ell(p)$,
- $\mathcal{R}, 6 \models \Box p$: analog,
- $\mathcal{R}, 2 \not\models \Box p$: $2 \xrightarrow{R} 6$, aber $6 \notin \ell(p)$,
- $\mathcal{R}, 2 \models \Diamond(q \wedge \Box p) \wedge \Diamond(\neg q \wedge \Box p)$: $2 \xrightarrow{R} 6$ mit $\mathcal{R}, 6 \models q \wedge \Box p$, $2 \xrightarrow{R} 4$ mit $\mathcal{R}, 4 \models \neg q \wedge \Box p$.

$\triangle$ **Charli**: Ich behaupte, dass $\mathcal{R}, w \models \Diamond(p \wedge q) \to \Diamond p \wedge \Diamond q$ für jedes Kripke-Modell $\mathcal{R} = (W, R, \ell)$ gilt. Nehmen wir an, dass $\mathcal{R}, w \models \Diamond(p \wedge q)$ gilt. Dann gibt es w' mit $w \xrightarrow{R} w'$, so dass $\mathcal{R}, w' \models p \wedge q$, nach Definition also $\mathcal{R}, w' \models p$ oder $\mathcal{R}, w' \models q$. Das bedeutet aber $\mathcal{R}, w \models \Diamond p$ oder $\mathcal{R}, w \models \Diamond q$, was wir zeigen wollten.

∇ **Trullo**: Manchmal reicht eine einzige Modalität nicht aus, wenn wir angemessen modellieren wollen. Das ist zum Beispiel der Fall, wenn nach unterschiedliche Aktionen unterschiedliche Reaktionen erfolgen sollen. Das ist so ähnlich wie bei Automaten: es findet ein Zustandswechsel statt, der aber abhängig von der Eingabe sein kann.

Wir erweitern also unsere Logik ein wenig, indem wir eine Menge A von *Aktionen* hinzufügen, und für jede Aktion a eine eigene Modalität $\langle a \rangle$ vorsehen. Die Grammatik wird dann so angepasst:

$$\varphi ::= \bot \mid p \mid \varphi_1 \wedge \varphi_2 \mid \neg\varphi \mid \langle a \rangle \varphi \tag{4.11}$$

mit $p \in \mathfrak{C}$ und $a \in A$.

$\triangle$ **Charli**: Dann passen wir sicher auch den Operator $\Box$ an, Vorschlag: $[a]\,\varphi := \neg\langle a \rangle\neg\varphi$. Und die *Kripke-Modelle* werden auch gleich angepasst: Statt einer Relation R benötigen wir jetzt eine ganze Familie $(R_a)_{a \in A}$ von Relationen.

> ❗ Da passiert nichts Aufregendes. Statt einer Relation R arbeiten wir nun mit einer ganzen Schar von Relationen R_a in Abhängigkeit von Aktionen. Die Vorgehensweise ändert sich aber nicht.

▽ **Trullo**: Nehmen wir zur Demonstration an, dass die Aktionen sind Programme sind, so dass A eine Menge von Programmen ist. Dann bedeutet $\mathcal{R}, w \models \langle a \rangle \varphi$, dass nach Ausführung des Programms a die Formel φ gelten kann, damit $\langle a \rangle \varphi$ in der Welt w gilt.

△ **Charli**: Und analog, $[a]\,\varphi$ bedeutet, dass nach Ausführung des Programms a die Formel φ notwendig gilt, also gelten muss.

▽ **Trullo**: Ja, schön; das wird dann in einem Kripke-Modell so modelliert, dass wir für jedes Programm $a \in A$ eine Relation $R_a \subseteq |\mathcal{R}| \times |\mathcal{R}|$ formulieren. $\langle x, y \rangle \in R_a$ bedeutet dann, dass y der Effekt des Programms a auf x ist.

△ **Charli**: Soweit, so gut, so langweilig.

▽ **Trullo**: Langweilig?

△ **Charli**: Programme wirken hier sozusagen atomar – man kann sie nicht kombinieren, z.B. hintereinander ausführen oder gar iterieren. Man kann auch nicht ihr Ergebnis abfragen. Tja, halt langweilig.

> ❗ Die Anmerkung von Charli bezieht sich darauf, dass die Familie $(R_a)_{a \in A}$ statisch ist, Programme aber ihrer Natur nach dynamisch sind. Man kann jetzt versuchen, in die Menge A alle nur möglichen Programme zu packen. Das ist aber nicht erstrebenswert, weil Programme ja auch in Beziehung zueinander stehen, z. B. kombiniert werden können. Dieser Beziehung müsste A auch gerecht werden.
>
> Wir gehen einen anderen Weg und konstruieren Relationen parallel zur Programmkonstruktion. Das gegebene Kripke-Modell ist also nur die Basis-Version, der Bauplan für die neuen Relationen kommt aus dem Bauplan für Programme. Also konstruieren wir hier eine Art dynamische Interpretation.

▽ **Trullo**: Wir zeigen jetzt, dass wir A zur Menge der atomaren Programme ernennen können, aus denen wir dann komplexere zusammenstellen.

Das geht so: Die Menge der Programme wird definiert durch diese Grammatik

$$t ::= a \mid t_1 \cup t_2 \mid t_1; t_2 \mid t^* \mid \varphi? \tag{4.12}$$

mit $a \in A$, φ ist eine Formel der zugrundeliegenden modalen Logik.

$\triangle$ **Charli:** Die Interpretation sollte nicht schwer sein: $t_1 \cup t_2$ bezeichnet die nichtdeterministische Auswahl zwischen den Programmen t_1 und t_2, $t_1; t_2$ die sequentielle Ausführung von t_1 und t_2 in dieser Reihenfolge, und t^* die Iteration des Programms t endlich oft oder nie. Das Programm $\varphi?$ testet, ob die Formel φ gilt; $\varphi?$ dient als Wächter: $(\varphi?; t_1) \cup (\neg\varphi?; t_2)$ testet ob φ gilt, wenn ja, wird t_1 ausgeführt, andernfalls t_2.

∇ **Trullo:** Die informelle Bedeutung von $\langle t \rangle \varphi$ ist also, dass die Formel φ nach der Ausführung des Programms t gilt.

$\triangle$ **Charli:** Ja, schön, aber jetzt wird's kompliziert. Haben wir denn für jedes Programm t eine Relation R_t in unserem Kripke-Modell? Und falls ja: Wie verhält sich denn, sagen wir, $R_{t_1; t_2}$ zu R_{t_1} und zu R_{t_2}?

∇ **Trullo:** Sehen wir uns doch eine *pipe* der Form $t_1; t_2$ genauer an und diskutieren $\mathcal{R}, w \models \langle t_1; t_2 \rangle \varphi$. Es ist also möglich, dass die Formel φ nach der Ausführung der Programmfolge $t_1; t_2$ in der Welt w gilt. Das bedeutet doch, dass wir uns nach der Ausführung von t_1 in einem Zwischenzustand $w' \in R_{t_1}(w)$ befinden, in diesem Zwischenzustand t_2 ausführen und in einen Zustand $w'' \in R(w')$ gelangen, in dem dann φ gelten soll. Für den Zwischenzustand w' sieht es so aus:

$$w \xrightarrow{R_{t_1}} w' \xrightarrow{R_{t_2}} w''.$$

Im Hinblick auf den Zwischenzustand w' nehmen wir nur an, dass er existiert, sozusagen als Bindeglied. Das bedeutet aber, dass wir für die Komposition $t_1; t_2$ als Relation $R_{t_1; t_2}$ das Produkt $R_{t_1} \circ R_{t_2}$ der Einzelrelationen R_{t_1} und R_{t_2} nehmen sollten.

> Ein Beispiel aus der LINUX-Welt. Wenn man wissen möchte, wie viele `tex`-Dateien in einem Verzeichnis sind, kann man
>
> ```
> ls *.tex | wc -l
> ```
>
> ausführen (der senkrechte Strich | dient zur Verkettung, in unserer Sprache ist es das Semikolon ;). Diese *pipe* fertigt eine Liste der Namen von `tex`-Dateien an, jeder Name steht in einer einzigen Zeile (das tut `ls *.tex`), die dann vom nächsten Programm (`wc -l`) gezählt werden. Diese Anzahl wird ausgegeben, die Liste als Zwischenergebnis wird nicht mehr benötigt.

∇ **Trullo**: An einem Beispiel wird die Arbeitsweise klar, denke ich.

$$\mathcal{R}, w \models \langle t_1 ; t_2 \rangle \varphi \Leftrightarrow \mathcal{R}, w' \models \varphi \text{ und } \langle w, w' \rangle \in R_{t_1 ; t_2} \text{ für ein } w'$$
$$\Leftrightarrow \langle w, w'' \rangle \in R_{t_1} \text{ und } \langle w'', w' \rangle \in R_{t_2} \text{ für ein } w' \in [\![\varphi]\!]_{\mathcal{R}} \text{ und ein } w'' \in W$$
$$\Leftrightarrow \langle w, w'' \rangle \in R_{t_1} \text{ für ein } w'' \in [\![\langle t \rangle_2 \varphi]\!]_{\mathcal{R}}$$
$$\Leftrightarrow \mathcal{R}, w \models \langle t_1 \rangle \langle t_2 \rangle \varphi$$

∇ **Trullo**: Das zeigt, dass $\langle t_1 ; t_2 \rangle \varphi$ und $\langle t_1 \rangle \langle t_2 \rangle \varphi$ semantisch äquivalent sind. Das ist intuitiv recht anschaulich (und lässt vermuten, dass wir auf dem richtigen Weg sind).

$\triangle$ **Charli**: Mal sehen, eine ähnliche Argumentation wie für *pipes* lässt sich für die nichtdeterministische Auswahl $t_1 \cup t_2$ finden. Wenn $\langle w, w' \rangle \in R_{t_1} \cup R_{t_2}$ gilt, so wissen wir, dass $\langle w, w' \rangle \in R_{t_1}$ oder $\langle w, w' \rangle \in R_{t_2}$ gelten muss. Das reflektiert die Beobachtung, dass wir einen neuen Zustand w' erreichen können, indem wir t_1 oder t_2 ausführen. Daher sollte es uns die Ausführung von $t_1 \cup t_2$ im Zustand w ermöglichen, diesen Zustand nach Ausführung eines der beiden Programme zu erreichen. Das spricht dafür, $R_{t_1 \cup t_2}$ als $R_{t_1} \cup R_{t_2}$ zu definieren.

∇ **Trullo**: Machen wir mal weiter mit der Iteration des Programms t. Klar, wenn t noch einmal ausgeführt wird, schreiben wir das als *pipe* $t ; t =: t^2$, dreimalige Ausführung ist dann $t ; t ; t =: t^3$, etc. Wir setzen induktiv $t^0 := \texttt{noop}$, das leere Programm (gelegentlich auch mit `tuNix` bezeichnet), und $t^{n+1} := t^n ; t$. Ausgehend von R_t ist dann die zugehörige Relation R_{t^n} ebenfalls induktiv definiert als

$$R_{t^0} := id_{|\mathcal{R}|},$$
$$R_{t^{n+1}} := R_{t^n} \circ R_t.$$

Wenn wir also t^* ausführen, also das Programm t als Schleife mit vorher nicht festgelegter Länge (vielleicht auch überhaupt nicht), so sollte definiert werden

$$R_{t*} := \bigcup_{n \geqslant 0} R_{t^n}.$$

$\triangle$ **Charli**: Ein Blick auf (4.6) auf Seite 107 zeigt, dass das gerade die reflexive-transitive Hülle von R_t ist, also:

$$R_{t*} := R_t^*.$$

Das ist ja eine ganz hübsche Korrespondenz: die nichtdeterministische Auswahl wird übersetzt in die Vereinigung, die Hintereinanderausführung von Programmen (*pipe*) in die Komposition, und die Iteration in die reflexive-transitive Hülle.

∇ **Trullo**: Bleibt noch der Test zu untersuchen, der als Wächter dient. Falls die Formel φ gilt, wollen wir t ausführen. Das bedeutet, dass wir hier auf ein Modell angewiesen sind, während die bisherigen Operationen algebraisch spezifiziert haben, wie die Relationen konstruiert werden. Es bedeutet aber auch, dass bei der Untersuchung von φ? keine Transition stattfindet, der Zustand also bleibt, wie er ist.

$\triangle$ **Charli**: Klar, denn die Überprüfung der Gültigkeit darf ja keine Zustandsänderung bewirken.

∇ **Trullo**: Damit definieren wir

$$R_{\varphi?} := \{\langle w, w \rangle \mid \mathcal{R}, w \models \varphi\}.$$

$\triangle$ **Charli**: Wir könnten jetzt mal als Beispiel $R_{\varphi?;t}$ ausrechnen:

$$R_{\varphi?;t} = R_{\varphi?} \circ R_t = \{\langle w, w' \rangle \mid \mathcal{R}, w \models \varphi \text{ und } \langle w, w' \rangle \in R_t\} = \left(\llbracket \varphi \rrbracket_{\mathcal{R}} \times |\mathcal{R}|\right) \cap R_t.$$

Also gilt $\mathcal{R}, w \models \langle \varphi?; t \rangle \psi$ genau dann, wenn $\mathcal{R}, w \models \varphi$ und $\mathcal{R}, w \models \langle t \rangle \psi$.

∇ **Trullo**: Na fein, dann können wir ja die Verzweigung von Programmen durch den Test-Operator und die nichtdeterministische Auswahl ausdrücken:

$$\mathcal{R}, w \models \left(\langle \varphi?; t_1 \rangle \cup \langle \neg\varphi?; t_2 \rangle\right)\psi \Longleftrightarrow \begin{cases} \mathcal{R}, w \models \langle t_1 \rangle \psi, & \text{falls } \mathcal{R}, w \models \varphi, \\ \mathcal{R}, w \models \langle t_2 \rangle \psi, & \text{sonst.} \end{cases}$$

$\triangle$ **Charli**: Die Logik die wir gerade angesehen haben und deren Grammatik in (4.12) beschrieben ist, läuft in der Literatur unter dem Namen *PDL*, eine Abkürzung für *propositional dynamic logic*. Sie ist auch deshalb interessant, weil

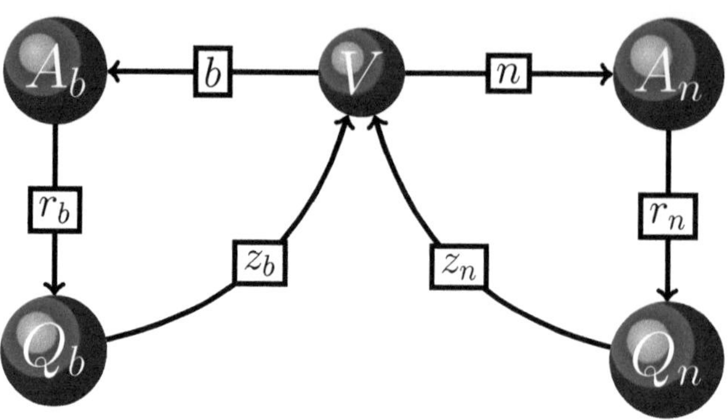

Abb. 4.5: Wahl-O-Mat

ein Kripke-Modell nur durch ein Skelett gegeben ist, nämlich durch die Relationen für die atomaren Programme. Da komplexere Programme dynamisch aus atomaren durch feste Regeln erzeugt werden, werden auch die Relationen R_t zur Interpretation der Möglichkeitsoperatoren $\langle t \rangle$ dynamisch aus den Relationen für die atomaren Programme nach festen Regeln erzeugt. Die Korrespondenz zwischen beiden Familien für die Konstruktion haben wir ja gerade oben gesehen.

$\triangle$ **Charli**: Ich hätte da noch ein anderes Beispiel. In einem Land nach unserer Zeit ...

∇ **Trullo**: Du liest wohl zu viele Science-Fiction-Romane?

$\triangle$ **Charli**: ...gibt es nur zwei Parteien, die BIANCHIS und die NEROS. Um die Wähler nicht mit überflüssigen, vielleicht sogar selbstständigen Überlegungen zu belasten, haben sie einen Wahl-O-Maten entwickelt. Der arbeitet wie in Abbildung 4.5 gezeigt.

∇ **Trullo**: Na fein, aber wie funktioniert das?

$\triangle$ **Charli**: Der Benutzer gibt entweder ein n oder ein b ein, V stellt die Eingabeschnittstelle dar. Ich nehme mal an, es wird n eingegeben, für b geht es ähnlich. Der O-Mat geht dann in den Zustand A_n über („Informationen über n angefordert") und bereitet mit dem Signal r_n die Ausgabe von r_n vor. Dann geht er in den Zustand Q_n über und gibt das Material aus. Mit dem Signal z_n geht der O-Mat wieder in den Anfangszustand V zurück.

∇ **Trullo**: Also sind r_n und z_n Signale, die nicht von außen kommen, aber die Arbeitsweise des O-Maten beschreiben. Zum Beispiel ist bei r_n klar, dass das Material für die NEROS ausgegeben wird. Deshalb identifizieren wir r_n mit dem Material für die NEROS, analog r_b für die BIANCHIS.

> **!**
>
> Der Wahl-O-Mat soll jetzt dazu dienen, die Anwendung einer erweiterten modalen Logik gemäß (4.11) zu illustrieren. Dazu muss man die Logik aber erst einmal haben ....
>
> Als erstes sollte also eine modale Logik mit einer Interpretation konstruiert werden.

△ **Charli**: Ich möchte jetzt wissen, ob ich bei Eingabe von b oder n Material für die NEROS bzw. BIANCHIS bekomme, oder dass ich nicht bei dieser Eingabe Material für beide bekomme, etc.

▽ **Trullo**: Es läuft also auf eine Modellierung durch eine modale Logik hinaus. Wir haben aber keine Relationen.

△ **Charli**: Wir schnitzen uns welche, und zwar so. Zunächst legen wir

$$W := \{V, A_b, Q_b, A_n, Q_b\},$$
$$S := \{b, n, r_b, z_b, r_n, z_n\}$$

als Menge der Welten und der elementaren Tätigkeiten fest.

▽ **Trullo**: Jeder elementaren Tätigkeit in S ist eine Relation zugeordnet:

$$V \xrightarrow{R_b} A_b, V \xrightarrow{R_n} A_n, A_b \xrightarrow{R_{r_b}} Q_b, A_n \xrightarrow{R_{r_n}} Q_n, Q_b \xrightarrow{R_{z_b}} V, Q_n \xrightarrow{R_{z_n}} V.$$

Für jede Menge $B \subseteq S$ definieren wir die Relation $R_B := \bigcup_{j \in B} R_j$. Also gilt $w \xrightarrow{R_B} w'$ genau dann, wenn es eine elementare Tätigkeit $j \in B$ gibt mit $w \xrightarrow{R_j} w'$.

△ **Charli**: Es gilt z. B. $R_{\{b,n\}} = \{\langle V, A_b\rangle, \langle V, A_n\rangle\}$ oder $R_{\{r_b,r_n\}} = \{\langle A_b, Q_b\rangle, \langle A_n, Q_n\rangle\}$.

▽ **Trullo**: Damit definieren wir jetzt eine erweiterte modale Logik analog zur Logik in (4.11). Wir setzen $\mathfrak{C} := \varnothing$ und

$$\varphi ::= \bot \mid \varphi_1 \wedge \varphi_2 \mid \neg\varphi \mid \langle B\rangle\varphi \tag{4.13}$$

mit $B \in \mathcal{P}(S)$.

△ **Charli**: Und wir liefern das Kripke-Modell $\left(W, (R_B)_{B \in \mathcal{P}(W)}, \varnothing\right)$ gleich mit.

> **!**
>
> Der Wahl-O-Mat ist jetzt stolzer Besitzer einer erweiterten modalen Logik und ihrer Interpretation.

∇ **Trullo**: Wir sehen uns am besten gleich mal einige Beispiele für interessante Formeln an. Vorher eine Notation: wo immer es geht, lassen wir Mengenklammern weg. Also:

Ich behaupte, es gilt $V \models [b, n]\langle r_b, r_n\rangle\top$ (wenn ich b oder n eingebe, gibt der O-Mat r_b oder r_n heraus).

$\triangle$ **Charli**: Weil $R_{b,n}(V) = \{A_b, A_n\}$ müssen wir zeigen, dass $A_b \models \langle r_b, r_n\rangle\top$ und $A_n \models \langle r_b, r_n\rangle\top$ gilt. Sehen wir uns A_b an: Weil $R_{r_b, r_n}(A_b) = \{Q_b\}$ und weil $Q_b \models \top$, sehen wir, dass $A_b \models \langle r_b, r_n\rangle\top$ gilt. Für A_n argumentiert man genauso. Damit ist gezeigt, dass $V \models [b, n]\langle r_b, r_n\rangle\top$ gilt.

∇ **Trullo**: Es gilt dagegen $V \not\models [b, n]\left(\langle r_b\rangle\top \wedge \langle r_n\rangle\top\right)$ (wenn man b oder n eingibt, bekommt man nicht das Material beider Parteien).

Das sieht man so: Falls $V \models [b, n]\left(\langle r_b\rangle\top \wedge \langle r_n\rangle\top\right)$, so müsste wegen $R_{b,n}(V) = \{A_b, A_n\}$ gelten $A_b \models \left(\langle r_b\rangle\top \wedge \langle r_n\rangle\top\right)$ und $A_n \models \left(\langle r_b\rangle\top \wedge \langle r_n\rangle\top\right)$. Weil aber $R_{r_n}(A_b) = \varnothing$ (denn $R_{r_b} = \{\langle A_b, Q_b\rangle\}$), ist die erste Aussage falsch, analog die zweite. Das ist ein Widerspruch.

$\triangle$ **Charli**: Wir wollen auch beschreiben können, was geschieht, wenn wir etwas nicht tun, also z. B. wenn wir nicht b eingeben und intern nicht r_n ausgelöst wird. Das geschieht mit dem Komplement der entsprechenden Menge, das wir mit $\overline{}$ beschreiben, also z. B. $\overline{b, r_n} = \{n, r_b, z_b, z_n\}$.

∇ **Trullo**: Wir sehen uns $V \models [b]\left([\overline{r_b}]\bot \wedge \langle r_n, b\rangle\top\right)$ an.

Wegen $R_b(V) = A_b$ zeigen wir $A_b \models \left([\overline{r_b}]\bot \wedge \langle r_n, b\rangle\top\right)$, also $A_b \models [\overline{r_b}]\bot$ und $A_b \models \langle r_n, b\rangle\top$. Weil $R_{\overline{r_b}} = \varnothing$, erhalten wir $A_b \models [\overline{r_b}]\bot$, bleibt die zweite Aussage zu zeigen. Es gilt $R_{\overline{r_n, b}}(A_b) = R_{n, r_b, z_b, z_n}(A_b) = \{Q_b\}$, stimmt die zweite Aussage auch.

> **!** Das war ein kleiner und sehr elementarer Ausflug in die Prozess-Algebra. Statt eines Wahl-O-Maten kann man sich bei den Welten dieses Modells einfache Prozesse vorstellen, mit Eingaben von außen oder beobachtbaren Ereignisse, vgl [44]. Der Wahl-O-Mat ist von der *vending machine* dort inspiriert, die wiederum auf eine ehrwürdige Geschichte in der Prozess-Algebra zurückblickt.

Kripke-Modelle sind nicht der einzige Weg zur Interpretation modaler Logiken. Wir diskutieren im übernächsten Abschnitt Nachbarschaftsmodelle als Verallgemeinerung. Aber zunächst sehen wir uns die Verwandtschaft zur Prädikatenlogik erster Stufe näher an.

4.1.3 Die Schnittstelle zur Prädikatenlogik

In der Semantik einer Formel wie $\Diamond\,\varphi$ taucht eine Existenz-Aussage auf, existenzielle Aussagen hatten wir bislang der Prädikatenlogik erster Stufe zugeordnet. Es stellt sich die Frage, wie das Verhältnis zur Prädikatenlogik ist. Wir definieren eine Schnittstelle dazu, indem wir zeigen, dass sich eine modale Formel in eine Formel der LeO transformieren lässt. Diese Transformation wird hier formuliert und näher untersucht.

∇ **Trullo**: Wir haben gesehen, dass die Aussagenlogik ein Teil der Prädikatenlogik erster Stufe und auch der modalen Logik ist. Aber die modale Logik kann ja nicht in der Prädikatenlogik enthalten sein.

$\triangle$ **Charli**: Klar, das geht ja schon syntaktisch nicht, übrigens auch nicht umgekehrt. Trotzdem, wenn ich mir so ansehe, wie wir $\mathcal{R}, w \models \Diamond\,\varphi$ definiert haben
...

∇ **Trullo**: ...da scheint ein Existenzquantor nicht so schrecklich weit zu sein: $\mathcal{R}, w \models \Diamond\,\varphi$ heißt ja, dass es ein w' geben muss mit $wRw' \wedge \mathcal{R}, w \models \varphi$.

$\triangle$ **Charli**: In der Tat. Wir können Formeln der modalen Logik in Formeln einer LeO mit Gleichheit übersetzen.

∇ **Trullo**: Aber dann stellt sich die Frage, wie es mit der Gültigkeit bestellt ist.

$\triangle$ **Charli**: Was heißt das?

∇ **Trullo**: Ob eine modale Formel genau dann gültig ist, wenn ihre übersetzte Formel gilt.

$\triangle$ **Charli**: Aber ein Schritt nach dem anderen, zuerst die Übersetzung.

∇ **Trullo**: Dazu müssen wir zuerst die Bühne bereiten. Dazu sehen wir uns kurz noch einmal die Komponenten einer LeO auf Seite 45 an.

$\triangle$ **Charli**: Wir brauchen also eine abzählbare Menge $\{x_n \mid n \in \mathbb{N}\}$ von Variablen, die logischen Operatoren und den Allquantor, auch die Gleichheit. Das ist die Grundausstattung. Dazu kommen die veränderliche Bestandteile, wie wir sie genannt haben: Konstanten, Prädikat- und Funktionssymbole.

∇ **Trullo**: Fangen wir mit den Konstanten an – die benötigen wir nicht, weil wir keine Konstanten in der modalen Logik haben, wohl aber atomare Aussagen.

$\triangle$ **Charli**: Was machen wir mit denen? In einer LeO lassen sich Mengen durch einstellige Prädikate modellieren. Das tun wir auch: wir weisen jeder atomaren Aussage $p \in \mathfrak{C}$ ein einstelliges Prädikat P_p zu.

▽ **Trullo**: Dann müssen wir die Transitionen irgendwie modellieren. Dazu nehmen wir an, dass wir eine zweistellige Relation T in der LeO haben (mit der Absicht, dass Txy für so etwas wie $x \xrightarrow{T} y$ steht).

△ **Charli**: „für so etwas wie"?

▽ **Trullo**: Ja, ich weiß, das ist ungenau, aber es sollte gleich klarer werden, wie das gemeint ist. Wir brauchen auch eine Variable x der LeO, die sozusagen den aktuellen Zustand dokumentiert (und die bei Transitionen aktiv wird).

> **!** Der Stand der Dinge sieht an dieser Stelle so aus, dass wir festgelegt haben
>
> $$\text{atomare Aussagen} \mapsto \text{einstellige Prädikate}$$
> $$\text{Transitionen} \mapsto \text{zweistellige Relationen}$$
>
> Die Übersetzung muss nun eine Formel der modalen Logik in eine Formel der Prädikatenlogik transformieren.

▽ **Trullo**: Also, wir definieren jetzt die Übersetzung $\$_x(\varphi)$, rekursiv nach dem Aufbau der modalen Formel φ. Hierbei nehmen wir an, dass wir nur abzählbar viele modale Formeln haben, also, dass die Menge $\mathfrak{C}$ der primitiven Aussagen höchstens abzählbar ist.

$$\$_x(p) := P_p x, \text{ falls } p \in \mathfrak{C},$$
$$\$_x(\bot) := x \neq x,$$
$$\$_x(\neg\varphi) := \neg\$_x(\varphi),$$
$$\$_x(\varphi \wedge \psi) := \$_x(\varphi) \wedge \$_x(\psi),$$
$$\$_x(\Box\varphi) := \forall y(Txy \to \$_y(\varphi)).$$

Hierbei ist y eine frische Variable.

△ **Charli**: Tiefgekühlt?

▽ **Trullo**: Nein, eine bislang unbenutzte Variable, von denen wir ja einen abzählbar unendlichen Vorrat haben. Wenn wir überabzählbar viele Formeln hätten, dann würden wir diesen Vorrat mehr als ausschöpfen müssen (so kommt die Annahme der Abzählbarkeit zustande).

△ **Charli**: Die Definition von $\$_x(\Box\varphi)$ zeigt die Intention dieser Übersetzung: für jedes y, das ein T-Nachfolger von x ist, muss $\$_y(\varphi)$ gelten.

Wir können auch $\Diamond\varphi$ übersetzen: $\$_x(\Diamond\varphi) = \exists y(Txy \wedge \$_y(\varphi)))$. Man rechnet auch leicht aus

$$\$_x(\varphi \vee \psi) = \$_x(\varphi) \vee \$_x(\psi),$$
$$\$_x(\varphi \rightarrow \psi) = \$_x(\varphi) \rightarrow \$_x(\psi).$$

∇ **Trullo**: Mal sehen: wir übersetzen zum Spaß mal die Formel $\Diamond\Diamond p \rightarrow \Diamond p$:

$$\$_x(\Diamond\Diamond p \rightarrow \Diamond p) = \$_x(\Diamond\Diamond p) \rightarrow \$_x(\Diamond p)$$
$$= \exists\, y_1(Txy_1 \wedge \$_{y_1}(\Diamond p)) \rightarrow \exists\, y_2(Txy_2 \wedge \$_x(p))$$
$$= \exists\, y_1\Big(Txy_1 \wedge \exists\, y_3\big(Ty_1y_3 \wedge \$_{y_3}(p)\big)\Big) \rightarrow \exists\, y_2(Txy_2 \wedge P_px)$$
$$= \exists\, y_1\big(Txy_1 \wedge \exists\, y_3(Ty_1y_3 \wedge P_py_3)\big) \rightarrow \exists\, y_2(Txy_2 \wedge P_px)$$

> **!** Nur die Syntax zu übertragen ist nicht besonders nahrhaft. Um zu sehen, wie sich die Gültigkeit der Formeln ändert, müssen wir auch Modelle transformieren. Aus einem Kripke-Modell wird so ein Modell für die LeO gewonnen.

$\triangle$ **Charli**: Um die Gültigkeit der übersetzten Formeln zu untersuchen, definieren wir für das Kripke-Modell $\mathcal{R} = (W, R, \ell)$ eine Struktur $\mathcal{R}^\flat$. Und weil wir Gültigkeit einmal im Kontext einer LeO, dann im Kontext der modalen Logik ansehen müssen, unterscheiden wir $\models_\mu$ (modal) von $\models_\pi$ (LeO).

∇ **Trullo**: Klar, wir setzen

$$|\mathcal{R}^\flat| := W,$$
$$|P_p|_{\mathcal{R}^\flat} := \ell(p) \text{ für } p \in \mathfrak{C},$$
$$|T|_{\mathcal{R}^\flat} := R.$$

Das ist die natürliche Wahl. Klappt das?

$\triangle$ **Charli**: Also, wir zeigen, dass für alle Formeln φ und für alle $w \in W$ gilt

$$\mathcal{R}, w \models_\mu \varphi \Leftrightarrow \mathcal{R}^\flat, \mathsf{Z}(x \bullet w) \models_\pi \$_x(\varphi), \tag{4.14}$$

wobei $\mathsf{Z} : \{x_1, x_2, \dots\} \rightarrow W$ eine beliebige Variablenbelegung ist. Zur Erinnerung: $\mathsf{Z}(x \bullet w)$ ist in (3.2) auf Seite 55 definiert als $\mathsf{Z}(x \bullet w)(y) := $ `if` $x = y$ `then` w `else` $\mathsf{Z}(y)$ `fi`.

> **!** Wir zeigen also, dass unsere \$-Maschine getreulich die Gültigkeit überträgt. Der Nachweis geschieht durch strukturelle Induktion nach dem Aufbau der Formel.

∇ **Trullo**: Na gut, testen wir's zuerst an einer atomaren Aussage $p \in \mathfrak{C}$!

$$\mathcal{R}, w \models_\mu p \Leftrightarrow w \in \ell(p)$$
$$\overset{(*)}{\Leftrightarrow} \mathsf{Z}(x \bullet w)(x) \in |P_p|_{\mathcal{R}^\flat}$$
$$\Leftrightarrow \mathcal{R}^\flat, \mathsf{Z}(x \bullet w) \models_\pi \$_x(p).$$

In $(*)$ habe ich $\mathsf{Z}(x \bullet w)(x) = w$ benutzt.

$\triangle$ **Charli**: Das sieht schon erfolgversprechend aus. Die Booleschen Operationen übertragen sich unmittelbar, weil $\$_x(\cdot)$ entsprechend definiert ist. Der Fall $\bot$ ist auch trivial.

Spannend wird es noch einmal beim Boxoperator $\square$. Wir nehmen an, dass die Aussage für die Formel φ gilt.

$$\mathcal{R}, w \models_\mu \square\varphi \Leftrightarrow \big(\text{wenn } wRw', \text{ dann } \mathcal{R}, w' \models_\mu \varphi\big) \text{ für alle } w'$$
$$\Leftrightarrow \big(\text{wenn } wRw', \text{ dann } \mathcal{R}^\flat, \mathsf{Z}(y \bullet w') \models_\pi \$_y(\varphi)\big) \text{ für alle } w' \qquad \text{(IV)}$$
$$\Leftrightarrow \big(\text{wenn } |Txy|_{\mathsf{Z}(x \bullet w)(y \bullet w')}, \text{ dann } \mathcal{R}^\flat, \mathsf{Z}(y \bullet w') \models_\pi \$_y(\varphi)\big) \text{ für alle } w' \quad (x \neq y)$$
$$\Leftrightarrow |Txy \to \$_y(\varphi)|_{\mathsf{Z}(x \bullet w)(y \bullet w')} \text{ ist wahr für alle } w' \qquad \text{(S. 56)}$$
$$\Leftrightarrow \mathcal{R}^\flat, \mathsf{Z}(x \bullet w) \models_\pi \forall y(Txy \to \$_y(\varphi))$$
$$\Leftrightarrow \mathcal{R}^\flat, \mathsf{Z}(x \bullet w) \models_\pi \$_x(\square\varphi).$$

∇ **Trullo**: Technisch ein bisschen aufwendig, sieht aber gut aus.

Die Übersetzung läßt sich ohne große Probleme erweitern, wenn wir Aktionen zu der modalen Logik hinzufügen (siehe 4.11 auf Seite 113). Dadurch kommen neue modale Operatoren $\langle a \rangle$ und $[a]$ hinzu. Wir haben dann in der LeO für jede Aktion a eine binäre Relation T_a. Die neue Übersetzungsregel für modale Operatoren ist nun

$$\$_x([a]\,\varphi) := \forall y(T_a xy \to \$_y(\varphi)).$$

$\triangle$ **Charli**: Klingt plausibel. Dann hätten wir also

$$\$_x([a]\langle b\rangle\varphi)) = \forall y(T_a xy \to \$_y(\langle b\rangle\varphi))$$
$$= \forall y\big(T_a xy \to \exists z(T_b yz \to \$_z(\varphi))\big)$$

mit frischen Variablen y und z.

∇ **Trullo**: Wir ordnen also jeder Relation im Kripke-Modell ein zweistelliges Relationssymbol zu. Das funktioniert, wenn das Kripke-Modell zur „Definitionszeit" feststeht, also statisch ist.

$\triangle$ **Charli**: Was meinst du mit *Definitionszeit?*

▽ **Trullo**: Wir haben gesehen, dass wir im Fall der *PDL*, also der Logik für einfache Programme (siehe (4.12) auf Seite 115) lediglich über ein Gerüst zur Interpretation primitiver Programme verfügen. Für komplexere Programme mussten wir jedoch Relationen neu definieren, und zwar nach dem Bauplan der Programme.

△ **Charli**: Ja, und?

▽ **Trullo**: Das kann zu Problemen führen, und zwar bei der Iteration.

△ **Charli**: Ich iteriere ein Programm t endlich oft, was ist daran problematisch?

▽ **Trullo**: Das Problem taucht auf, wenn wir die Anzahl der Iterationen bestimmen wollen. Sie ist nicht im Voraus bekannt. Schreiben wir's auf. R_t ist die Relation für das Programm t, R_{t^n} ist die Relation für die n-fache Wiederholung t^n von t. Dann gilt

$$xR_t^*y \Leftrightarrow xR_{t^n}y \text{ für ein } n \in \mathbb{N}.$$

△ **Charli**: Ahh, jetzt sehe ich's. Wenn wir das Programm t^n durch ein binäres Prädikat, sagen wir, $T_{t,n}$ darstellen, müssten wir das Programm t^* durch das binäre Prädikat $\bigvee_{n \in \mathbb{N}} T_{t,n}$ darstellen. Das ist aber ein Problem.

▽ **Trullo**: Klar, in einer LeO darf nur über Variablen quantifiziert werden. Wir verlassen damit die Syntax der LeO.

△ **Charli**: Also können wir nicht jede modale Logik in eine Prädikatenlogik erster Stufe einbetten. Wir können das aber hier nicht ausdiskutieren, weil das Thema recht technisch und auch umfangreicher ist, als wir es hier behandeln können und verweisen auf [10, Kap. 7.4].

Wir haben gezeigt, dass wir jeder modalen Logik mit abzählbar vielen Formeln eine LeO zuordnen können; der „Trick" bestand darin, für den Box-Operator an geeigneter Stelle einen Allquantor einzuführen. Das half uns bei der Definition einer Struktur und eines Modells für die LeO. Wir konnten zeigen, dass für statische Kripke-Modelle (also für solche, die nicht erst aus einem Skelett entwickelt werden müssen) die Gültigkeit erhalten bleibt.

4.1.4 Nachbarschaftsmodelle

Wir führen Nachbarschaftsmodelle als Verallgemeinerung von Kripke-Modellen ein und definieren die Semantik für diese Modelle. Es zeigt sich, dass in jedem Kripke-Modell ein Nachbarschaftsmodell steckt (man muss es nur wachküssen).

▽ **Trullo**: Gut. Wir haben gesehen, wie man die Semantik einer Formel mit einem Kripke-Modell definieren kann.

△ **Charli**: Das Beispiel *PDL* zeigt, dass ein Kripke-Modell dynamisch konfiguriert werden kann. Ausgehend von Relationen der atomare Programme folgt man dem Bauplan eines Programms und richtet sich so die entsprechende Relation ein.

▽ **Trullo**: Das zeigt, wie flexibel diese Modelle sind, und wie ausdrucksstark der relationale Kalkül ist. Es wird sich aber herausstellen, dass diese Modelle erweitert werden müssen, um andere ebenfalls dynamische Logiken angemessen abzubilden.

△ **Charli**: Wir definieren zuerst Nachbarschaften, dann Nachbarschaftsmodelle, und schließlich verwenden wir diese Modelle, um die Semantik zu definieren. Wir sehen uns auch an, wo Kripke-Modelle hineinpassen.

▽ **Trullo**: Volles Programm, also los!

△ **Charli**: Für eine Menge X besteht eine *Nachbarschaft* $\mathcal{V}$ aus Teilmengen von X mit der zusätzlichen Eigenschaft, dass $\mathcal{V}$ *nach oben abgeschlossen* ist. Es gilt also: Ist $A \in \mathcal{V}$ und $A \subseteq B$, dann ist auch $B \in \mathcal{V}$. In jeder Nachbarschaft ist X enthalten, also kann es keine leere Nachbarschaft geben.

> Bei Idealen hatten wir gefordert, dass sie nach *unten* abgeschlossen sind (siehe Definition A.2.1 auf Seite 197). Jetzt fordern wir dazu auf, den Blick nach oben zu richten.

▽ **Trullo**: Diese Forderung ist ganz schön stark, auch wenn man das so nicht gleich sieht. Ist $\mathcal{V}$ eine Nachbarschaft mit $\varnothing \in \mathcal{V}$, dann wissen wir gleich, dass $\mathcal{V} = \mathcal{P}(X)$ sein muss.

△ **Charli**: Ja, ja, klar: weil für jede Teilmenge B von X ja gilt $\varnothing \subseteq B$, bekommt man $B \in \mathcal{V}$ für jedes B.

▽ **Trullo**: Ganz ähnlich: wenn wir für ein $x \in X$ wissen, dass $\{x\} \in \mathcal{V}$, dann wissen wir, dass alle Teilmengen B von X mit $x \in B$ auch in $\mathcal{V}$ sein müssen, denn $x \in B$ heißt ja $\{x\} \subseteq B$.

△ **Charli**: Solche Nachbarschaften heißen übrigens *punktiert*, ist ja ganz anschaulich. Das erklärt den Namen[1].

---

[1] Die in der Theorie uniformer Räume behandelten Nachbarschaften sind ganz entfernt damit verwandt.

∇ **Trullo**: Ein bisschen allgemeiner als punktierte Nachbarschaften sind Nachbarschaften der Form $V := \{B \subseteq X \mid F \subseteq B\}$ für eine feste Menge F. Ist auch klar: Falls $B \in V$ und $B \subseteq A$, dann gilt $F \subseteq B \subseteq A$, also ist $A \in V$.

$\triangle$ **Charli**: Wie kommen denn jetzt Relationen ins Spiel? Wir sind ja von Kripke-Modellen ausgegangen.

> **!** Zur Erinnerung: für die Relation R und $x \in X$ ist
>
> $$R(x) := \{y \in X \mid x \xrightarrow{R} y\}$$
>
> die Menge aller Nachfolger von x.

∇ **Trullo**: Ist R eine Relation auf einer Menge X (also $R \subseteq X \times X$), dann setzt man

$$N_R(x) := \{A \subseteq X \mid R(x) \subseteq A\}.$$

$\triangle$ **Charli**: Ja, klar: dann ist für jedes $x \in X$ die Menge $\mathcal{N}_R(x)$ nach oben offen.

∇ **Trullo**: Das heißt, zu jeder Relation auf X gibt es eine Abbildung von X in die Menge aller Nachbarschaften über X, also mit der Signatur $X \to \{V \subseteq X \mid V \text{ ist eine Nachbarschaft}\}$.

Eine Abbildung, die jedem $x \in X$ eine Nachbarschaft $N(x)$ zuordnet, wird *Effektivitätsfunktion* für X genannt. Ist $A \subset N(x)$, so sagen wir, dass A *erfolgreich*[2] für x ist.

$\triangle$ **Charli**: Nochmal zu R. Für $x \in X$ ist $R(x)$ die Menge alle Zustände y mit $x \xrightarrow{R} y$. Das sind also alle y mit $\langle x, y \rangle \in R$. Ist eine Menge $A \subseteq X$ gegeben, so bedeutet $R(x) \subseteq A$, dass alle diese direkten Nachfolger in A liegen, A also erfolgreich für x ist. Für die Effektivitätsfunktion N_R heißt das $A \in N_R(x)$. Diese Beobachtung wird gleich wichtig sein.

∇ **Trullo**: Also nochmal, damit ich das verstehe: $A \in N_R(x)$ bedeutet, dass alle Nachfolger von x, also alle Zustände, die direkt von x aus erreichbar sind, in der Menge A liegen.

$\triangle$ **Charli**: So ist das. Wir definieren jetzt ein *Nachbarschaftsmodell* $\mathcal{N}$ für die einfache modale Logik ähnlich wie ein Kripke-Modell, aber die Relation R ist ersetzt durch eine Effektivitätsfunktion N. Diese Abbildung ordnet jedem $w \in W$ eine Nachbarschaft zu, formal also $\mathcal{N} = (W, N, \ell)$. Die Abbildung $\ell : \mathfrak{C} \to \mathcal{P}(W)$ für die atomaren Aussagen in $\mathfrak{C}$ wird wie in einem Kripke-Modell definiert.

---

[2] In der englischsprachigen Literatur [1, 31, 32] wird eine Menge wie A *achievable* genannt.

> Für ein Nachbarschaftsmodell brauchen wir Welten und Zustandsübergänge. Aber statt wie in einem Kripke-Modell zu sagen, dass wir einen Zustand erreichen können, sagen wir in einem Nachbarschaftsmodell, dass der nächste Zustand in einer erfolgreichen Menge liegt.

∇ **Trullo**: Mit dem Trick, jeder Relation eine Effektivitätsfunktion zuzuordnen, lassen sich Kripke-Modelle als Nachbarschaftsmodelle auffassen.

$\triangle$ **Charli**: Gut und schön, aber wie interpretieren wir jetzt unsere einfache modale Logik mit einem Nachbarschaftsmodell?

Bei einem Kripke-Modell $\mathcal{R}$ mit Relation R konnten wir sagen $\mathcal{R}, w \models \Diamond \varphi$ genau dann wenn wir ein w' finden können, so dass $w \xrightarrow{R} w'$ und $\mathcal{R}, w' \models \varphi$. Aber so was wie $\xrightarrow{R}$ fehlt ja hier.

∇ **Trullo**: *Good thinking!* Aber (tief durchatmen) wir hatten ja gesagt $\mathcal{R}, w \models \varphi$ gilt genau dann, wenn $w \in [\![\varphi]\!]_\mathcal{R}$. Wenn wir also die Mengen $[\![\cdot]\!]_\mathcal{R}$ definieren, bekommen wir den Gültigkeitsbegriff FREI HAUS geliefert.

$\triangle$ **Charli**: Versuchen wir's. Sei also jetzt $\mathcal{N} = (W, N, \ell)$ ein Nachbarschaftsmodell, dann setzen wir

$$[\![c]\!]_\mathcal{N} := \ell(c), \text{ falls } c \in \mathfrak{C},$$
$$[\![\neg\varphi]\!]_\mathcal{N} := W \backslash [\![\varphi]\!]_\mathcal{N},$$
$$[\![\varphi_1 \wedge \varphi_2]\!]_\mathcal{N} := [\![\varphi_1]\!]_\mathcal{N} \cap [\![\varphi_2]\!]_\mathcal{N}.$$

∇ **Trullo**: So, und jetzt wird's lustig. Was machen wir mit $\Diamond \varphi$? Noch'n Trick: wir definieren $[\![\Box\varphi]\!]_\mathcal{N}$.

$\triangle$ **Charli**: Wieso ist das denn einfacher? Ahh, jetzt sehe ich das: Ein Blick auf (4.10) auf Seite 111 zeigt, dass $\mathcal{R}, w \models \Box\varphi$ genau dann gilt, wenn $R(w) \subseteq [\![\varphi]\!]_\mathcal{R}$, wenn also alle Zustände, die von w aus erreichbar sind, in der Menge $[\![\varphi]\!]_\mathcal{R}$ liegen. Das heißt aber $[\![\varphi]\!]_\mathcal{R} \in N_R(w)$

∇ **Trullo**: Ja, genau. Das nutzen wir jetzt und definieren für unser Nachbarschaftsmodell $\mathcal{N}$

$$[\![\Box\varphi]\!]_\mathcal{N} := \{w \in W \mid [\![\varphi]\!]_\mathcal{N} \in N(w)\}.$$

$\triangle$ **Charli**: Mal sehen. Wir wissen, dass $\Diamond \varphi$ und $\neg\Box\neg\varphi$ übereinstimmen, also

$$\begin{aligned}
[\![\Diamond\,\varphi]\!]_{\mathcal{N}} &= W\backslash[\![\Box\,\neg\varphi]\!]_{\mathcal{N}} \\
&= W\backslash\{w \in W \mid [\![\neg\varphi]\!]_{\mathcal{N}} \in N(w)\} \\
&= W\backslash\{w \in W \mid W\backslash[\![\varphi]\!]_{\mathcal{N}} \in N(w)\} \\
&= \{w \in W \mid W\backslash[\![\varphi]\!]_{\mathcal{N}} \notin N(w)\} \\
&= \{w \in W \mid \mathcal{N}, w \not\models \Box\,\neg\varphi\}.
\end{aligned}$$

Also gilt, wie erwartet, $\mathcal{N}, w \models \Diamond\,\varphi$ genau dann, wenn $\mathcal{N}, w \models \neg\Box\,\neg\varphi$.

Wie verhält sich die Semantik einer Formel in einem Kripke-Modell zu der in dem zugeordneten Nachbarschaftsmodell? Das wird in einer Übungsaufgabe geklärt.

Wir kennen jetzt die Grundbausteine einer modalen Logik – ihren syntaktischen Aufbau, die relationale Semantik, die auf Kripke-Modellen beruht, und die weitergehende, die sich auf Nachbarschaftsmodelle abstützt. Wir wissen auch, dass es eine Schnittstelle zur Prädikatenlogik erster Stufe gibt. Für weitergehende Untersuchungen zur Semantik und zur Ausdrucksfähigkeit von Modellen benötigen wir jetzt Morphismen und Bisimulationen.

4.2 Morphismen

Morphismen erlauben den Transport von Informationen von einem Modell zu einem anderen und laden so zum Vergleich von Modellen ein. Morphismen sind also Abbildungen mit Eigenschaften, die auf die Struktur von Kripke-Modellen zugeschnitten sind (manchmal heißen sie deshalb auch Zick-Zack-Morphismen, als Echo ihrer Dynamik).

∇ **Trullo**: Stell dir vor, du hast ein Programm transformiert und so ein neues, modifiziertes Programm erzeugt. Wie vergleichst du diese Programme?

$\triangle$ **Charli**: Eine Transformation könnte eine Refaktorisierung sein oder aber, eher lokal, die Auflösung einer Rekursion in eine Iteration. Dann muss ich ja irgendwie wissen, ob ich dieselbe Funktionalität habe.

Ein einfaches Beispiel für eine Transformation bieten die die Fibonacci-Zahlen. Ihre rekursive Definition wird direkt übersetzt in

```
def Fib(n):
    if n <= 1:
        return n
    else:
        return Fib(n-1) + Fib(n-2)
```

Das ist bekanntlich arg ineffektiv.

Programmtransformationen [5, Kapitel 4] liefern diese Lösung (vgl. Aufgabe auf Seite 40)

```
def TransFib(n):
    def FibIter(n, a, b):
        k, la, lb = n, a, b
        while k>0:
            k, la, lb = k-1, lb, la+lb
        return la
    return FibIter(n, 0, 1)
```

∇ **Trullo:** Wenn wir Programme durch Modelle, na ja, modellieren, dann benötigen wir einen Mechanismus, mit dem wir Modelle vergleichen können. Das sind genau die Morphismen. Wir formulieren das zuerst für zwei Rahmen $\mathcal{R} = (W, R)$ und $\mathcal{S} = (X, S)$ (zur Erinnerung: Rahmen sind auf Seite 109 definiert).

$\triangle$ **Charli:** Also, ist $f : W \to X$ eine Abbildung, so möchte man doch gern sehen, dass eine Transition in R einer Transition der Bilder in S entspricht, also sollte $f(w)Sf(w')$ gelten, falls wRw' gilt.

∇ **Trullo:** Ja, die Relationen sollten so übertragen werden. Das reicht aber noch nicht. Nehmen wir an, wir haben $f(w) \xrightarrow{S} x$, also $f(w)$ ist der Startpunkt für eine S-Transition. Dann sollte die Transition ihren Ursprung in w und einer R-Transition haben. Das heißt, es sollte ein $w' \in W$ geben mit $f(w') = x$ und $w \xrightarrow{R} w'$.

$\triangle$ **Charli:** Die zweite Bedingung klingt schlüssig – wir wollen das transformierte Programm ja keine Aktionen ausführen lassen, die nicht aus dem ursprünglichen kommen.

∇ **Trullo:** Also jetzt zusammengefasst: Ein *Rahmenmorphismus* $f : \mathcal{R} \to \mathcal{S}$ ist eine Abbildung $f : W \to X$ der Trägermengen, so dass stets gilt

1. $w \xrightarrow{R} w'$ impliziert $f(w) \xrightarrow{S} f(w')$,
2. falls $f(w) \xrightarrow{S} x$, so existiert ein $w' \in W$ mit $f(w') = x$ und $w \xrightarrow{R} w'$.

> **!** Manchmal werden Rahmenmorphismen auch anschaulich *Zick-Zack-Morphismen* genannt, denn sie gehen hin (Eigenschaft 1) und her (Eigenschaft 2).

$\triangle$ **Charli:** Jetzt sind wir aber noch nicht bei Kripke-Modellen. Wir wissen nämlich noch nicht, wie ein Rahmenmorphismus auf die atomaren Aussagen und die ihnen zugeordneten Welten wirkt.

∇ **Trullo:** Hier erscheint es sinnvoll, für alle atomaren Aussagen $p \in \mathfrak{C}$ zu fordern $f^{-1}\big[m(p)\big] = \ell(p)$, wenn $\ell : \mathfrak{C} \to \mathcal{P}(W)$ und $m : \mathfrak{C} \to \mathcal{P}(X)$ die entsprechenden Abbildungen sind.

$\triangle$ **Charli:** Das bedeutet also $w \in \ell(p)$ genau dann, wenn $f(w) \in m(p)$, so dass sich die Welten für die atomaren Aussagen jeweils genau entsprechen.

∇ **Trullo:** In diesem Fall sprechen wir von einem *Modellmorphismus* $f : (W, R, \ell) \to (X, S, m)$.

$\triangle$ **Charli:** Bei Programmtransformtionen stellt man ja die Frage, ob das transformierte Programm genau das tut, was das ursprüngliche tat (vielleicht nur effzienter).

∇ **Trullo:** Auf die Modellmorphismen übertragen heißt das, dass die Gültigkeit von Formeln erhalten bleibt. Stimmt das?

$\triangle$ **Charli:** Die Behauptung sagt also: Ist $f : \mathcal{R} \to \mathcal{S}$ ein Modellmorphismus für die Kripke-Modelle $\mathcal{R}$ und $\mathcal{S}$, so gilt für jede Formel φ und jede Welt $w \in W$

$$\mathcal{R}, w \models \varphi \Leftrightarrow \mathcal{S}, f(w) \models \varphi. \tag{4.15}$$

∇ **Trullo:** Es ist vielleicht interessant, zuerst eine Hilfsaussage zu beweisen. Ich behaupte, dass

$$[\![\varphi]\!]_{\mathcal{R}} = f^{-1}\big[[\![\varphi]\!]_{\mathcal{S}}\big] \tag{4.16}$$

für alle φ zu (4.15) äquivalent ist.

$\triangle$ **Charli:** Versuchen wir's, zuerst mit „$\Rightarrow$"; es gelte also (4.15), dann

$$w \in \llbracket \varphi \rrbracket_{\mathcal{R}} \overset{\text{Def.}}{\Longleftrightarrow} \mathcal{R}, w \models \varphi$$

$$\overset{(4.15)}{\Longleftrightarrow} \mathcal{S}, f(w) \models \varphi$$

$$\Longleftrightarrow f(w) \in \llbracket \varphi \rrbracket_{\mathcal{S}}$$

$$\Longleftrightarrow w \in f^{-1}\big[\llbracket \varphi \rrbracket_{\mathcal{S}}\big].$$

Das ging ja glatt durch. Der Beweis für (4.16)$\Rightarrow$(4.15) läuft genauso, deshalb schenken wir ihn uns.

> **!** Diese Beobachtung ist deshalb hilfreich, weil sie es erlaubt, die gängigen Techniken für f^{-1} auf die Manipulation mit Formeln zu übertragen (statt sich jedes Mal explizit auf die Definition der Gültigkeit zu beziehen). Sie wird sich auch später als nützlich erweisen.

∇ **Trullo**: Wir beweisen also jetzt die Gleichheit in (4.15), durch Induktion nach dem Formelaufbau.

Ist p eine atomare Aussage, so haben wir

$$\llbracket p \rrbracket_{\mathcal{R}} = \ell(p) \overset{\ddagger}{=} f^{-1}\big[m(p)\big] = \llbracket p \rrbracket_{\mathcal{S}}.$$

In Gleichung $\ddagger$ geht genau die Definition eines Modellmorphismus ein.

$\triangle$ **Charli**: Damit hätten wir die atomaren Aussagen schon mal abgehandelt. Negation und Konjunktion sind einfach, weil f^{-1} mit dem Mengenoperationen verträglich ist. Das geht so:

$$\llbracket \neg\varphi \rrbracket_{\mathcal{R}} = W\backslash\llbracket \varphi \rrbracket_{\mathcal{R}} \overset{\text{IV}}{=} W\backslash f^{-1}\big[\llbracket \varphi \rrbracket_{\mathcal{S}}\big] = f^{-1}\big[X\backslash\llbracket \varphi \rrbracket_{\mathcal{S}}\big] = f^{-1}\big[\llbracket \neg\varphi \rrbracket_{\mathcal{S}}\big].$$

Bei Gleichung IV geht die Induktionsvoraussetzung ein.

∇ **Trullo**: Für die Konjunktion kann man ganz ähnlich eine Gleichungskette aufbauen:

$$\llbracket \varphi_1 \wedge \varphi_2 \rrbracket_{\mathcal{R}} = \llbracket \varphi_1 \rrbracket_{\mathcal{R}} \cap \llbracket \varphi_2 \rrbracket_{\mathcal{R}}$$

$$\overset{\text{IV}}{=} f^{-1}\big[\llbracket \varphi_1 \rrbracket_{\mathcal{S}}\big] \cap f^{-1}\big[\llbracket \varphi_2 \rrbracket_{\mathcal{S}}\big]$$

$$= f^{-1}\big[\llbracket \varphi_1 \rrbracket_{\mathcal{S}} \cap \llbracket \varphi_2 \rrbracket_{\mathcal{S}}\big]$$

$$= f^{-1}\big[\llbracket \varphi_1 \wedge \varphi_2 \rrbracket_{\mathcal{S}}\big].$$

$\triangle$ **Charli**: So, aber jetzt wird's lustig, da müssen wir uns um den Diamanten kümmern.

$$f^{-1}\big[\{x \mid \text{es gibt ein } x' \in S(x) \text{ mit } x' \in [\![\varphi]\!]_{\mathcal{S}}\}\big]$$

$$[\![\Diamond\,\varphi]\!]_{\mathcal{R}} = \{w \mid \text{es gibt ein } w' \in R(w) \text{ mit } w' \in [\![\varphi]\!]_{\mathcal{R}}\}$$

$$\overset{\text{IV}}{=} \{w \mid \text{es gibt ein } w' \in R(w) \text{ mit } f(w') \in [\![\varphi]\!]_{\mathcal{S}}\}$$

$$\overset{\dagger}{=} \{w \mid \text{es gibt ein } w' \text{ mit } f(w') \in S(f(w)) \text{ mit } f(w') \in [\![\varphi]\!]_{\mathcal{S}}\}$$

$$= f^{-1}\big[\{x \mid \text{es gibt ein } x' \in S(x) \text{ mit } x' \in [\![\varphi]\!]_{\mathcal{S}}\}\big]$$

$$= f^{-1}\big[[\![\Diamond\,\varphi]\!]_{\mathcal{S}}\big]$$

∇ **Trullo**: Der kritische Punkt ist die Gleichung $\dagger$; wieso gilt hier die Gleichheit?

$\triangle$ **Charli**: f ist ja insbesondere ein Rahmenmorphismus, und da hatten wir uns Bedingung (2) in der Definition auf Seite 131 überlegt. Mit ihr wurde gesichert, dass wir für $f(w)Sx$ auch ein w' so finden können, dass $x = f(w')$ und wRw' gelten.

> **!** Kurz gesagt – das ist gerade die Zick-Zack-Eigenschaft.

∇ **Trullo**: Wir haben gerade gesehen, dass für einen Modellmorphismus $f : \mathcal{R} \to \mathcal{S}$ die Welten w und $f(w)$ dieselben Aussagen erfüllen, d.h. die Theorien beider Welten stimmen überein. Das lässt sich jetzt ein wenig allgemeiner fassen.

Zwei Welten $w \in W$ und $x \in X$ werden *modallogisch äquivalent* genannt, wenn

$$\mathcal{R}, w \models \varphi \Leftrightarrow \mathcal{S}, x \models \varphi$$

für alle Formeln φ gilt.

$\triangle$ **Charli**: In diesem Sinne sind w und $f(w)$ für einen Modellmorphismus f modallogisch äquivalent. Programmtechnisch bedeutet es, dass beide Zustände dasselbe Verhalten zeigen.

> **!** Diese Überlegungen gelten für Kripke-Modelle. Für Nachbarschaftsmodelle kann man analoge Überlegungen anstellen. Dazu sollte aber zuerst ein gescheiter Morphismus-Begriff gefunden werden. Wenn uns das gelingt, haben wir einen guten Beleg für die Tragfähigkeit des Konzepts.

∇ **Trullo**: Tasten wir uns ran an die Übertragung auf Nachbarschaftsmodelle.

△ **Charli:** Wir nehmen Welten W und X her, und eine Abbildung $f : W \to X$. Ist $\mathcal{W} \subseteq \mathcal{P}(W)$ nach oben offen, dann ist die Menge $\mathcal{X} := \{B \subseteq X \mid f^{-1}[B] \in \mathcal{W}\}$ ebenfalls nach oben offen.

▽ **Trullo:** Ist das so? Wenn $G \in \mathcal{X}$ und $H \subseteq G$, dann ist $f^{-1}[G] \in \mathcal{W}$, also ist dann auch $f^{-1}[H] \in \mathcal{W}$, weil $f^{-1}[G] \subseteq f^{-1}[H]$ und $\mathcal{W}$ nach oben offen ist. Also ist in der Tat $H \in \mathcal{X}$.

△ **Charli:** Das heißt, wir können die Nachbarschaftsstruktur von W nach X übertragen. Wir müssen also sehen, wie sich die Effektivitätsfunktionen (vgl. Seite 127) verhalten. Ist also N eine Effektivitätsfunktion auf W, M eine auf X, dann können wir fragen, wie sich N und M bezüglich f zueinander verhalten. N ist dann *unter f nett* zu M, falls für alle $w \in W$ gilt

$$B \in M(f(w)) \Leftrightarrow f^{-1}[B] \in N(w). \tag{4.17}$$

▽ **Trullo:** N ist also nett zu M unter f, wenn jedes Element von $M(f(w))$ ein Urbild in $N(w)$ hat.

> **!** Jedes Element aus $M(f(w))$ stammt also von einem Element von $N(w)$ ab, und es sind *genau diese* Mengen, aus denen $M(f(w))$ besteht.

Um Morphismen für Nachbarschaftsmodelle definieren zu können, müssen wir auch die atomaren Aussagen anschauen. Hier sollte gelten $f^{-1}[m(p)] = \ell(p)$ für alle atomaren Aussagen, wenn ℓ und m die entsprechenden Abbildungen für W bzw. X sind.

△ **Charli:** Damit können wir einen Morphismus $f : \mathcal{N} \to \mathcal{M}$ definieren, wenn $\mathcal{N} = (W, N, \ell)$ und $\mathcal{M} = (X, M, m)$ Nachbarschaftsmodelle sind und $f : W \to X$ eine Abbildung ist. Es muss gelten

1. $f^{-1}[m(p)] = \ell(p)$ für alle atomaren Aussagen p.
2. $B \in M(f(w)) \Leftrightarrow f^{-1}[B] \in N(w)$ für alle $w \in W$.

▽ **Trullo:** Wir haben gerade bei Kripke-Modellen gezeigt, dass Morphismen die Gültigkeit erhalten, anders gesagt, dass eine Welt w und ihr Bild $f(w)$ Formeln nicht unterscheiden können, also genau dieselben Theorien haben. Das ist auch bei Nachbarschaftsmodellen so.

> **!** Das ist eigentlich zu erwarten: Die Gültigkeit hängt von der Struktur ab, und wenn Morphismen die Struktur übertragen, dann sollte die Gültigkeit erhalten bleiben.

△ **Charli**: Wir schreiben das jetzt genauer auf. Ist $f : \mathcal{N} \to \mathcal{M}$ ein Morphismus der Nachbarschaftsmodelle $\mathcal{N} = (W, N, \ell)$ und $\mathcal{M} = (X, M, m)$, dann gilt

$$\mathcal{N}, w \models \varphi \Leftrightarrow \mathcal{M}, f(w) \models \varphi \tag{4.18}$$

für alle Formeln φ und alle Welten $w \in W$.

▽ **Trullo**: Die eigentliche Arbeit haben wir schon geleistet, wir müssen sie nur noch zusammentragen. Zunächst zeigt ein Blick auf (4.16), dass die Aussage in (4.18) gleichwertig zu $f^{-1}\big[[\![\varphi]\!]_{\mathcal{M}}\big] = [\![\varphi]\!]_{\mathcal{N}}$ ist.

> **!** Ja, die Argumente des induktiven Beweises können wir wörtlich übertragen. Ebenfalls können wir wörtlich die Argumente für atomare Aussagen, Negationen und Konjunktionen übernehmen, weil hier allein die Verträglichkeit von f^{-1} benötigt wird.

△ **Charli**: Spannend ist allein der Fall $\Diamond\,\varphi$, den wir aber bei der Definition der Gültigkeit auf den Fall $\Box\,\varphi$ zurückgeführt haben.

Also bleibt $f^{-1}\big[[\![\Box\varphi]\!]_{\mathcal{M}}\big] = [\![\Box\varphi]\!]_{\mathcal{N}}$ zu zeigen, falls $f^{-1}\big[[\![\varphi]\!]_{\mathcal{M}}\big] = [\![\varphi]\!]_{\mathcal{N}}$ schon gezeigt ist.

▽ **Trullo**: Das ist ja eine blitzartige Vereinfachung der Aufgabe. Also, machen wir uns ran:

$$
\begin{aligned}
\mathcal{M}, f(w) \models \Box\varphi \;&\overset{\dagger}{\Longleftrightarrow}\; [\![\varphi]\!]_{\mathcal{M}} \in M(f(w)) \\
&\Longleftrightarrow\; f^{-1}\big[[\![\varphi]\!]_{\mathcal{M}}\big] \in N(w) \\
&\overset{\mathrm{IV}}{\Longleftrightarrow}\; [\![\varphi]\!]_{\mathcal{N}} \in N(w) \\
&\overset{\dagger}{\Longleftrightarrow}\; \mathcal{N}, w \models \Box\varphi
\end{aligned}
$$

Bei der Äquivalenz IV geht die Induktionsvoraussetzung für φ ein, und bei den mit $\dagger$ markierten Äquivalenzen wird die Definition von $[\![\Box\varphi]\!]$ benutzt.

Morphismen übertragen die – statische – Struktur von Modellen. Wir haben gesehen, dass die Gültigkeit von Formeln übertragen wird. Damit wissen wir aber noch nichts über die Vergleichbarkeit des jeweiligen dynamischen Verhaltens. Das wird jetzt durch Bisimulationen gekennzeichnet.

4.3 Bisimulationen

Ein System simuliert ein anderes, wenn – grob gesagt – jeder Bewegung in dem einen System eine vergleichbare Bewegung in den anderen entspricht. Hierbei kann es sinnvoll sein, die Beobachtungen nur auf einen Teil der Welten der jeweiligen Systeme zu beschränken, die wir dann biähnlich nennen. Wir fassen die gegenseitige Simulation präziser und zeigen, dass biähnliche Welten modallogisch äquivalent sind. Das bedeutet, dass in ihnen genau dieselben Formeln gültig sind. Der berühmte Satz von Hennessy-Milner sagt, dass – unter einer Endlichkeitsbedingung – auch die Umkehrung gilt: modallogisch äquivalente Welten sind biähnlich. Schließlich zeigen wir, dass Biähnlichkeit durch Morphismen gekennzeichnet werden kann.

> **!**
>
> Die modallogische Äquivalenz sagt noch nicht, wie man das dynamische Verhalten zweier Modelle miteinander vergleichen kann. Hier kommt der Begriff der *Bisimulation* ins Spiel. Anschaulich gesagt, simuliert ein System das andere.
>
> In erster Näherung möchte man, dass Transitionen in einem System Transitionen in dem anderen entsprechen. Das muss natürlich verfeinert werden, und man konzentriert sich am besten auf die zugrundeliegenden Welten.

△ **Charli:** Also. Nehmen wir an, wir konzentrieren uns auf einige Welten in beiden Systemen, die uns interessieren. Technisch gesehen, haben wir damit eine Teilmenge B von $W \times X$ im Auge. Ist jetzt $\langle w, x \rangle \in B$ solch ein Paar von Welten, und findet in $\mathcal{R}$ eine Transition statt, beobachten wir also $w \xrightarrow{R} w'$, so soll auch in der „Partnerwelt" x eine Transition $x \xrightarrow{S} x'$ stattfinden, und zwar zu einer Partnerwelt x' mit $\langle w', x' \rangle \in B$.

▽ **Trullo:** Und umgekehrt, denn wir wollen ja, dass die Systeme sich gegenseitig simulieren.

△ **Charli:** Das reicht aber noch nicht ganz. Wir müssen verhindern, dass die Welten in B unterschiedliche Eigenschaften haben, was die Arbeit des Systems betrifft; mit anderen Worten: Sie müssen dieselben atomaren Formeln erfüllen. Das nennt man gelegentlich *atomare Harmonie*[3]

▽ **Trullo:** Das ist jetzt die Definition der für die Kripke-Modelle $\mathcal{R}$ und $\mathcal{S}$: Eine Teilmenge B von $W \times X$ heißt *Bisimulation*, wenn für alle $\langle w, x \rangle \in B$ gilt:

1. w und x erfüllen dieselben atomaren Aussagen.
2. Zu $w \xrightarrow{R} w'$ gibt es $x' \in X$ mit $x \xrightarrow{S} x'$ und $\langle w', x' \rangle \in B$.
3. Zu $x \xrightarrow{S} x'$ gibt es $w' \in W$ mit $w \xrightarrow{R} w'$ und $\langle w', x' \rangle \in B$.

---

[3] Logiker haben gelegentlich nicht nur ein starkes Harmoniebedürfnis, sondern gelegentlich auch einen merkwürdigen Humor ….

Welten w, x mit $\langle w, x \rangle \in B$ werden *biähnlich* genannt.
Die Bedingung (2) heißt gelegentlich *Vorwärtsbedingung*, analog die in (3) *Rückwärtsbedingung*.

> Die Bedingungen kann man graphisch vielleicht so veranschaulichen:
>
> 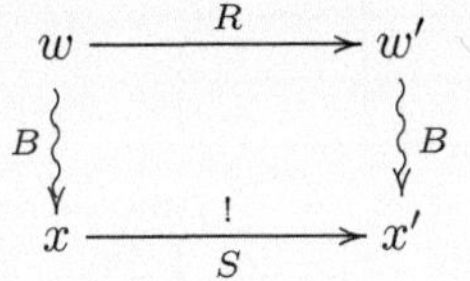 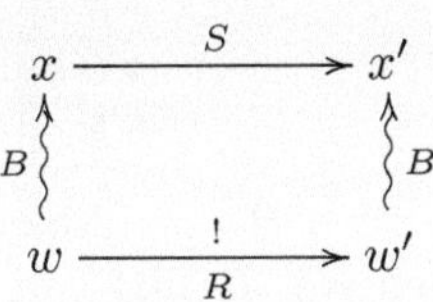
>
> Links also: w und x sind via B miteinander verlinkt, wir haben eine Transition $w \xrightarrow{R} w'$, dann finden wir ein x' mit $x \xrightarrow{S} x'$, das mit w' via B verlinkt ist. Rechts analog.

△ **Charli**: Wir sehen uns mal ein Beispiel an [10, p. 66]. Wir haben $\mathfrak{C} := \{p, q\}$ als atomare Aussagen. Die Modelle $\mathcal{R}$ und $\mathcal{S}$ werden definiert durch $W := \{1, 2, 3, 4, 5\}$, $X := \{a, b, c, d, e\}$, $\ell(p) := \{1, 3\}, \ell(q) := \{2, 4, 5\}$ und $m(p) := \{a, d\}, m(q) := \{b, c, e\}$.

Die Übergänge für $\mathcal{R}$ sind gegeben durch

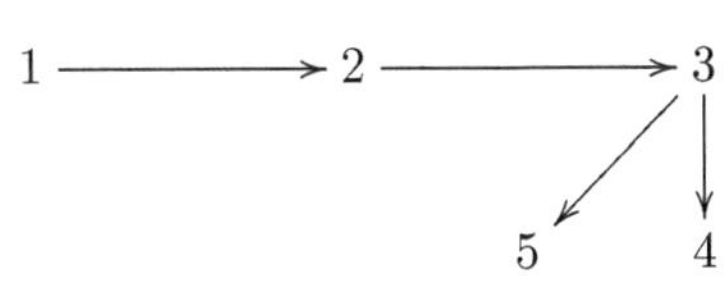

Die für $\mathcal{S}$ sind gegeben durch

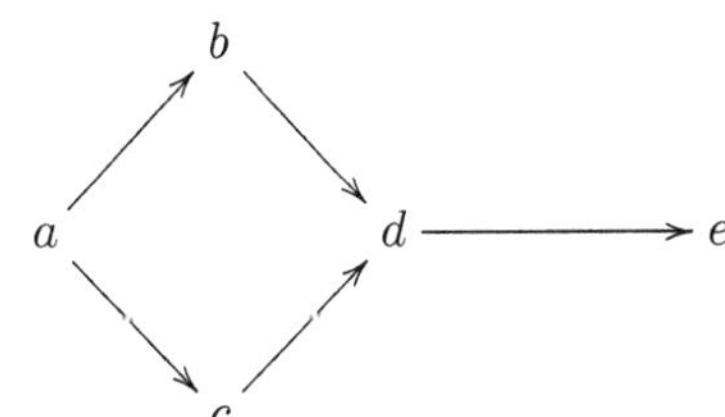

Die Relation B ist definiert durch

$$B := \{\langle 1, a \rangle, \langle 2, b \rangle, \langle 2, c \rangle, \langle 3, d \rangle, \langle 4, e \rangle, \langle 5, e \rangle\}.$$

Dann behaupte ich, dass B eine Bisimulation ist.

▽ **Trullo**: Mal sehen. Was müssen wir nachprüfen? Zuerst die atomare Harmonie. Die geht aus der Tabelle hervor, in der wir für jeder atomare Formel die Welten aufschreiben, in der sie gelten:

p	q
$1, 3$	$2, 4, 5$
a, d	b, c, e

Wir überprüfen mal die Bedingung (2) von oben, das geschieht am besten auch mit einer Tabelle:

$1\,B\,a$	$1\,R\,2$	$a\,S\,b, a\,S\,c$	$2\,B\,b, 2\,B\,c$
$2\,B\,b$	$2\,R\,3$	$b\,S\,d$	$3\,B\,d$
$2\,B\,c$	$2\,R\,3$	$c\,S\,d$	$3\,B\,d$
$3\,B\,d$	$3\,R\,4$	$d\,S\,e$	$4\,B\,e$
$3\,B\,d$	$3\,R\,5$	$d\,S\,e$	$5\,B\,e$
$4\,B\,e$	-	-	-
$5\,B\,e$	-	-	-

Hier habe ich $r\,B\,s$ als Abkürzung für $\langle r, s \rangle \in B$ genommen, analog für die Transitionen von R und von S. Die erste Zeile der Tabelle lässt sich so lesen: 1 ist mit a via B verlinkt, und wir haben eine R-Transition $1 \xrightarrow{R} 2$. Von a aus gibt es S-Transitionen $a \xrightarrow{S} b$ und $a \xrightarrow{S} c$, und beide Ziele b, c sind via B mit 2 verlinkt.

$\triangle$ **Charli**: Mit der Bedingung (3) kann man genauso verfahren, ich schenke uns das und schreibe nur die fast leere Tabelle hin, an der der Leser sich vergnügen mag.

$1\,B\,a$	$a\,S\,b$		
$1\,B\,a$	$a\,S\,c$		
$2\,B\,b$	$b\,S\,d$		
$2\,B\,c$	$c\,S\,d$		
$3\,B\,d$	$d\,S\,e$		
$4\,B\,e$			
$5\,B\,e$			

Es ist erstaunlich, dass biähnliche Systeme nicht auch ähnlich aussehen. Aber die Graphen von oben zeigen, dass das nicht so ist.

∇ **Trullo**: Biähnliche Welten können Formeln nicht unterscheiden, anders ausgedrückt: Sind w und x biähnlich, so sind sie modallogisch äquivalent.

$\triangle$ **Charli**: Eigentlich ist das nicht besonders erstaunlich, denn die Transitionen biähnlicher Welten sind ja eng aufeinander bezogen.

Aber hier ist noch einmal die genaue Formulierung: Ist B eine Bisimulation für die Kripke-Modelle $\mathcal{R}$ und $\mathcal{S}$ so gilt für alle $\langle w, x \rangle \in B$ und für alle Formeln φ:

$$\mathcal{R}, w \models \varphi \Leftrightarrow \mathcal{S}, x \models \varphi.$$

∇ **Trullo**: Na, dann machen wir uns doch mal an den Beweis. Am besten, wir gehen induktiv nach der Struktur der Formel φ vor.

Wegen der atomaren Harmonie gilt die Äquivalenz für atomare Aussagen. Es ist auch klar, dass Konjunktion und Negation unter dieser Äquivalenz erhalten bleiben, so dass nur der Fall übrig bleibt, die Aussage für eine Formel $\Diamond\varphi$ zu beweisen, unter der Annahme, dass sie für φ gilt.

$\triangle$ **Charli**: Damit ist schon eine Menge Holz beiseite geschafft, ich zeige mal „$\Rightarrow$":

Angenommen, $\mathcal{R}, w \models \Diamond\varphi$ gilt. Somit existiert eine Welt w' in $\mathcal{R}$ mit $w \xrightarrow{R} w'$ und $\mathcal{R}, w' \models \varphi$. Daher existiert durch die Vorwärtsbedingung (2) eine Welt x' in $\mathcal{S}$ mit $x \xrightarrow{S} x'$ und $\langle w', x' \rangle \in B$, so dass $\mathcal{S}, x' \models \varphi$ nach Induktionsvoraussetzung. Da x' ein Nachfolger von x ist, schließen wir $\mathcal{S}, x \models \Diamond\varphi$.

∇ **Trullo**: Wenn ich mir das Argument so ansehe, so brauchen wir nur die Vorwärtsbedingung durch die Rückwärtsbedingung zu ersetzen, dann haben wir auch den Beweis für „$\Leftarrow$".

$\triangle$ **Charli**: Es ist ganz überraschend, dass die Umkehrung auch gilt: modallogisch äquivalente Welten sind biähnlich. Allerdings benötigen wir hierzu eine zusätzliche Eigenschaft. Die Kripke-Modelle müssen bildendlich sein.

∇ **Trullo**: Was heißt das?

$\triangle$ **Charli**: Jede Welt hat nur endlich viele Nachfolger. Technisch bedeutet *Bildendlichkeit*: $R(w)$ ist für jedes $w \in W$ endlich.

∇ **Trullo**: Wenn wir zeigen wollen, dass die bildendlichen Kripke-Modelle $\mathcal{R}$ und $\mathcal{S}$ biähnlich sind, dann müssen wir eine Bisimulation konstruieren. Klingt irgendwie kompliziert.

$\triangle$ **Charli**: Man muss nehmen, was man hat, nämlich die modallogische Äquivalenz. Aber wir sollten den *Satz von Hennessy-Milner* genauer formulieren: Sind $\mathcal{R}$ und $\mathcal{S}$ bildendliche Kripke-Modelle, so sind modallogisch äquivalente Zustände biähnlich.

> **!**
>
> Die Strategie des Beweises besteht darin, eine Bisimulation zu konstruieren. Trullo erläutert das gleich. Der Beweis wird durch Widerspruch geführt. Der wesentliche Punkt besteht darin zu zeigen, dass wir dann in die Konstruktion einer unendlichen Folge von Welten laufen können, aber nur endlich viele zur Verfügung haben.
>
> Ein hübsches Detail ist die Beobachtung, dass die Existenz eines Nachfolgers für eine Welt w aus $\mathcal{R}, w \models \Diamond\top$ folgt. Das setzt die Maschinerie in Gang.

∇ **Trullo**: Gegeben sind zwei modallogisch äquivalente Zustände w^* und x^*. Dann müssen wir eine Bisimulation B finden mit $\langle w^*, x^* \rangle \in B$. Das Einzige, was wir über die Zustände wissen, ist, dass sie modallogisch äquivalent sind, also dass sie genau dieselben Formeln erfüllen.

Daraus machen wir jetzt eine Bisimulation. Wir definieren

$$B := \{\langle w', x' \rangle \mid w' \text{ und } x' \text{ sind modallogisch äquivalent}\}.$$

Der Plan ist, B als Bisimulation zu etablieren. Da nach Annahme $\langle w^*, x^* \rangle \in B$, wird dies dann die Behauptung beweisen.

$\triangle$ **Charli**: Kühner Plan, aber wir haben – außer der Bildähnlichkeit der Modelle – ja nicht mehr Informationen zur Verfügung. Mal sehen, wie wir damit durchkommen.

Wenn $\langle w, x \rangle \in B$, dann erfüllen beide dieselben atomaren Aussagen wegen der Definition der modallogischen Äquivalenz. Das gibt Hoffnung: B erfüllt die atomare Harmonie.

∇ **Trullo**: Jetzt nehmen wir uns $\langle w, x \rangle \in B$ her und eine Transition $w \xrightarrow{R} w'$.

> **!** Jetzt wird's ein bisschen hakelig, aber nur die Ruhe kann es bringen!

Angenommen, wir können kein x' finden mit $x \xrightarrow{S} x'$ und $\langle w', x' \rangle \in B$.

- Wir wissen, dass $\mathcal{R}, w \models \Diamond\top$, denn das sagt ja genau, dass es einen Nachfolger von w gibt. Da w und x die gleichen Formeln erfüllen, folgt $\mathcal{S}, x \models \Diamond\top$, also $S(x) \neq \varnothing$. Wegen der Bildendlichkeit ist $S(x)$ eine endliche Menge.
- Sei $S(x) = \{x_1, \ldots, x_k\}$. Dann können wir für jedes $x_i \in S(x)$ eine Formel ψ_i finden, so dass $\mathcal{S}, w' \models \psi_i$, aber $\mathcal{S}, x_i \not\models \psi_i$.
- Daher $\mathcal{S}, w \models \Diamond(\psi_1 \wedge \cdots \wedge \psi_k)$, aber $\mathcal{S}, x \not\models \Diamond(\psi_1 \wedge \cdots \wedge \psi_k)$.

Dies ist ein Widerspruch, denn wir haben eine Formel gefunden, die zwar w, aber nicht x erfüllt. Also ist unsere Annahme falsch, und wir können ein x' finden mit $x \xrightarrow{S} x'$ und $\langle w', x' \rangle \in B$.

$\triangle$ **Charli**: Das zeigt die Vorwärtsbedingung. Die Rückwärtsbedingung wird – mit vertauschten Rollen – genauso bewiesen.

Damit ist gezeigt, dass B eine Bisimulation ist, und insbesondere, dass unsere Welten w^* und x^* biähnlich sind. Das wollten wir zeigen.

∇ **Trullo**: Aber sehen wir uns den Beweis noch einmal genauer an.

- Die atomare Harmonie der Welten, die via B verlinkt sind, ist trivial, denn die Welten in B erfüllen dieselben Formeln, also insbesondere dieselben atomaren Aussagen.

- Das Widerspruchsargument im Beweis konstruiert eine Formel, die in einem, aber nicht im anderen Modell gilt.
- Die Formel ist die Konjunktion von Einzelformeln. Diese Einzelformeln werden zu jedem Nachfolger der einen Welt, in der der Widerspruch formuliert wird, gefunden. Weil es stets nur endlich viele Nachfolger gibt, ist die Konjunktion endlich, also eine modallogische Formel.
- Daraus ergibt sich der Widerspruch für die Vorwärts- und völlig analog auch für die Rückwärtsbedingung.

$\triangle$ **Charli**: Die Definition einer Bisimulation hängt stark an der Transitionsstruktur der beteiligten Kripke-Modelle. Das macht die Übertragung auf andere Modelle wie z.B. Nachbarschaftsmodelle schwierig. Eine algebraische Formulierung kann uns an dieser Stelle weiterhelfen.

∇ **Trullo**: Aber die atomare Harmonie ist doch von Transitionen unabhängig.

$\triangle$ **Charli**: Daran ändert sich ja auch nichts. Wir formulieren dazu jetzt den *Satz von Aczel*: Seien $\mathcal{R} = (W, R, \ell)$ und $\mathcal{S} = (X, S, m)$ Kripke-Modelle mit atomarer Harmonie, dann sind die folgenden Aussagen gleichwertig:

1. $B \subseteq W \times X$ ist eine Bisimulation.
2. Es existiert eine Relation R_B auf B, so dass die Projektionen $\pi_1 : (B, B_R) \to (W, R)$ und $\pi_2 : (B, B_R) \to (X, S)$ Rahmenmorphismen sind.

Klar: Die Projektionen $\pi_1 : \langle w, x \rangle \mapsto w$ und $\pi_2 : \langle w, x \rangle \mapsto x$ schauen auf die erste bzw. die zweite Komponente.

> **!**
>
> Es sei B eine Bisimulation. Der Satz von Aczel sagt aus, dass wir aus B eine Struktur machen können, die zwischen den Strukturen für die beiden Kripke-Modellen vermittelt:
>
> $$(W, R) \xleftarrow{\ \pi_1\ } (B, B_R) \xrightarrow{\ \pi_2\ } (X, S)$$
>
> Die Umkehrung gilt auch. Für die vermittelnde Struktur lässt sich schnell ein Modell definieren.

∇ **Trullo**: Hier sind die Transitionen ja wirklich nicht mehr sichtbar (na ja, sie sind unter den Teppich gekehrt). Damit kann man dann auch für andere Strukturen Bisimulationen definieren.

Aber zum Beweis. Das ist eine „genau dann, wenn"-Aussage. Ich versuche mich mal mit „1 $\Rightarrow$ 2". $B \subseteq W \times X$ ist also als Bisimulation angenommen. Die natürliche Definition für R_B lautet

$$R_B(w, x) := \{\langle w', x' \rangle \in B \mid w' \in R(w) \text{ und } x' \in S(x)\},$$

wenn $\langle w, x \rangle \in B$.

$\triangle$ **Charli**: Also gilt $\langle w, x \rangle \xrightarrow{R_B} \langle w', x' \rangle$ genau dann, wenn $w \xrightarrow{R} w'$, $x \xrightarrow{S} x'$ und $\langle w', x' \rangle \in B$.

∇ **Trullo**: Wir sehen nach, ob π_1 ein Rahmenmorphismus ist.

- Aus $\langle w, x \rangle \xrightarrow{R_B} \langle w', x' \rangle$ folgt $w \xrightarrow{R} w'$ *per definitionem*,
- Ist $\pi_1(w, x) \xrightarrow{R} w'$, also $w \xrightarrow{R} w'$ und $\langle w, x \rangle \in B$, so gibt es wegen der Vorwärtsbedingung einer Bisimulation ein x' mit $x \xrightarrow{S} x'$ und $\langle w', x' \rangle \in B$. Es gilt $\pi_1(w', x') = w'$.

Also ist $\pi_1 : (B, R_B) \to (W, R)$ ein Rahmenmorphismus. Völlig analog zeigt man, dass $\pi_2 : (B, R_B) \to (X, S)$ ebenfalls ein Rahmenmorphismus ist.

$\triangle$ **Charli**: Bleibt also noch „$2 \Rightarrow 1$" zu zeigen. Die atomare Harmonie ist vorausgesetzt, wir kümmern uns um die Vorwärtsbedingung. Sei also $\langle w, x \rangle \in B$ mit $w \xrightarrow{R} w'$, also $\pi_1(w, x) \xrightarrow{R} w'$. Weil $\pi_1 : (B, R_B) \to (W, R)$ ein Rahmenmorphismus ist, finden wir x' mit $\langle w', x' \rangle \in B$ und $\langle w, x \rangle \xrightarrow{R_B} \langle w', x' \rangle$, insbesondere also $x \xrightarrow{S} x'$. Also ist die Vorwärtsbedingung erfüllt. Ganz analog argumentiert man für die Rückwärtsbedingung (mit π_2 statt π_1).

Bisimulationen beschreiben, wie das Verhalten zweier Kripke-Modelle wechselseitig beschrieben werden kann. Biähnliche Welten haben die bemerkenswerte Eigenschaft, dass sie Formeln nicht voneinander unterscheiden können, dass also genau dieselben Formeln für sie gültig sind. Unter einer Endlichkeitsbedingung zeigt der Satz von Hennessy-Milner, dass Welten mit denselben Theorien auch biähnlich sind. Der Satz von Aczel schließlich charakterisiert Biähnlichkeit durch Morphismen und ein verbindendes Modell. Das wird der Schlüssel zur Verallgemeinerung von Bisimulationen für Modelle, in denen Transitionen nicht direkt zur Verfügung stehen.

4.4 Die Lindenbaum-Konstruktion

*Neben der Semantik sind Beweise **das** große Thema einer Logik, und natürlich die Frage, wie beides zusammenhängt. Diesem Thema widmen wir uns jetzt Wir werden nun zeigen, wie wir aus einer Menge von modalen Formeln ein Modell erhalten, das genau diese Formeln erfüllt. Die Bühne ist die einfache modale Sprache. Es ist klar, dass nicht jede Menge von Formeln in der Lage ist, ein solches Modell zu generieren, also sehen wir uns solche Mengen von Formeln genauer an, die dazu geeignet sind.*

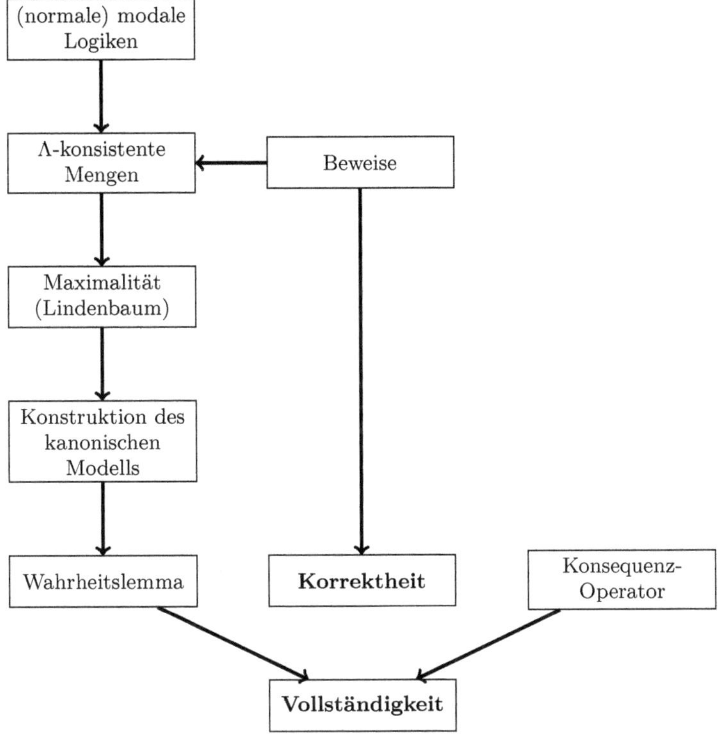

Abb. 4.6: Vorgehensweise bei der Lindenbaum-Konstruktion

*Die Lindenbaum-Konstruktion wird uns dabei helfen, Korrektheit und Vollstän-
digkeit für den Beweiskalkül nachzuweisen, den wir in diesem Abschnitt präsentieren. Abbildung 4.6 zeigt die Vorgehensweise.*

∇ **Trullo**: Wir haben gesehen, dass es in der Aussagenlogik und der Prädikatenlogik gelungen ist, unter gewissen Bedingungen aus einer Menge von Formeln
ein Modell zu konstruieren (Stichwort Lindenbaum-Algebra). Das wollen wir
hier auch tun.

$\triangle$ **Charli**: Wenn wir uns Mengen von modalen Formeln genauer ansehen wollen,
ist es geschickt, den Begriff der Substitution genauer zu fassen. Zur Erinnerung:
$\mathcal{F}(\mathfrak{C})$ die Menge aller modalen Formeln der einfachen modalen Sprache (siehe
Seite 101).
Eine Abbildung $\sigma : \mathfrak{C} \to \mathcal{F}\mathfrak{C}$, die jeder atomaren Aussage eine Formel zuweist,
können wir durch Induktion über den Aufbau von Formeln zu einer Abbildung
$\mathcal{F}(\mathfrak{C}) \to \mathcal{F}(\mathfrak{C})$ erweitern (traditionell durch Exponentiation bezeichnet):

$$p^\sigma := \sigma(p), \text{ wenn } p \in \mathfrak{C},$$
$$(\neg\varphi)^\sigma := \neg(\varphi^\sigma),$$
$$(\varphi_1 \wedge \varphi_2)^\sigma := \varphi_1^\sigma \wedge \varphi_2^\sigma,$$
$$(\lozenge\,\varphi)^\sigma := \lozenge\,(\varphi^\sigma).$$

Es ist klar, was hier vor sich geht: die Substitution wird über den Syntaxbaum einer Formel verteilt, also nichts Besonderes. σ heißt dann eine *Substitution*.

Wir unterscheiden hier nicht zwischen der ursprünglichen Abbildung $\mathfrak{C} \to \mathcal{F}(\mathfrak{C})$ und ihrer Erweiterung $\mathcal{F}(\mathfrak{C}) \to \mathcal{F}(\mathfrak{C})$.

∇ **Trullo**: Jetzt brauchen wir Formeln, Mengen von Formeln.

$\triangle$ **Charli**: Wir legen zwei wichtige Eigenschaften fest. Ist Λ eine Menge von Formeln, dann sagen wir, dass

- Λ *unter Modus ponens abgeschlossen* ist, wenn $\varphi \in \Lambda$ und $\varphi \to \psi \in \Lambda$ zusammen $\psi \in \Lambda$ implizieren.
- Λ *unter uniformer Substitution abgeschlossen* ist, wenn wir aus $\varphi \in \Lambda$ schließen können, dass $\varphi^\sigma \in \Lambda$ für alle Substitutionen σ.

∇ **Trullo**: Der Modus ponens ist uns ja von unseren Ausflügen in die Aussagenlogik und die Prädikatenlogik erster Stufe nicht unbekannt.

$\triangle$ **Charli**: Der Abschluss unter Modus ponens ist eine wichtige Eigenschaft, die wir aus Kripke-Modellen übernehmen. In einem Kripke-Modell $\mathcal{R}$ sieht man, dass aus $\mathcal{R}, w \models \varphi$ und $\mathcal{R}, w \models \varphi \to \psi$ stets folgt $\mathcal{R}, w \models \psi$.

Eine Menge von Formeln, für die wir ein Modell suchen, muss diese Eigenschaft haben, ebenfalls müssen alle aussagenlogischen Tautologien darin enthalten sein.

∇ **Trullo**: Der Begriff der modalen Logik bringt es auf den Punkt.

Eine Menge $\Lambda \subseteq \mathcal{F}(\mathfrak{C})$ von Formeln der einfachen modalen Sprache heißt *modale Logik*, wenn diese Bedingungen erfüllt sind:

1. Λ enthält alle aussagenlogischen Tautologien.
2. Λ ist unter Modus ponens und unter uniformer Substitution abgeschlossen.

Wenn die Formel φ ein Element von Λ ist, dann wird φ als *Theorem von* Λ bezeichnet; dies schreiben wir als $\vdash_\Lambda \varphi$.

$\triangle$ **Charli:** Die Abgeschlossenheit unter uniformer Substitution ist trickreich, aber nicht selbstverständlich. Sei $\mathcal{R}$ ein Kripke-Modell, dann bezeichne

$$\Lambda_\mathcal{R} := \{\varphi \mid \mathcal{R} \models \varphi\}$$

die Menge aller Formeln, die für alle Welten $w \in W$ gelten. Das wird als $\mathcal{R} \models \varphi$ aufgeschrieben.

Sind p, q zwei atomare Aussagen mit $\ell(p) := W$ und $\ell(q) := \varnothing$, dann $\mathcal{R}, w \models p$ für alle w, also $\mathcal{R} \models p$, aber $\mathcal{R} \not\models q$. Das heißt $p \in \Lambda_\mathcal{R}$, aber $q \notin \Lambda_\mathcal{R}$. Diese Menge ist also nicht unter der Substitution $\sigma : p \mapsto q$ abgeschlossen.

∇ **Trullo:** Ist andererseits Λ unter uniformer Substitution abgeschlossen, so können einige Dinge einfacher formuliert werden. Wenn man zum Beispiel sagt, dass Λ für alle $p \in \mathfrak{C}$ die Formel $\Diamond \Diamond p \to p$ enthält, dann weiß man gleich, dass $\Diamond \Diamond \varphi \to \varphi$ für alle Formeln in Λ enthalten ist.

$\triangle$ **Charli:** Ja, klar, denn die Formel $\Diamond \Diamond \varphi \to \varphi$ geht aus $\Diamond \Diamond p \to p$ durch eine Substitution hervor, die $p \mapsto \varphi$ enthält.

∇ **Trullo:** Für eine Substitution σ kann man auch ziemlich einfach bei einem Kripke-Modell $\mathcal{R} := (W, R, \ell)$ die Abbildung $\ell : \mathfrak{C} \to \mathcal{P}(W)$ modifizieren und daraus ein neues Kripke-Modell über demselben Rahmen fabrizieren. Das geht so: Man setzt

$$\ell^\sigma(p) := \{w \in W \mid \mathcal{R}, w \models \sigma(p)\} \text{ für } p \in \mathfrak{C},$$
$$\mathcal{R}^\sigma := (W, R, \ell^\sigma).$$

$\triangle$ **Charli:** Wir haben $\mathcal{R}^\sigma, w \models p$ genau dann, wenn $\mathcal{R}, w \models \sigma(p)$. Das liegt daran, dass $w \in \ell^\sigma(p)$ genau dann gilt, wenn $\sigma(p) \in \ell(p)$.

∇ **Trullo:** Das bedeutet aber: Es gilt für alle Formeln φ und alle Welten w

$$\mathcal{R}^\sigma, w \models \varphi \Leftrightarrow \mathcal{R}, w \models \varphi^\sigma \tag{4.19}$$

Der Beweis ist praktisch schon geführt, denn es reicht, die Behauptung für atomare Aussagen nachzuweisen.

$\triangle$ **Charli:** Warum? Ach ja, man führt eine Induktion über den Formelaufbau durch, aber weil wir Substitutionen induktiv erweitert und die Gültigkeit ebenfalls auf dieselbe Art induktiv definiert haben, ist das eine eher langweilige Übung.

∇ **Trullo**: Ja, ja, so ist das. Aber es gibt eine ganz interessante Konsequenz. Sei (W, R) ein Rahmen, dann definieren wir

$$\Lambda_{(W,R)} := \{\varphi \in \mathcal{F}(\mathfrak{C}) \mid \mathcal{R} \models \varphi \text{ für jedes Kripke-Modell mit Rahmen } (W, R)\}. \tag{4.20}$$

Dann ist $\Lambda_{(W,R)}$ eine modale Logik.

$\triangle$ **Charli**: $\Lambda_{(W,R)}$ ist unter Modus ponens abgeschlossen und enthält auch alle aussagenlogischen Tautologien, so dass wir zeigen müssen, dass $\Lambda_{(W,R)}$ unter uniformen Substitutionen abgeschlossen ist.

∇ **Trullo**: Was können wir sagen, wenn das nicht der Fall ist? Dann muss es eine Formel φ, eine Substitution σ und auf (W, R) basierte Kripke-Modell $\mathcal{R} = (W, R, \ell)$ geben mit $\mathcal{R} \not\models \varphi^\sigma$, aber $\mathcal{R}' \models \varphi$ für *jedes* (W, R)-basierte Kripke-Modell $\mathcal{R}'$.

$\triangle$ **Charli**: Das bedeutet, es gibt eine Welt $w \in W$ mit $\mathcal{R}, w \not\models \varphi^\sigma$. Das ist aber nach (4.19) gleichwertig mit $\mathcal{R}^\sigma, w \not\models \varphi$.

∇ **Trullo**: Ah, klar, $\mathcal{R}^\sigma$ ist aber ein (W, R)-basiertes Kripke-Modell, also folgt $\mathcal{R}^\sigma \not\models \varphi$. Das ist ein Widerspruch.

Damit haben wir gezeigt, dass $\Lambda_{(W,R)}$ eine modale Logik ist.

$\triangle$ **Charli**: Wenn ich's mir recht überlege, dann ist der Durchschnitt über eine Familie modaler Logiken wieder eine modale Logik.

∇ **Trullo**: Wie meinst du das?

$\triangle$ **Charli**: Na ja, ich nehme für jedes i aus einer Indexmenge $i \in I \neq \varnothing$ eine modale Logik Λ_i, dann ist $\bigcap_{i \in I} \Lambda_i$ eine modale Logik. Ist ja klar: Wenn alle Λ_i unter Modus ponens abgeschlossen sind, ist es auch ihr Durchschnitt. Analog gilt: wenn alle Λ_i unter uniformer Substitution abgeschlossen sind, muss es auch ihr Durchschnitt sein.

∇ **Trullo**: Sehen wir uns ein Beispiel an. Ein transitiver Rahmen R über einer Welt W sei gegeben, und wir definieren $\Lambda_{(W,R)}$ wie gerade in (4.20). Dann enthält $\Lambda_{(W,R)}$ die Formel $\Diamond \Diamond p \to \Diamond p$ für jedes $p \in \mathfrak{C}$.

> **!** Wir müssen also für jedes mit (W, R) konstruierte Kripke-Modell $\mathcal{R} := (W, R, \ell)$ und für jedes $w \in W$ folgendes zeigen: aus $\mathcal{R}, w \models \Diamond \Diamond p$ folgt $\mathcal{R}, w \models \Diamond p$.

$\triangle$ **Charli**: Klar: $\mathcal{R}, w \models \Diamond \Diamond p$ heißt, dass es w' und w'' gibt mit $w \xrightarrow{R} w' \xrightarrow{R} w''$, so dass $\mathcal{R}, w'' \models p$. Weil R transitiv ist, gilt $w \xrightarrow{R} w''$. Das bedeutet aber $\mathcal{R}, w \models \Diamond p$.

∇ **Trullo**: Also ist die Formel $\Diamond \Diamond \varphi \to \Diamond \varphi$ in der modalen Logik

$$\bigcap \{ \Lambda_{(W,R)} \mid R \text{ ist ein transitiver Rahmen} \}$$

für jedes φ enthalten.

Das war das Präludium für unseren nächsten Schritt, nämlich Beweise zu definieren. Wir werden sagen, was ein Beweis aus einer „vernünftigen" Formelmenge ist. Was vernünftig ist, das haben wir gerade definiert.

4.4.1 Beweise

Wir wissen, wann eine Formel in einem Kripke-Modell gültig ist; bislang haben wir aber der Ableitbarkeit von Formeln keine Beachtung geschenkt. Das geschieht jetzt in diesem Abschnitt. In der Ferne scheint das Ziel auf, das Verhältnis zwischen Korrektheit und Vollständigkeit genauer ins Auge zu fassen.

$\triangle$ **Charli**: Als Nächstes steht also jetzt der Begriff der *Deduktion* auf dem Programm.

Ist Λ eine Logik und $\Gamma \cup \{\varphi\}$ eine Menge von modalen Formeln. Dann sagen wir, dass φ aus Γ in Λ *ableitbar* ist genau dann, wenn entweder $\varphi \in \Lambda$, oder wenn es Formeln $\psi_1, \ldots, \psi_k \in \Gamma$ gibt, so dass $\vdash_\Lambda (\psi_1 \wedge \cdots \wedge \psi_k) \to \varphi$. Wir schreiben dies als $\Gamma \vdash_\Lambda \varphi$.

$\triangle$ **Charli**: Wie in der Prädikatenlogik brauchen wir konsistente und, da das für unsere Zwecke noch nicht ganz ausreichend ist, maximal konsistente Mengen von Formeln:

1. Γ ist Λ-*konsistent* genau dann, wenn $\Lambda \nvdash_\Gamma \bot$, andernfalls heißt Γ Λ-*inkonsistent*.
2. Γ ist *maximal Λ-konsistent* genau dann, wenn Γ Λ-konsistent ist und nicht echt in einer Λ-konsistenten Menge enthalten ist.

∇ **Trullo**: Inkonsistenz kann einfach und ziemlich intuitiv charakterisiert werden (vgl. Seite 66). Ist Λ eine modale Logik und Γ eine Menge von Formeln, dann sind diese Aussagen äquivalent:

① Γ ist Λ-inkonsistent.
② $\Gamma \vdash_\Lambda \varphi \wedge \neg\varphi$ für eine Formel φ.
③ $\Gamma \vdash_\Lambda \psi$ für alle Formeln ψ.

$\triangle$ **Charli**: Packen wir's an. Ich versuche mich an ① $\Rightarrow$ ②: Da $\Gamma \vdash_\Lambda \bot$, wissen wir, dass wir Formeln $\psi_1, \ldots, \psi_k \in \Gamma$ finden können, so dass $\vdash_\Lambda \psi_1 \wedge \cdots \wedge \psi_k \to \bot$ gilt. Aber $\bot \to \varphi \wedge \neg\varphi$ ist eine Tautologie, daher $\Gamma \vdash_\Lambda \varphi \wedge \neg\varphi$.

∇ **Trullo**: Die Implikation ② $\Rightarrow$ ③ lässt sich auch ohne Zipp und Zapp beweisen: Nach Annahme gibt es $\psi_1, \ldots, \psi_k \in \Gamma$ mit $\vdash_\Lambda \psi_1 \wedge \cdots \wedge \psi_k \to \varphi \wedge \neg\varphi$, und $\varphi \wedge \neg\varphi \to \psi$ ist eine Tautologie, wenn ψ eine beliebige Formel ist. Daher $\vdash_\Lambda \varphi \wedge \neg\varphi \to \psi$. Somit $\Gamma \vdash_\Lambda \psi$.

Daraus ergibt sich auch ganz rapide ③ $\Rightarrow$ ①: Wir haben insbesondere $\Gamma \vdash_\Lambda \bot$.

$\triangle$ **Charli**: Es ist ja ganz lustig zu sehen, dass wir auch hier eine Art Kompaktheitseigenschaft haben: Eine Menge Γ von Formeln ist Λ-konsistent genau dann, wenn jede endliche Teilmenge von Γ Λ-konsistent ist.

∇ **Trullo**: Das sieht man auch ohne die schweren Geschütze, die wir bei Kompaktheitseigenschaften üblicherweise auffahren.

Wenn Γ Λ-konsistent ist, dann ist es sicherlich auch jede endliche Teilmenge davon. Wenn andererseits jede endliche Teilmenge Λ-konsistent ist, dann muss die gesamte Menge konsistent sein, da Konsistenz mit endlichen Mengen von Zeugen getestet wird.

> **!** Maximale Λ-Konsistenz von Γ bedeutet, dass für jede Λ-konsistente Menge Γ_0 aus $\Gamma \subseteq \Gamma_0$ folgt $\Gamma = \Gamma_0$. Es bedeutet **nicht**, dass Γ jede Λ-konsistente Menge enthält.

∇ **Trullo**: Maximal Λ-konsistente Mengen einer modalen Logik Λ haben Eigenschaften, die an die gesättigter Mengen von Formeln in der Aussagenlogik erinnern (Seite 14).

$\triangle$ **Charli**: Na, ein bisschen genauer sollte es schon sein.

∇ **Trullo**: Klar, das ist ja nur der Haken, an den ich die folgende Aussage hängen möchte. Also: Ist Γ eine maximal Λ-konsistente Menge von Formeln für eine modale Logik Λ, dann gilt:

❶ Γ ist unter Modus ponens abgeschlossen.

❷ $\Lambda \subseteq \Gamma$.

❸ $\varphi \in \Gamma$ oder $\neg\varphi \in \Gamma$ für alle Formeln φ.

❹ $\varphi \vee \psi \in \Gamma$ genau dann, wenn $\varphi \in \Gamma$ oder $\psi \in \Gamma$ für alle Formeln φ, ψ.

❺ $\varphi \wedge \psi \in \Gamma$ genau dann, wenn $\varphi \in \Gamma$ und $\psi \in \Gamma$ für alle Formeln φ, ψ.

$\triangle$ **Charli**: Ja, da gibt es einiges zu beweisen. Machen wir uns ran[4].

Angenommen, $\varphi \in \Gamma$ und $\varphi \to \psi \in \Gamma$, aber $\psi \notin \Gamma$. Dann ist $\Gamma \cup \{\psi\}$ wegen der Maximalität von Γ inkonsistent, daher $\Gamma \cup \{\psi\} \vdash_\Lambda \bot$ nach der Definition der Inkonsistenz auf Seite 147. Somit können wir nach Definition von $\vdash_\Lambda$ Formeln $\psi_1, \ldots, \psi_k \in \Gamma$ finden mit $\vdash_\Lambda \psi \wedge \psi_1 \wedge \cdots \wedge \psi_k \to \bot$. Da $\varphi \in \Gamma$ und $\vdash_\Lambda \varphi \wedge \psi_1 \wedge \cdots \wedge \psi_k \to \psi \wedge \psi_1 \wedge \cdots \wedge \psi_k$, schließen wir $\Gamma \vdash_\Lambda \bot$. Also ist Γ nicht Λ-konsistent. Damit ist ❶ bewiesen.

∇ **Trullo**: Na gut, so geht der Beweis für ❷:

Um zu zeigen, dass $\Lambda \subseteq \Gamma$, nehmen wir an, dass es ein $\psi \in \Lambda$ gibt, so dass $\psi \notin \Gamma$, dann ist $\Gamma \cup \{\psi\}$ wegen der Maximalität inkonsistent, daher $\vdash_\Lambda \psi_1 \wedge \cdots \wedge \psi_k \to \neg\psi$ für einige $\psi_1, \ldots, \psi_k \in \Lambda$

$\triangle$ **Charli**: Wieso? Ach ja: nach ③ gilt $\Gamma \cup \{\psi\} \vdash_\Lambda \neg\psi$, also können wir $\psi_1, \ldots, \psi_n \in \Gamma \cup \{\psi\}$ finden mit $\vdash_\Lambda \psi_1 \wedge \cdots \wedge \psi_k \to \neg\psi$, und wenn sich ψ darunter befindet, so kann es (wegen der Tautologie $(p \to \neg q) \leftrightarrow (p \wedge q \to \neg q)$) vernachlässigt werden.

∇ **Trullo**: Jetzt können wir durch Kontraposition schließen $\vdash_\Lambda \psi \to \neg(\psi_1 \wedge \cdots \wedge \psi_k)$. Weil aber $\psi \in \Lambda$ angenommen ist, folgt daraus $\Gamma \vdash_\Lambda \neg(\psi_1 \wedge \cdots \wedge \psi_k)$. Aber $\Gamma \vdash_\Lambda \psi_1 \wedge \cdots \wedge \psi_k$, daher ist Γ Λ-inkonsistent. Damit ist ❷. bewiesen.

$\triangle$ **Charli**: Zum Beweis von ❸. Wenn $\varphi \notin \Gamma$ und $\neg\varphi \notin \Gamma$, dann sind $\Gamma \cup \{\varphi\}$ und $\Gamma \cup \{\neg\varphi\}$ inkonsistent, also $\Gamma \cup \{\varphi\} \vdash \neg\varphi$ und $\Gamma \cup \{\neg\varphi\} \vdash \varphi$. Also gibt es $\psi_1, \ldots, \psi_n \in \Lambda$ mit $\vdash_\Lambda \psi_1 \wedge \cdots \wedge \psi_n \to \neg\varphi$ und $\chi_1, \ldots, \chi_k \in \Lambda$ mit $\vdash_\Lambda \chi_1 \wedge \cdots \wedge \chi_k \to \varphi$. Daraus folgt

$$\vdash_\Lambda \psi_1 \wedge \cdots \wedge \psi_n \wedge \chi_1 \wedge \cdots \wedge \chi_k \to \neg\varphi \wedge \varphi$$

Daher ist Λ nach ③ inkonsistent.

∇ **Trullo**: Der Beweis für „$\Rightarrow$" in ❹ geht ganz ähnlich. Wie nehmen an, dass $\varphi \vee \psi \in \Gamma$, aber $\varphi \notin \Gamma$ und $\psi \notin \Gamma$. Also sind $\Gamma \cup \{\varphi\}$ und $\Gamma \cup \{\psi\}$ inkonsistent, wir finden also $\varphi_1, \ldots \varphi_n, \psi_1, \ldots, \psi_k \in \Gamma$ mit

$$\vdash_\Lambda \varphi_1 \wedge \cdots \wedge \varphi_n \to \neg\varphi \quad \text{und} \quad \vdash_\Lambda \psi_1 \wedge \cdots \wedge \psi_k \to \neg\psi.$$

Also

$$\vdash_\Lambda \varphi_1 \wedge \cdots \wedge \varphi_n \wedge \psi_1 \wedge \cdots \wedge \psi_k \to \neg(\varphi \vee \psi).$$

Daraus folgt

$$(\varphi \vee \psi) \wedge \varphi_1 \wedge \cdots \wedge \varphi_n \wedge \psi_1 \wedge \cdots \wedge \psi_k \to \bot,$$

---

[4] Nach der Ölkrise im Jahre 1973 warb eine bekannte Mineralölgesellschaft mit den Worten *Es gibt viel zu tun. Packen wir's an.* Das waren auch die Leute, die einige Jahre vorher *Pack den Tiger in den Tank!* gerufen hatten.

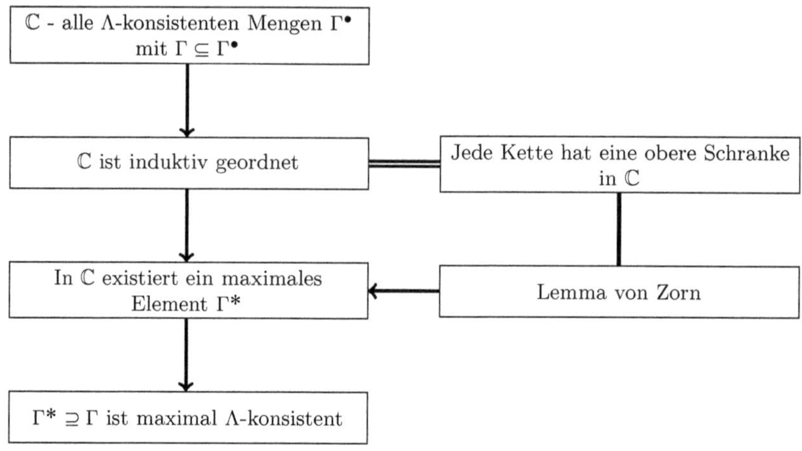

Abb. 4.7: Schlachtplan: Existenz einer maximalen Λ-konsistenten Menge

also $\Gamma \vdash_\Lambda \bot$, daher ist Γ nicht konsistent.

$\triangle$ **Charli**: Die Umkehrung folgt aus dem Modus ponens, denn $p \to p \vee q$ ist eine Tautologie. Damit haben wir ❹ erledigt.

∇ **Trullo**: Die Aussage ❺ folgt dann leicht aus ❹ und ❺.

Die Aussagen ❶ – ❺ geben uns einen bequemen Katalog von Eigenschaften, den wir in der folgenden Diskussion oft benutzen werden.

4.4.2 Maximale konsistente Mengen

Wir wissen, welche Eigenschaften die maximalen Λ-konsistenten Mengen haben - aber gibt es sie überhaupt? In diesem Abschnitt versichern wir uns ihrer Existenz mit bewährten und erprobten Hilfsmitteln (Abbildung 4.7).

$\triangle$ **Charli**: Das sind ja insgesamt ganz bequeme Eigenschaften, sie erinnern irgendwie an die maximalen Eigenschaften, die wir bei Primidealen ausgenutzt haben. Aber, andererseits – woher nehmen und nicht stehlen? Anders gefragt: Woher bekommen wir maximale konsistente Mengen?

Wir fixieren für die folgende Diskussion eine normale modale Logik Λ.

∇ **Trullo**: Die Idee liegt nahe, dass wir eine konsistente Menge zu erweitern versuchen. Das ist dieselbe Technik, mit der wir den Kompaktheitssatz der Aussagenlogik in Abschnitt 2.3 für den allgemeinen Fall bewiesen haben. Wie dort finden wir übrigens dann auch einen eher konstruktiven Beweis für den Fall, dass unsere Menge $\mathfrak{C}$ der atomaren Aussagen abzählbar ist.

$\triangle$ **Charli**: Die Erweiterung (das „Aufblasen") ist ja auch die Methode, mit der man zu einem Ideal ein Primideal findet (vgl. Seite 197, Theorem 3), das Primideal-Theorem.

$\triangledown$ **Trullo**: Der Plan sieht dann – für den allgemeinen Fall – so aus. Wir wollen die Λ-konsistente Menge Γ zu einer maximalen Λ-konsistenten Menge Γ^* erweitern (klar, $\Gamma \subseteq \Gamma^*$ soll gelten). Dazu setzen wir

$$\mathbb{C} := \{\Gamma^\bullet \mid \Gamma^\bullet \text{ ist } \Lambda\text{-konsistent und } \Gamma \subseteq \Gamma^\bullet\}$$

und wollen ein maximales Element in $\mathbb{C}$ zu finden. Für dieses Element weisen wir nach, dass es die gewünschten Eigenschaften hat. Das ist dann die gesuchte Menge.

$\triangle$ **Charli**: Der Plan ist klar, Maximalität riecht nach dem Lemma von Zorn (Theorem 1 auf Seite 195).

$\triangledown$ **Trullo**: Ja, wir müssen irgendwie die Teilmengenrelation in Kombination mit der Konsistenz für die Maximalität ausnutzen, und da liegt das Lemma von Zorn schon nahe.

> **!** Was müssen wir tun? Zunächst müssen wir zeigen, dass $\mathbb{C}$ induktiv geordnet ist. Wir müssen daher für eine Kette (Seite 195), also eine linear geordnete Menge $\mathbb{K} \subseteq \mathbb{C}$ zeigen, dass sie eine obere Schranke in $\mathbb{C}$ hat.

$\triangle$ **Charli**: Ah, das mit der oberen Schranke! Wir müssen zu $\mathbb{K}$ ein Element, sagen wir, $\Gamma_0 \in \mathbb{C}$ so finden, dass $\Gamma^\bullet \subseteq \Gamma_0$ für alle $\Gamma^\bullet \in \mathbb{K}$ gilt. Weil $\Gamma_0 \in \mathbb{C}$, muss also gelten $\Gamma \subseteq \Gamma_0$ und Γ_0 ist Λ-konsistent.

$\triangledown$ **Trullo**: Ein Kandidat für Γ_0 liegt sozusagen auf der Hand. Wir definieren $\Gamma_0 := \bigcup \mathbb{K}$. Dann wissen wir schon, dass $\Gamma \subseteq \Gamma_0$. Außerdem wissen wir, dass $\Gamma^\bullet \subseteq \Gamma_0$ für alle $\Gamma^\bullet \in \mathbb{K}$ gilt.

$\triangle$ **Charli**: Bleibt die Λ-Konsistenz für Γ_0 zu zeigen. Nehmen wir an, dass Γ_0 nicht Λ-konsistent ist. Dann gibt es nach ② eine Formel φ mit $\Gamma_0 \vdash_\Lambda \varphi \wedge \neg\varphi$. Also gibt es $\psi_1, \dots, \psi_n \in \Gamma_0$ mit $\vdash_\Lambda \psi_1 \wedge \cdots \wedge \psi_n \to \varphi \wedge \neg\varphi$.

> **!** Wir dröseln jetzt die Beobachtung $\psi_1, \dots, \psi_n \in \Gamma_0$ auf.

∇ **Trullo**: Na fein, jetzt finden wir zu ψ_i ein Element $\Gamma_i \in \mathbb{K}$ mit $\psi_i \in \Gamma_i$ für $1 \leqslant i \leqslant n$. $\mathbb{K}$ ist aber eine Kette, also bilden auch die Γ_i eine Kette, es gibt also ein größtes Element darunter, sagen wir, Γ^+. Γ^+ enthält also alle Γ_i. Das heißt aber, es gilt $\psi_i \in \Gamma^+$ für alle i. Damit haben wir aber jetzt gezeigt, dass $\vdash_\Lambda \psi_1 \wedge \cdots \wedge \psi_n \to \varphi \wedge \neg\varphi$ für Elemente von $\Gamma^+ \in \mathbb{K}$ gilt. Also ist Γ^+ nicht konsistent, im Widerspruch zur Annahme.

$\triangle$ **Charli**: Wir haben also jetzt gezeigt, dass Γ_0 ein Element von $\mathbb{C}$ ist. Also besitzt jede Kette in $\mathbb{C}$ eine obere Schranke in $\mathbb{C}$.

Jetzt greift das Lemma von Zorn (Theorem 1 auf Seite 195) und beschert uns ein maximales Element $\Gamma^* \in \mathbb{C}$.

∇ **Trullo**: Mal sehen, welche Eigenschaften Γ^* hat:

- es gilt $\Gamma \subseteq \Gamma^*$,
- Γ^* ist Λ-konsistent,
- Γ^* ist maximal: falls eine Λ-konsistente Menge Γ_0 unsere Ausgangsmenge Γ enthält, so gilt $\Gamma_0 \subseteq \Gamma^*$, weil $\Gamma^* \in \mathbb{C}$ maximal ist.

$\triangle$ **Charli**: JUBEL! Damit haben wir gezeigt, dass es zu jeder Λ-konsistenten Menge Γ eine maximale Λ-konsistente Menge Γ^* gibt mit $\Gamma \subseteq \Gamma^*$. In der Literatur heißt diese Aussage das *Lindenbaum-Lemma*[5].

> Ähnlich wie im Beweis des Kompaktheitssatzes der Aussagenlogik gibt es gelegentlich Bedenken gegen die Verwendung des Lemmas von Zorn und der damit verwandten Methoden. Im abzählbaren Fall gibt es auch hier eine Alternative.

∇ **Trullo**: Ich habe einen Beweis mitgebracht für den Fall, dass die Menge $\mathfrak{C}$ der atomaren Aussagen abzählbar ist. Dann gibt es ja auch nur abzählbar viele Formeln $\{\varphi_n \mid n \in \mathbb{N}\}$.

Sei die Λ-konsistente Menge Γ wie oben gegeben. Wir definieren durch Induktion

$$\Gamma_0 := \Gamma,$$
$$\Gamma_{n+1} := \Gamma_n \cup \{\psi_n\},$$

wobei

$$\psi_n := \begin{cases} \varphi_n, & \text{falls } \Gamma_n \cup \{\varphi_n\} \text{ konsistent ist,} \\ \neg\varphi_n, & \text{sonst.} \end{cases}$$

---

[5] Diese Aussage geht wie die Konstruktion der Lindenbaum-Algebra auf A. Lindenbaum zurück, vgl. [36, Fußnote p. 245f., Fußnote p. 318]

Schließlich setzen wir

$$\Gamma^+ := \bigcup_{n \in \mathbb{N}} \Gamma_n.$$

$\triangle$ **Charli**: Fast mit bloßem Auge können wir diese Eigenschaften erkennen:

- Γ_n ist Λ-konsistent für alle $n \in \mathbb{N}_0$,
- entweder $\varphi \in \Gamma^+$ oder $\neg\varphi \in \Gamma^+$ für alle Formeln φ,
- wenn $\Gamma^+ \vdash_\Lambda \varphi$, dann $\varphi \in \Gamma^+$,
- $\Gamma \subseteq \Gamma^+$ ist maximal.

∇ **Trullo**: Damit haben wir für den Spezialfall abzählbarer Formelmengen einen direkten, konstruktiven Beweis für das Lindenbaum-Lemma. Er greift nicht auf das Lemma von Zorn zurück.

> **!** Vor lauter Begeisterung über gleich zwei Beweise des Lindenbaum-Lemmas dürfen wir aber das Ziel nicht aus dem Auge verlieren, nämlich ein Modell für eine modale Logik zu bauen. Wir haben es mit einer Menge von Formeln zu tun, und um zum Ziel zu kommen, müssen wir uns die Menge ein wenig genauer ansehen.

$\triangle$ **Charli**: Wenn wir zu unserem Ziel kommen wollen, müssen wir einige zusätzliche Annahmen treffen: Wir müssen nämlich sagen, wann eine Logik *normal* ist. Eine modale Logik Λ heißt *normal*, wenn für alle aussagenlogischen Buchstaben $p, q \in \mathfrak{C}$ und alle Formeln φ gilt:

(K) $\vdash_\Lambda \Box(p \to q) \to (\Box p \to \Box q)$,
(D) $\vdash_\Lambda \Diamond p \leftrightarrow \neg\Box\neg p$,
(G) Wenn $\vdash_\Lambda \varphi$, dann $\vdash_\Lambda \Box\varphi$.

∇ **Trullo**: Mal sehen. Wir müssen uns vor Augen halten, dass wir es mit einer Menge von Formeln zu tun haben, also lediglich syntaktische Eigenschaften feststellen können. Das sieht man an der Eigenschaft **(D)**, die rein syntaktisch $\Diamond$ und $\Box$ miteinander verbindet. Eigenschaft **(K)** sagt, dass, wenn die Implikation $p \to q$ notwendig ist, macht die Notwendigkeit von p q notwendig. Schließlich besagt **(G)**, salopp gesagt, dass, wenn etwas der Fall ist, es dann notwendigerweise der Fall ist. Es ist eine Regel zur Verallgemeinerung.

$\triangle$ **Charli**: Die ersten beiden Regeln befassen sich ja nur mit atomaren Aussagen.

∇ **Trullo**: Das macht ja nix: Modale Logiken sind bezüglich uniformer Substitution abgeschlossen. Deshalb ist das ausreichend.

$\triangle$ **Charli**: Komisch, die Regel (**G**) ist nicht für atomare Aussagen, sondern für alle Formeln formuliert. Wie kommt das denn?

∇ **Trullo**: Die Regel ist ein wenig anders als die beiden anderen. Man sollte sie vielleicht, analog zur Schreibweise des Modus ponens, so schreiben:

$$\frac{\vdash_\Lambda \varphi}{\vdash_\Lambda \Box\varphi}.$$

Dann wird klar, dass es sich um eine Schlussregel handelt.

$\triangle$ **Charli**: Einleuchtend. Normale Logiken haben die schöne Eigenschaft, dass der Diamant die Äquivalenz von Formeln erhält. Das zeigen wir als kleine Fingerübung, um zu sehen, wie man mit normalen Logiken umgeht.

∇ **Trullo**: Also ist zu beweisen:

$$\vdash_\Lambda \varphi \leftrightarrow \psi \Rightarrow \vdash_\Lambda \Diamond\varphi \leftrightarrow \Diamond\psi.$$

Es ist ausreichend zu zeigen, $\vdash_\Lambda \varphi \rightarrow \psi \Rightarrow \vdash_\Lambda \Diamond\varphi \rightarrow \Diamond\psi$. Der Rest wird analog bewiesen.

$\triangle$ **Charli**: Und das geht so:

$$
\begin{array}{ll}
\vdash_\Lambda \varphi \rightarrow \psi \Rightarrow \vdash_\Lambda \neg\psi \rightarrow \neg\varphi & \text{(Kontraposition)} \\
\quad \Rightarrow \vdash_\Lambda \Box(\neg\psi \rightarrow \neg\varphi) & \text{(nach (\textbf{G}))} \\
\quad \Rightarrow \vdash_\Lambda (\Box(\neg\psi \rightarrow \neg\varphi)) \rightarrow (\Box\neg\psi \rightarrow \Box\neg\varphi) & \text{(gleichmäßige Substitution, (\textbf{K}))} \\
\quad \Rightarrow \vdash_\Lambda \Box\neg\psi \rightarrow \Box\neg\varphi & \text{(Modus Ponens)} \\
\quad \Rightarrow \vdash_\Lambda \neg\Box\neg\varphi \rightarrow \neg\Box\neg\psi & \text{(Kontraposition)} \\
\quad \Rightarrow \vdash_\Lambda \Diamond\varphi \rightarrow \Diamond\psi & \text{(nach (\textbf{D}))}.
\end{array}
$$

∇ **Trullo**: Gibt es denn genug normale modale Logiken? Wie sieht das mit $\Lambda_{\mathcal{F}}$ für einen Rahmen $\mathcal{F}$ aus?

$\triangle$ **Charli**: Wir wissen, dass $\Lambda_{\mathcal{F}}$ für jeden Rahmen eine modale Logik ist (4.20). Jetzt müssten wir überlegen, ob $\Lambda_{\mathcal{F}}$ auch normal ist.

∇ **Trullo**: Aber das gilt: Für jeden Rahmen $\mathcal{F}$ ist $\Lambda_{\mathcal{F}}$ eine normale modale Logik. Dazu müssten wir die Eigenschaften (**K**), (**D**) und (**G**) auf Seite 153 nachweisen. Auf geht's!

(**K**)   Weil $\mathcal{F} \models \Box(p \rightarrow q) \rightarrow (\Box p \rightarrow \Box q)$, gilt diese Eigenschaft.

(**D**)   Analog: $\mathcal{F} \models \Diamond p \leftrightarrow \neg\Box\neg p$, also erfüllt $\Lambda_{\mathcal{F}}$ auch diese Eigenschaft.

(**G**)   Bleibt zu zeigen $\dfrac{\vdash_{\Lambda_{\mathcal{F}}} \varphi}{\vdash_{\Lambda_{\mathcal{F}}} \Box\varphi}.$

$\triangle$ **Charli**: Also, wenn $\mathcal{F} \not\models \Box\varphi$ dann gibt es ℓ und w mit $(\mathcal{F}, \ell), w \not\models \Box\varphi$, also auch eine Welt $w' \in R(w)$ mit $(\mathcal{F}, \ell), w' \not\models \varphi$. Das heißt aber $\mathcal{F} \not\models \varphi$.

Es gibt also genug normale modale Logiken. Für die können wir jetzt ein Kripke-Modell konstruieren.

4.4.3 Das kanonische Modell

Unser Ziel ist die Konstruktion eines Kripke-Modells für eine gegebene normale modale Logik. In diesem Modell ist die Gültigkeit einer Formel gleichwertig ist mit ihrer Beweisbarkeit. Das kanonische Modell, das wir für eine normale modale Logik Λ konstruieren, interpretiert alle Λ-maximalen konsistenten Erweiterungen als Welten und regelt den Übergang zwischen ihnen.

$\triangle$ **Charli**: Wir benötigen zur Konstruktion eines Kripke-Modells zunächst eine Menge von Welten. Hier gehen wir nicht so vor, dass wir ein Primideal konstruieren (denn wir haben ja keine Boolesche Algebra, in der wir das tun könnten), sondern wir sehen uns alle Λ-konsistenten und maximalen Mengen an.

∇ **Trullo**: Gibt's denn davon genug?

$\triangle$ **Charli**: Klar: ist zum Beispiel φ eine aussagenlogische Tautologie, dann ist $\{\varphi\}$ Λ-konsistent, kann also zu einer maximalen Λ-konsistenten Menge erweitert werden.

∇ **Trullo**: Na gut, wir definieren versuchsweise

$$W_\Lambda := \{\Gamma \mid \Gamma \text{ ist } \Lambda\text{-konsistent und maximal}\}.$$

als Menge aller Welten für unser Modell. Mal sehen, ob's klappt[6]. Dann brauchen wir eine Übergangsrelation; wie sieht es damit aus?

$\triangle$ **Charli**: Wir simulieren den Übergang; auf der Ebene der einzelnen Formeln können wir ja überlegen, dass φ in $\Diamond\varphi$ übergeht, der Übergang also durch $\Diamond$ beschrieben wird. Übertragen auf maximale Mengen bedeutet es, dass $\Gamma \xrightarrow{R_\Lambda} \Gamma'$, falls aus $\varphi \in \Gamma'$ stets folgt $\Diamond\varphi \in \Gamma$. Also:

$$\Gamma \, R_\Lambda \, \Gamma' \Leftrightarrow \varphi \in \Gamma' \text{ impliziert } \Diamond\varphi \in \Gamma \text{ für alle Formeln } \varphi$$
$$\Leftrightarrow \{\Diamond\varphi \mid \varphi \in \Gamma'\} \subseteq \Gamma. \tag{4.21}$$

---

[6] Spoiler: Das tut's!

> ! Die Konstruktion der Übergangsrelation ist zentral. Sie wirkt zunächst ein wenig befremdlich. Aber wir überlegen, dass sie getreulich die Eigenschaften von Transitionen für Kripke-Modelle widerspiegelt, wenn wir sie nur geeignet formulieren.

∇ **Trullo**: Das sieht komisch aus, ich hätte erwartet, dass ein Übergang von Γ zu Γ' stattfindet, wenn stets $\varphi \in \Gamma \Rightarrow \Diamond\varphi \in \Gamma'$ gilt.

$\triangle$ **Charli**: Ja, hätte ich auch. Andererseits: ist $\varphi \in \Gamma'$, dann enthält $\Diamond\varphi$ alle Informationen zum Übergang.

∇ **Trullo**: Hilft das?

$\triangle$ **Charli**: Nö, eigentlich noch nicht so richtig.

∇ **Trullo**: Ich versuch's mal anders. Für ein Kripke-Modell $\mathcal{R}$ mit Übergangsrelation R und einer Welt w beobachten wir, dass

$$\{\Diamond\varphi \mid \mathcal{R}, w' \models \varphi \text{ für ein } w' \in R(w)\} \subseteq \{\psi \mid \mathcal{R}, w \models \psi\},$$

denn ist $\Diamond\varphi$ in der Menge auf der linken Seite, also $\mathcal{R}, w' \models \varphi$ für ein w' mit $w \xrightarrow{R} w'$, so gilt $\mathcal{R}, w \models \Diamond\varphi$, also ist $\Diamond\varphi$ in der rechten Seite enthalten. Setzen wir also

$$\Gamma' := \{\varphi \mid \mathcal{R}, w' \models \varphi \text{ für ein } w' \in R(w)\},$$
$$\Gamma := \{\varphi \mid \mathcal{R}, w \models \varphi\},$$

so haben wir

$$\{\Diamond\varphi \mid \varphi \in \Gamma'\} \subseteq \Gamma.$$

$\triangle$ **Charli**: Ja, klar, wir haben ja kein Kripke-Modell zur Verfügung. Aber wir wissen, wie sich ein solches Modell verhalten würde. Also nehmen wir das als Motivation.

Bleibt noch zu definieren, wie wir mit den atomaren Aussagen umgehen. Aber das ist ziemlich klar – wir sehen uns für $p \in \mathfrak{C}$ die maximalen Mengen, in denen die Formel p enthalten ist:

$$\ell_\Lambda(p) := \{\Gamma \in W_\Lambda \mid p \in \Gamma\}.$$

∇ **Trullo**: Damit haben wir ein ausgewachsenes Kripke-Modell $\mathcal{M}_\Lambda := (W_\Lambda, R_\Lambda, \ell_\Lambda)$ definiert. $\mathcal{M}_\Lambda$ heißt das *kanonische Modell für* Λ.

$\triangle$ **Charli**: So, und das untersuchen wir jetzt. Eine erste einfache Aussage betrifft die Relation R_Λ:

$$\Gamma \xrightarrow{R_\Lambda} \Gamma' \Leftrightarrow \{\psi \mid \Box\psi \in \Gamma'\} \subseteq \Gamma. \tag{4.22}$$

Das entspricht der Intuition schon eher: $\Gamma R_\Lambda \Gamma'$ bedeutet, dass $\varphi \in \Gamma$, falls $\Box\varphi \in \Gamma'$.

∇ **Trullo**: Um „$\Rightarrow$" zu beweisen, nehmen wir an, dass $\Gamma \xrightarrow{R_\Lambda} \Gamma'$, es aber eine Formel ψ gibt mit $\psi \notin \Gamma'$. Da Γ' maximal ist, schließen wir aus ❸, dass $\neg\psi \in \Gamma'$. Daher sagt uns die Definition von R_Λ, dass $\Diamond\neg\psi \in \Gamma$, was wiederum wegen der Maximalität von Γ impliziert $\neg\Diamond\neg\psi \notin \Gamma$. Somit folgt $\Box\psi \notin \Gamma$.

$\triangle$ **Charli**: Was wären wir ohne die Maximalität? Der Beweis von „$\Leftarrow$" benötigt sie auch.

Wir nehmen also an, dass $\{\psi \mid \Box\psi \in \Gamma'\} \subseteq \Gamma$ gilt und zeigen, dass $\varphi \in \Gamma'$ impliziert $\Diamond\varphi \in \Gamma$ für jede Formel φ. Das geschieht durch Kontraposition. Wenn $\Diamond\varphi \notin \Gamma$, dann ist $\neg\Diamond\varphi \in \Gamma$ eben wegen der Maximalität. Also $\Box\neg\varphi \in \Gamma$. Also, nach Annahme $\neg\varphi \in \Gamma'$. Daher $\psi \notin \Gamma'$.

> **!**
>
> Die Normalität der modalen Logik Λ, die ja die Bühne für unser Theaterstück bildet, geht hier ein. Das sollte nicht übersehen werden. Bislang haben wir mit der Maximalität und natürlich den Eigenschaften einer modalen Logik argumentiert. Die Anwendung der Regel **(D)**, die das Verhältnis zwischen dem Diamanten und der Box regelt, zeigt die Anwesenheit der Normalität. Die haben wir benutzt. Jetzt werden wir sehen, an welcher Stelle die Regeln **(G)** und **(K)** nützlich sind.

∇ **Trullo**: Wir benötigen diese Hilfsaussage: Sei $\Gamma \in W_\Lambda$ mit $\Diamond\varphi \in \Gamma$, dann existiert ein Zustand $\Gamma' \in W_\Lambda$ so, dass $\varphi \in \Gamma'$ und $\Gamma \xrightarrow{R_\Lambda} \Gamma'$.

$\triangle$ **Charli**: Also, wir wollen eine maximale Menge Γ' konstruieren, so dass $\varphi \in \Gamma'$ und $\Gamma \xrightarrow{R_\Lambda} \Gamma'$ gelten. Dann könnten wir doch versuchen, die Menge $\Gamma_0 := \{\varphi\} \cup \{\psi \mid \Box\psi \in \Gamma\}$ zu einer maximalen Menge aufzupumpen.

∇ **Trullo**: Schlauer Plan! Das geht aber nur, wenn Γ_0 Λ-konsistent ist.

Na gut, nehmen wir an, dass das nicht der Fall ist. Dann gibt es $\psi_1, \ldots, \psi_k \in \Gamma_0$ mit $\vdash_\Lambda (\psi_1 \wedge \cdots \wedge \psi_k) \to \neg\varphi$, woraus wir mit **(G)** und **(K)** erhalten, dass $\vdash_\Lambda \Box(\psi_1 \wedge \cdots \wedge \psi_k) \to \Box\neg\varphi$. Da $\Box\psi_1 \wedge \cdots \wedge \Box\psi_k \to \Box(\psi_1 \wedge \cdots \wedge \psi_k)$, erhalten wir daraus $\vdash_\Lambda \Box\psi_1 \wedge \cdots \wedge \Box\psi_k \to \Box\neg\varphi$.

$\triangle$ **Charli**: Langsam, langsam, das geht ja hier ab wie der Wind. Wir haben also jetzt aus der Annahme, dass Γ_0 nicht Λ-konsistent ist, geschlossen, dass wir $\psi_1, \ldots, \psi_k \in \Gamma_0$ finden können, so dass $\vdash_\Lambda \Box\psi_1 \wedge \cdots \wedge \Box\psi_k \to \Box\neg\varphi$ gilt. Also wissen wir aus ❺, dass mit $\Box\psi_i \in \Gamma$ auch $\Box\psi_1 \wedge \cdots \wedge \Box\psi_k \in \Gamma$ gilt. Der Modus ponens gibt uns $\Box\neg\varphi \in \Gamma$, also $\neg\Diamond\varphi \in \Gamma$, also, wieder wegen der Maximalität, $\Diamond\varphi \notin \Gamma$. Aber das ist ein Widerspruch zur Annahme $\Diamond\varphi \in \Gamma$.

∇ **Trullo**: Das bedeutet jetzt, dass wir eine maximale Λ-konsistente Menge Γ' mit $\Gamma_0 \subseteq \Gamma'$ finden können, also, da $\varphi \in \Gamma_0$, gilt auch $\varphi \in \Gamma'$.

$\triangle$ **Charli**: Ja, aber gilt auch $\Gamma \xrightarrow{R_\Lambda} \Gamma'$?

∇ **Trullo**: Ach, das ist auch klar: Wenn wir eine Formel ψ mit $\Box\psi \in \Gamma$ haben, dann gilt ja nach Konstruktion $\psi \in \Gamma_0 \subseteq \Gamma'$. Daraus erhalten wir $\Gamma R_\Lambda \Gamma'$ mit (4.22).

Damit haben wir alle Hilfsmittel beisammen, um das Wahrheitslemma zu formulieren und zu beweisen.

4.4.4 Das Wahrheitslemma, Korrektheit und Vollständigkeit

Das Wahrheitslemma wird sich als wesentliches Werkzeug für die Untersuchungen zu Vollständigkeit und Korrektheit erweisen. Aber zuerst sollen wir die Begriffe klären.

$\triangle$ **Charli**: Wir können jetzt die Gültigkeit einer Formel einfach durch das *Wahrheitslemma* charakterisieren. Das geht so: Für alle Formeln φ und alle Λ-maximalen Mengen Γ gilt

$$\mathcal{M}_\Lambda, \Gamma \models \varphi \Leftrightarrow \varphi \in \Gamma. \tag{4.23}$$

∇ **Trullo**: Als Plan für den Beweis bietet sich wieder die Induktion über den Formelaufbau an. Mal sehen, was passiert, wenn wir eine atomare Formel $p \in \mathfrak{C}$ vor uns haben:

$$\mathcal{M}_\Lambda, \Gamma \models p \Leftrightarrow \Gamma \in \ell_\Lambda(p).$$

Aber $\ell_\Lambda(p)$ versammelt gerade alle maximalen Mengen Γ mit $p \in \Gamma$.

Das war einfach. Die Menge der Aussagen, für die (4.23) richtig ist, ist unter Negation und Konjunktion abgeschlossen. Das ist trivial. Also besteht der einzige interessante Fall darin, dass die Formel φ die Form $\Diamond\psi$ hat, und die Behauptung für ψ schon bewiesen ist.

$\triangle$ **Charli**: Ich versuche mich mal an „$\Rightarrow$": Wenn $\mathcal{M}_\Lambda, \Gamma \models \Diamond\psi$, dann können wir eine maximale Menge Γ' finden mit $\Gamma R_\Lambda \Gamma'$ und $\mathcal{M}_\Lambda, \Gamma' \models \psi$. Also existiert nach Induktionsannahme ein Γ' mit $\langle \Gamma, \Gamma' \rangle \in R_\Lambda$ mit $\psi \in \Gamma'$, was wiederum bedeutet, dass $\Diamond \psi \in \Gamma$ gilt.

∇ **Trullo**: Na, „$\Leftarrow$" geht auch ziemlich fix: Angenommen $\Diamond \psi \in \Gamma$, dann existiert ein $\Gamma' \in W_\Lambda$ mit $\Gamma R_\Lambda \Gamma'$ und $\psi \in \Gamma'$, also $\mathcal{M}_\Lambda, \Gamma' \models \psi$. Aber das bedeutet $\mathcal{M}_\Lambda, \Gamma \models \Diamond \psi$.

$\triangle$ **Charli**: Damit haben wir mit dem Wahrheitslemma (4.23) folgendes gezeigt: Ist Λ eine normale modale Logik und Γ eine Λ-konsistente Menge, so existiert eine Welt $w \in \mathcal{M}_\Lambda$ mit

$$\Gamma \vdash_\Lambda \varphi \Leftrightarrow \mathcal{M}_\Lambda, w \models \varphi \tag{4.24}$$

für alle Formeln φ.

∇ **Trullo**: Klar, wir erweitern Γ mit dem Lindenbaum-Lemma zu einer maximalen Λ-konsistenten Menge $w := \Gamma'$, dann folgt die Behauptung unmittelbar.

$\triangle$ **Charli**: Mit dem Wahrheitslemma werden wir jetzt auch zeigen, dass jede normale Logik korrekt und vollständig bezüglich ihres kanonischen Modells ist.

> **!** Um Korrektheit und Vollständigkeit zu beweisen, sollten wir uns noch einmal den Zugang klarmachen: Beweisbarkeit ist relativ zu einer Logik definiert, Gültigkeit relativ zu einem Modell. Wir müssen nun beides miteinander verknüpfen.
>
> Mit dem kanonischen Modell haben wir gezeigt, dass eine normale modale Logik ein Modell so erzeugt, dass Beweisbarkeit und Gültigkeit äquivalent sind (das ist gerade das Wahrheitslemma).
>
> Wir sind jedoch nicht nur an Modellen interessiert, sondern betrachten auch Rahmen. Das gibt größere Flexibilität. Es erfordert auch die Definition der Gültigkeit einer Formel für einen Rahmen und weiter für eine Menge von Rahmen. Daraus können wir eine Verbindung zwischen Gültigkeit und Beweisbarkeit ableiten.

$\triangle$ **Charli**: Dazu sind ein paar Definitionen ganz nützlich, hierzu ist φ eine Formel.

- Für das Kripke-Modell $\mathcal{R}$ schreiben wir $\mathcal{R} \models \varphi$, falls $\mathcal{R}, w \models \varphi$ für alle Welten w der Trägermenge von $\mathcal{R}$ gilt.
- Für den Rahmen $\mathcal{F}$ schreiben wir $\mathcal{F} \models \varphi$, falls $\mathcal{R} \models \varphi$ für jedes Kripke-Modell gilt, das $\mathcal{F}$ als Rahmen hat.

∇ **Trullo**: Damit können wir für eine Familie $\mathbb{C}$ von Rahmen oder Kripke-Modellen *Gültigkeit relativ zu* $\mathbb{C}$ definieren. Wir setzen

$$\Lambda_{\mathbb{C}} := \bigcap_{\mathcal{F}\in\mathbb{C}} \{\varphi \mid \mathcal{F} \models \varphi\}.$$

Das sind also alle Formeln, die in allen Modellen gelten, die auf Rahmen von $\mathbb{C}$ basieren.

Eine normale modale Logik Λ heißt $\mathbb{C}$-*korrekt*, falls

$$\Lambda \subseteq \Lambda_{\mathbb{C}}$$

gilt.

$\triangle$ **Charli**: In dieser Redeweise ist jede normale modale Logik Λ, so behaupte ich, $\{\mathcal{M}_\Lambda\}$-korrekt. Das heißt: korrekt im Hinblick auf das kanonische Modell $\mathcal{M}_\Lambda$.

∇ **Trullo**: Ok, wir müssen zeigen, dass

$$\Lambda \subseteq \{\varphi \mid \mathcal{M}_\Lambda \models \varphi\} = \bigcap_{\Gamma\in W_\Lambda} \{\varphi \mid \mathcal{M}_\Lambda, \Gamma \models \varphi\}$$

gilt. Das bedeutet, wir müssen zeigen, dass $\mathcal{M}_\Lambda, \Gamma \models \varphi$ für alle $\Gamma \in W_\Lambda$ gilt, wenn $\varphi \in \Lambda$.

$\triangle$ **Charli**: Na, halb so schlimm: ist $\Gamma \in W_\Lambda$ eine beliebige maximale Λ-konsistente Menge, so wissen wir aus ❷, dass $\Lambda \subseteq \Gamma$. Ist also $\varphi \in \Lambda$, so ist $\varphi \in \Gamma$, nach dem Wahrheitslemma (4.23) gilt dann $\mathcal{M}_\Lambda, \Gamma \models \varphi$, was wir zeigen wollten.

∇ **Trullo**: Erfahrungsgemäß ist bei der Erwähnung der Korrektheit die Diskussion der Vollständigkeit nicht weit. Die definieren wir jetzt.

$\triangle$ **Charli**: Die Intuition zur Formulierung der Vollständigkeit ist klar: $\mathbb{C}$-Vollständigkeit bedeutet, dass aus der $\mathbb{C}$-Gültigkeit einer Formel ihre Ableitbarkeit folgt.

∇ **Trullo**: Auf geht's. Ist Γ eine Menge von Formeln und $\mathcal{F}$ ein Rahmen, so schreiben wir $\mathcal{F} \models \Gamma$, falls $\mathcal{F} \models \psi$ für alle Formeln $\psi \in \Gamma$ gilt, und $\Gamma \models_{\mathcal{F}} \varphi$, falls $\mathcal{F} \models \Gamma$ impliziert $\mathcal{F} \models \varphi$.

$\triangle$ **Charli**: Langsam, langsam, ist ja ne Menge Holz. $\Gamma \models_{\mathcal{F}} \varphi$ bedeutet also, dass aus $\mathcal{F} \models \psi$ für alle $\psi \in \Gamma$ folgt $\mathcal{F} \models \varphi$. Oder in der Kontraposition: Falls wir sehen, dass $\mathcal{F} \not\models \varphi$ gilt, so müssen wir auch ein $\psi \in \Gamma$ finden, so dass $\mathcal{F} \not\models \psi$.

∇ **Trullo**: Genau, wobei $\mathcal{F} \not\models \varphi$ bedeutet, dass wir eine Welt w finden und eine Bewertung ℓ mit $(\mathcal{F}, \ell), w \not\models \varphi$.

Wir schreiben $\Gamma \models_{\mathbb{C}} \varphi$, falls $\Gamma \models_{\mathcal{F}} \varphi$ für alle $\mathcal{F} \in \mathbb{C}$.

$\triangle$ **Charli:** Klar, $\Gamma \models_{\mathbb{C}} \varphi$ heißt also, dass φ aus Γ semantisch folgt (bezüglich $\mathbb{C}$). Also, weiter: Vollständigkeit?

∇ **Trullo:** Gut, die normale modale Logik Λ ist $\mathbb{C}$-*vollständig* genau dann, wenn

$$\Gamma \models_{\mathbb{C}} \varphi \Rightarrow \Gamma \vdash_{\Lambda} \varphi$$

für jede Menge $\Gamma \cup \{\varphi\}$ von Formeln. Das bedeutet also: wenn φ semantisch aus Γ folgt, so ist φ auch aus Γ ableitbar.

$\triangle$ **Charli:** Wir können das aus so ausdrücken: Die normale modale Logik Λ ist $\mathbb{C}$-*vollständig* genau dann, wenn

$$\Lambda_{\mathbb{C}} \subseteq \Lambda$$

gilt.

> Die Formulierung der Vollständigkeit ist ein bisschen umständlicher, aber intuitiv nachvollziehbar. Wir haben ja schon bei der Aussagenlogik und der Prädikatenlogik erster Stufe gesehen, dass die Vollständigkeit aufwändiger nachzuweisen war als die Korrektheit. Insofern ist das nicht wirklich eine Überraschung.
> Wir testen unsere Überlegung jetzt mit dem kanonischen Modell $\mathcal{M}_{\Lambda}$ für eine normale Logik Λ.

∇ **Trullo:** Na, mal sehen. Die Behauptung ist, dass Λ $\{\mathcal{M}_{\Lambda}\}$-vollständig ist.

$\triangle$ **Charli:** Also müssen wir zeigen, dass für eine beliebige Menge $\Gamma \cup \{\varphi\}$ von Formeln gilt

$$\Gamma \models_{\mathcal{M}_{\Lambda}} \varphi \Rightarrow \Gamma \vdash_{\Lambda} \varphi.$$

Nehmen wir an, das ist falsch, wir haben also eine Menge Γ und eine Formel φ mit $\Gamma \vdash_{\mathcal{M}_{\Lambda}} \models \varphi$, aber $\Gamma \nvdash_{\Lambda} \varphi$.

∇ **Trullo:** Ah ja, dann ist $\Gamma \cup \{\neg\varphi\}$ aber Λ-konsistent, also finden wir eine maximale Λ-konsistente Menge Γ_0 mit $\Gamma \cup \{\neg\varphi\} \subseteq \Gamma_0$ (siehe Seite 152). Weil $\neg\varphi \in \Gamma_0$, wissen wir nach dem Wahrheitslemma, dass $\mathcal{M}_{\Lambda}, \Gamma_0 \models \neg\varphi$, also ist $\mathcal{M}_{\Lambda} \models \varphi$ falsch.

$\triangle$ **Charli:** Das haben wir jetzt direkt bewiesen. Es ist ganz hilfreich, die Vollständigkeit für eine Rahmen-Klasse $\mathbb{C}$ mit der Existenz eines Rahmens, für den alle Formeln der Menge gültig sind, zu verknüpfen.

Die folgenden Aussagen sind für eine normale modale Logik Λ äquivalent:

1. Λ ist $\mathbb{C}$-vollständig.
2. Jede Λ-konsistente Menge von Formeln ist für einen Rahmen $\mathcal{F} \in \mathbb{C}$ erfüllbar.

∇ **Trullo**: Zum Beweis von „2 $\Rightarrow$ 1" nehmen wir an, dass wir eine Λ-konsistente Menge Γ und eine Formel φ finden, so dass zwar $\Gamma \models_{\mathbb{C}} \varphi$, aber $\Gamma \not\vdash \varphi$ gilt. Dann ist $\Gamma \cup \{\neg\varphi\}$ Λ-konsistent, also existiert $\mathcal{F} \in \mathbb{C}$, eine Bewertung ℓ und eine Welt w mit $(\mathcal{F}, \ell), w \models \Gamma \cup \{\neg\varphi\}$. Also $(\mathcal{F}, \ell), w \models \Gamma$, aber $(\mathcal{F}, \ell), w \models \neg\varphi$. Also ist $\Gamma \models_{\mathbb{C}} \varphi$ falsch.

$\triangle$ **Charli**: Der Beweis von „1 $\Rightarrow$ 2" geht so: Ist Γ eine Λ-konsistente Menge von Formeln, so gilt $\Gamma \not\vdash_\Lambda \perp$. Nach Voraussetzung folgt daraus wegen der $\mathbb{C}$-Vollständigkeit, dass $\Gamma \not\models_{\mathbb{C}} \perp$. Aus der Definition von $\not\models_{\mathbb{C}}$ schließen wir, dass es ein $\mathcal{F} \in \mathbb{C}$ gibt mit $\mathcal{F} \models \Gamma$. Das wollten wir zeigen.

Das Wahrheitslemma hat sich als wichtiges Hilfsmittel beim Vergleich von Korrektheit und Vollständigkeit gezeigt, so eine Art Schweizer Messer. Die Begriffe mussten im Kontext einer normalen modalen Logik zunächst wieder definiert werden, wobei unsere Erfahrungen in der Aussagenlogik hilfreich waren.

Wir wenden uns jetzt der Frage zu, ob nicht auch Formeln Relationen definieren können. Wie das geht, sehen wir gleich.

4.5 Formeln definieren Relationen

Die Gültigkeit einer Formel in einem Rahmen oder einem Kripke-Modell hängt von der Relation ab. In diesem Abschnitt drehen wir den Spieß um und fragen, ob wir aus der Gültigkeit einer Formel auf die Relation schließen können. Das ist ziemlich spannend: Was kann ich über meinen Anwendungskontext sagen, wenn eine gewisse Formel gilt? Die Diskussion kann natürlich nur exemplarisch geführt werden.

$\triangle$ **Charli**: Gilt die Formel $\Box(p \wedge q) \rightarrow \Box p \wedge \Box q$ in *allen* Welten *aller* Kripke-Modelle?

∇ **Trullo**: Na, mal sehen: Sei $\mathcal{R} := (W, R, \ell)$ ein Kripke-Modell und $w \in W$, so dass $\mathcal{R}, w \models \Box(p \wedge q)$, also gilt $\mathcal{R}, w' \models p \wedge q$ für jedes w' mit $w \xrightarrow{R} w'$, also gelten $\mathcal{R}, w' \models p$ und $\mathcal{R}, w' \models q$ für jedes solche $w' \in R(w)$, also $\mathcal{R}, w \models \Box p \wedge \Box q$.

$\triangle$ **Charli**: Das muss aber nicht immer so sein, zum Beispiel gilt die Formel $\Box p \rightarrow \Diamond p$ nicht in jedem Kripke-Modell. Ein krasses Beispiel ist $\mathcal{R} := (W, \varnothing, \ell)$ mit $W \neq \varnothing$ und $\ell(q) := W$ für jedes $q \in \mathfrak{C}$.

∇ **Trullo**: Klar: Für eine beliebige Welt $w \in W$ gilt $w' \in \ell(p)$ für alle Welten $w' \in R(w) = \varnothing$, also $\mathcal{R}, w \models \Box p$, aber $\mathcal{R}, w \not\models \Diamond p$, denn wir können keine Welt w' mit $w \xrightarrow{R} w'$ finden mit $w' \in \ell(p)$.

$\triangle$ **Charli**: Andererseits: Ist R reflexiv (siehe Seite 103: wRw für alle $w \in W$), so gilt $(W, R) \models \Box p \rightarrow p$.

∇ **Trullo**: Die Gültigkeit einer Formel kann von den Eigenschaften der Relation bestimmt werden. Das ist trivial, aber die Umkehrung gilt auch. Ich behaupte, dass aus $(W, R) \models \Box p \rightarrow p$ die Reflexivität der Relation R folgt.

$\triangle$ **Charli**: Mal sehen. Ich versuche mal einen Widerspruchsbeweis. Es gelte also $(W, R) \models \Box p \rightarrow p$, und wir nehmen an, dass R nicht reflexiv ist. Das heißt aber, dass es ein $w \in W$ mit $w \notin R(w)$ gibt. Man setzt $\ell(p) := R(w)$ und $\ell(q)$ beliebig für $q \neq p$, also $(W, R, \ell)w \models \Box p$, aber $(W, R, \ell)w \not\models p$.

∇ **Trullo**: Da haben wir den Widerspruch.

Also sagt die Gültigkeit der Formel etwas über die Relation aus. Das sehen wir uns jetzt genauer an und zeigen an ausgewählten Beispielen, dass die von der betreffenden Formel erzeugte Logik korrekt und vollständig für diese Klasse von Rahmen ist.

$\Diamond\Diamond p \rightarrow \Diamond p$ oder: transitive Rahmen

In der Wissensrepräsentation wird der $\Diamond$-Operator als **konsistent mit** *und der $\Box$-Operator als* **für richtig halten** *interpretiert, $\Box p$ also als* **der Agent hält p für richtig** *und $\Diamond p$ als* **p ist konsistent mit dem Wissen des Agenten.** *$\Diamond\Diamond p \rightarrow \Diamond p$ würde also interpretiert als* **wenn es konsistent mit dem Wissen des Agenten ist, dass die Gültigkeit von p konsistent mit seinem Wissen ist, so ist es konsistent mit dem Wissen des Agenten, dass p gilt.** *Die Transitivität wird deutlich (und die kompakte Ausdrucksweise mit Formeln).*

$\triangle$ **Charli**: Die Formel $\Diamond\Diamond p \rightarrow \Diamond p$ gilt in jedem Rahmen (W, R) mit transitiver Relation R (Seite 147).

∇ **Trullo**: Das kann man sogar noch verschärfen. Für den Rahmen $\mathcal{F} = (W, R)$ gilt

$$\mathcal{F} \models \Diamond\Diamond p \rightarrow \Diamond p \Leftrightarrow R \text{ ist transitiv.} \tag{4.25}$$

$\triangle$ **Charli**: Die Gültigkeit der Formel bestimmt also die Art der Relation. Erstaunlich.

▽ **Trullo**: Aber vor dem Staunen kommt der Beweis: Die Richtung „⇐" haben wir auf Seite 147 ja schon gezeigt, bleibt also, „⇒" zu zeigen.

△ **Charli**: Um das zu tun, zeigen wir, dass unsere Formel nicht gilt, wenn R nicht transitiv ist. Dazu müssen wir ein Kripke-Modell (W, R, ℓ), also eine Bewertung ℓ definieren, in dem die Formel nicht gilt.

Wenn die Relation R nicht transitiv ist, gibt es $w \in W$, ein w_1 mit $w \xrightarrow{R} w_1$, ein w_2 mit $w_1 \xrightarrow{R} w_2$ und $w_2 \notin R(w)$, also

$$w \rightrightarrows w_1 \longrightarrow w_2$$

Setze $\ell(p) := W \backslash R(w)$ und definiere $\ell(q)$ für $q \neq p$ beliebig, dann gilt $\mathcal{R}, w \models \Diamond\Diamond p$ in dem Kripke-Modell $\mathcal{R} := (W, R, \ell)$, aber $\mathcal{R}, w \not\models \Diamond p$.

▽ **Trullo**: Klar, denn nach Konstruktion ist $w_2 \in \ell(p)$, denn sonst wäre ja $w_2 \in R(w)$. Also wissen wir, dass $\mathcal{R}, w_1 \models \Diamond p$. Damit gilt $\mathcal{R} \models \Diamond\Diamond p$. Aber weil $R(w) \cap \ell(p) = \varnothing$ folgt $\mathcal{R}, w \not\models \Diamond p$. Damit ist (4.25) bewiesen.

△ **Charli**: Mal sehen, wie das mit der Korrektheit und der Vollständigkeit aussieht. Sehen wir uns mal die Logiken zu den transitiven Rahmen an:

$$\mathbb{T} := \{\mathcal{F} \mid \mathcal{F} \text{ ist ein transitiver Rahmen}\}$$

(ein transitiver Rahmen ist ein Rahmen mit transitiver Relation, klar). Dann ist $\Lambda_{\mathbb{T}}$ eine normale modale Logik.

▽ **Trullo**: Für eine Formel φ definieren wir $\boldsymbol{\lambda}_\varphi$ als die kleinste normale modale Logik, die φ enthält, also als

$$\boldsymbol{\lambda}_\varphi := \bigcap \{\Lambda \mid \Lambda \text{ ist eine normale modale Logik mit } \varphi \in \Lambda\}. \tag{4.26}$$

Es ist klar, dass die rechte Seite eine normale modale Logik beschreibt. Das liegt daran, dass der Durchschnitt einer Menge normaler modaler Logiken wieder eine normale modale Logik ist (siehe Seite 146).

△ **Charli**: Damit definieren wir also durch eine Formel eine normale modale Logik. Das muss ja eine ganz schöne Wundertüte sein. Wir wissen, dass $\boldsymbol{\lambda}_\varphi$ dann alle aussagenlogischen Tautologien enthalten muss und unter Modus ponens und uniformer Substitution abgeschlossen ist.

▽ **Trullo**: Wieso?

△ **Charli**: Na, alle modalen Logiken enthalten die aussagenlogischen Tautologien, dann sind die auch im Durchschnitt enthalten, ist doch klar. Genauso kann man für den Modus ponens und für die uniforme Substitution argumentieren.

▽ **Trullo**: Wir finden auch eine interessante Eigenschaft, wenn wir unsere Formel $\Diamond\Diamond p \to \Diamond p$ ansehen, es gilt nämlich

$$\lambda_{\Diamond\Diamond p \to \Diamond p} \subseteq \Lambda_{\mathbb{T}},$$

anders formuliert: die Logik $\lambda_{\Diamond\Diamond p \to \Diamond p}$ ist korrekt im Hinblick auf transitive Rahmen.

△ **Charli**: Das ist schon klar: wir wissen, dass $\mathcal{F} \models \Diamond\Diamond p \to \Diamond p$ für jeden transitiven Rahmen gilt, also $\Diamond\Diamond p \to \Diamond p \in \Lambda_{\mathbb{T}}$. Weil diese Menge eine normale modale Logik ist, andererseits $\lambda_{\Diamond\Diamond p \to \Diamond p}$ die *kleinste* normale modale Logik ist, die diese Formel enthält, so folgt die Korrektheit.

▽ **Trullo**: So, jetzt geht's um die Vollständigkeit. Nach (2) auf Seite 162 sollten wir uns eine $\lambda_{\Diamond\Diamond p \to \Diamond p}$-konsistente Menge Γ hernehmen und einen Rahmen $\mathcal{F} \in \mathbb{T}$ so finden, dass Γ für $\mathcal{F}$ erfüllbar ist.

△ **Charli**: Na fein, wo finden wir aber jetzt einen Rahmen? Auf eBay?

▽ **Trullo**: Soweit brauchen wir nicht zu gehen, denn wir haben ja das kanonische Modell für diese Logik, das ich einfach mal als $\mathcal{R}^{\mathbb{T}} = (W^{\mathbb{T}}, R^{\mathbb{T}}, \ell^{\mathbb{T}})$ aufschreibe.

△ **Charli**: Also müssten wir zweierlei zeigen:

1. wir finden $w \in W^{\mathbb{T}}$ mit $\mathcal{R}^{\mathbb{T}}, w \models \Gamma$,
2. die Relation $R^{\mathbb{T}}$ ist transitiv.

▽ **Trullo**: Ja, das ist das Programm. Bearbeiten wir also zunächst den ersten Punkt.

- Γ ist $\lambda_{\Diamond\Diamond p \to \Diamond p}$-konsistent, also können wir Γ nach dem Lindenbaum-Lemma (Seite 152) zu einer maximalen $\lambda_{\Diamond\Diamond p \to \Diamond p}$-konsistenten Menge $\Gamma^+ =: w$ erweitern.
- Nach dem Wahrheitslemma (Seite 158) gilt $\mathcal{R}^{\mathbb{T}}, w \models \varphi$ für alle $\varphi \in \Gamma^+$, also auch für alle $\varphi \in \Gamma$.
- Also haben wir ein $w \in W^{\mathbb{T}}$ mit $\mathcal{R}^{\mathbb{T}}, w \models \Gamma$ gefunden.

Bleibt also die Transitivität von $R^{\mathbb{T}}$ zu zeigen.

△ **Charli**: Na gut, sei also $w_0 R^{\mathbb{T}} w_1, w_1 R^{\mathbb{T}} w_2$, wir wollen zeigen, dass $w_0 R^{\mathbb{T}} w_2$ gilt:

$$w_0 \xrightarrow[R^{\mathbb{T}}]{} w_1 \xrightarrow[R^{\mathbb{T}}]{} w_2 \qquad \overset{?R^{\mathbb{T}}}{\frown}$$

Nun sind $\Gamma_0 := w_0, \Gamma_1 := w_1$ und $\Gamma_2 := w_2$ maximale $\lambda_{\Diamond\Diamond p \to \Diamond p}$-konsistente Mengen. Sei nun $\varphi \in \Gamma_2$, also $\Diamond\varphi \in \Gamma_1$, also $\Diamond\Diamond\varphi \in \Gamma_0$. Das gilt nach Konstruktion von $R^{\mathbb{T}}$ in (4.21). Wegen $\Diamond\Diamond p \to \Diamond p$ gilt also dann mit dem Modus ponens $\Diamond\varphi \in \Gamma_0$. Also haben wir wegen $\varphi \in \Gamma_2$ gezeigt

$$w_0 R^{\mathsf{T}} w_1 \text{ und } w_1 R^{\mathsf{T}} w_2 \Rightarrow w_0 R^{\mathsf{T}} w_2.$$

∇ **Trullo**: Der Rahmen für das kanonische Modell $\mathcal{R}^{\mathsf{T}}$ für $\boldsymbol{\lambda}_{\Diamond\Diamond\, p \to \Diamond\, p}$ ist also in $\mathbb{T}$ enthalten. Damit ist gezeigt, dass $\boldsymbol{\lambda}_{\Diamond\Diamond\, p \to \Diamond\, p}$ vollständig ist.

$\triangle$ **Charli**: Zusammengefasst haben wir also gezeigt, dass die Logik $\boldsymbol{\lambda}_{\Diamond\Diamond\, p \to \Diamond\, p}$ im Hinblick auf transitive Rahmen korrekt und vollständig ist.

$$\boxed{\quad p \to \Diamond\, p \text{ oder: reflexive Rahmen} \quad}$$

Wenn man $\Diamond$ temporal interpretiert, also sagt: $\Diamond\, p$ bedeutet, dass p irgendwann in der Zukunft gilt, dann sagt die Formel $p \to \Diamond\, p$, dass die Gültigkeit von p in der Zukunft die gegenwärtige Gültigkeit von p einschließt. Klingt irgendwie reflexiv.

∇ **Trullo**: Reflexive Rahmen lassen sich durch die Formel $p \to \Diamond\, p$ charakterisieren, genauer:

$$(W, R) \models p \to \Diamond\, p \Leftrightarrow R \text{ ist reflexiv.} \tag{4.27}$$

$$\boxed{\quad \mathbf{!} \qquad \begin{array}{l} \text{Zur Erinnerung: } R \text{ ist } \textit{reflexiv} \text{ genau dann, wenn} \\ \langle w, w \rangle \in R \text{ für alle } w \in W. \end{array} \quad}$$

$\triangle$ **Charli**: Klar, wenn R reflexiv ist, dann gilt $w \in R(w)$ für alle $w \in W$. Das heißt, aus $(W, R), w \models p$ folgt $(W, R), w \models \Diamond\, p$. Das zeigt „$\Leftarrow$".

∇ **Trullo**: Um die umgekehrte Richtung „$\Rightarrow$"zu zeigen, nehmen wir an, dass $(W, R) \models p \to \Diamond\, p$ gilt. Wir setzen wir $\ell(p) := \{v \in W \mid v \in R(v)\}$, so folgt wegen $(W, R), w \models p$ aus $(W, R), w \models \Diamond\, p$, dass $w \in R(w)$. Weil w beliebig war, folgt die Reflexivität von R.

$\triangle$ **Charli**: Wir setzen analog zu oben

$$\mathbb{R} := \{\mathcal{F} \mid \mathcal{F} \text{ ist ein reflexiver Rahmen}\}$$

und sehen uns die zugehörige Logik $\Lambda_{\mathbb{R}}$ an.

∇ **Trullo**: Wir haben mit (4.27) gezeigt, dass $\boldsymbol{\lambda}_{p \to \Diamond\, p} \subseteq \Lambda_{\mathbb{R}}$ gilt, dass also die Logik $\boldsymbol{\lambda}_{p \to \Diamond\, p}$ im Hinblick auf reflexive Rahmen korrekt ist.

$\triangle$ **Charli**: Um die Vollständigkeit dieser Logik im Hinblick auf reflexive Rahmen nachzuweisen, nehmen wir uns also eine $\boldsymbol{\lambda}_{p \to \Diamond\, p}$-konsistente Menge Γ her; für Γ müssen wir einen reflexiven Rahmen $\mathcal{F}$ und eine Welt w finden mit $\mathcal{F}, w \models \Gamma$.

∇ **Trullo**: Ein heißer Kandidat ist natürlich das kanonische Modell $(W^{\mathbb{R}}, R^{\mathbb{R}}, \ell^{\mathbb{R}})$ für diese Logik. Weil Γ $\boldsymbol{\lambda}_{p \to \Diamond p}$-konsistent ist, können wir Γ nach dem Lindenbaum-Lemma zu einer maximalen $\boldsymbol{\lambda}_{p \to \Diamond p}$-konsistenten Menge Γ^* erweitern, also erhalten wir aus dem Wahrheitslemma $(W^{\mathbb{R}}, R^{\mathbb{R}}, \ell^{\mathbb{R}}), \Gamma^* \models \Gamma$.

$\triangle$ **Charli**: So weit, so gut, aber wir müssen uns vergewissern, dass die Relation $R^{\mathbb{R}}$, die dem kanonischen Modell zugrunde liegt, reflexiv ist. Schaun mer mal.

∇ **Trullo**: Wir müssen uns also ein $\Gamma_0 \in W^{\mathbb{R}}$ hernehmen und $\Gamma_0 \xrightarrow{R^{\mathbb{R}}} \Gamma_0$ nachweisen. Das bedeutet aber, dass wir zeigen müssen, dass $\{\Diamond \varphi \mid \varphi \in \Gamma_0\} \subseteq \Gamma_0$ gilt. So sagt es die Definition (4.21) der Übergangsrelation für das kanonische Modell.

$\triangle$ **Charli**: Das ist aber jetzt klar: für $\varphi \in \Gamma_0$ gilt $\Diamond \varphi \in \Gamma_0$ wegen $\varphi \to \Diamond \varphi$.

∇ **Trullo**: Das kanonische Modell ist also ein Modell für die $\boldsymbol{\lambda}_{p \to \Diamond p}$-konsistente Menge Γ.

$\triangle$ **Charli**: Unsere Resultate zeigen, dass $\boldsymbol{\lambda}_{p \to \Diamond p}$ korrekt und vollständig ist im Hinblick auf $\Lambda_{\mathbb{R}}$, also auf reflexive Rahmen.

Die bisherigen Überlegungen zum Verhältnis zwischen Formeln und den Rahmen, die auf sie zugeschnitten sind, liefen nach dem Schema in Abbildung 4.8 ab: die Formel gilt genau dann auf dem Rahmen, wenn der Rahmen gewisse Bedingungen (Transitivität, Reflexivität) erfüllt. Die Korrektheit wurde mit

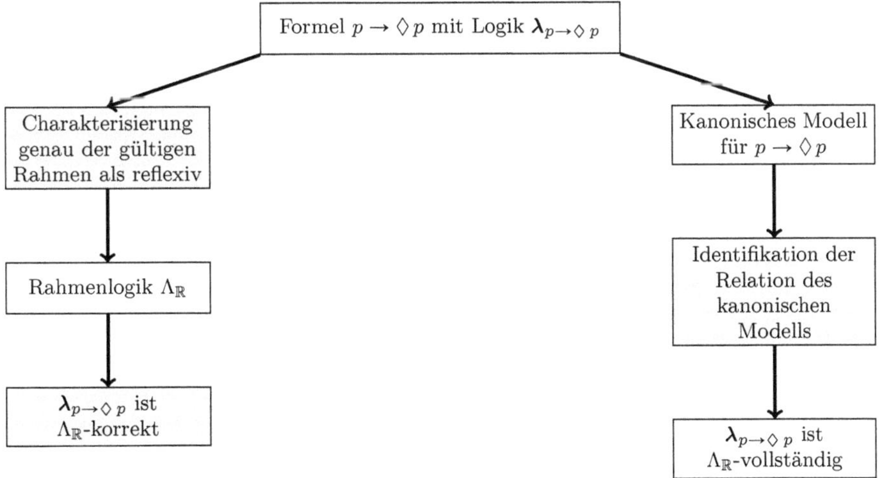

Abb. 4.8: Formeln definieren Relationen: Vorgehensweise

dem Wahrheitslemma des kanonischen Modells nachgewiesen, die Vollständig-
keit durch die Untersuchung der Transitionsrelation. Daraus ergaben sich dann
Korrektheit und Vollständigkeit der zugehörigen Logik.

$$p \to \Box \Diamond p \text{ oder: symmetrische Rahmen}$$

Bei temporaler Interpretation sieht man $\Box p$ als p gilt in der Zukunft oder jetzt.
Also interpretiert man dann $p \to \Box \Diamond p$ als wenn p gilt, so gilt jetzt oder in
Zukunft, dass p manchmal gilt.

∇ **Trullo**: Na fein, wir können abkürzen, indem wir für eine gegebene Formel
zeigen, wie die Relation des Rahmen charakterisiert werden kann. Dann sehen
wir uns die Relation des kanonischen Modells an. Wenn sie dieselben Eigenschaften hat, können wir das gerade charakterisierte Schema benutzen.

$\triangle$ **Charli**: So machen wir's. Also Formel nehmen wir jetzt $p \to \Box \Diamond p$. Ich
behaupte

$$(W, R) \models p \to \Box \Diamond p \Leftrightarrow R \text{ ist symmetrisch.}$$

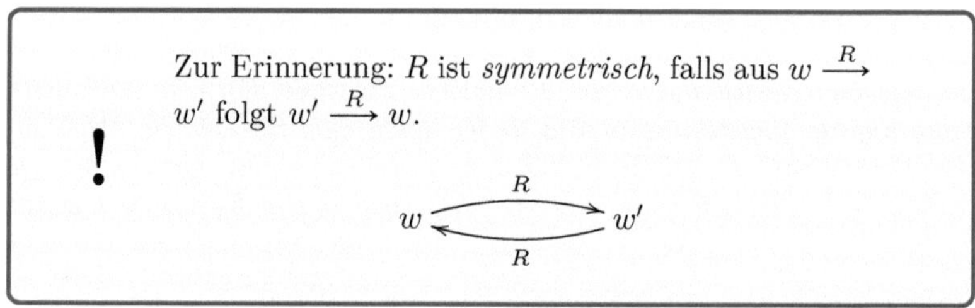

∇ **Trullo**: Ich nehme mir mal „$\Leftarrow$"vor, die Relation R sei also symmetrisch. Wir
wollen zeigen, dass dann $(W, R) \models p \to \Box \Diamond p$ gilt.

- Ist w eine Welt mit $(W, R), w \models p$, aber $(W, R), w \not\models \Box \Diamond p$, also existiert w',
  so dass $w \xrightarrow{R} w'$ und $(W, R), w' \not\models \Diamond p$ gelten.
- Es gilt also $(W, R), w'' \not\models p$ für alle w'' mit $w' \xrightarrow{R} w''$.
- Wegen der Symmetrie von R gilt $w' \xrightarrow{R} w$. Das bedeutet $w \in R(w')$ und
  damit $(W, R), w \not\models p$.
- Das ist ein Widerspruch.

$\triangle$ **Charli**: Beim Beweis von „$\Rightarrow$"versuchen wir ebenfalls, einen Widerspruch zu
konstruieren. Wir wollen zeigen, dass R symmetrisch ist. Das geht so:

- Es sei (W, R, ℓ) ein Kripke-Modell mit $\ell(p) = R(w)$ für ein $w \in W$ mit
  $(W, R, \ell), w \models p$.
- Ist nun $w' \in R(w)$, also $w \xrightarrow{R} w'$, so gilt $(W, R, \ell), w \models \Diamond p$.

- Falls $w \notin R(w')$, falls also $w' \xrightarrow{R} w$ falsch ist, erhalten wir $(W, R, \ell), w' \not\models \Box \Diamond p$.
- Aus der Kontraposition von $p \to \Box \Diamond p$ folgern wir $(W, R, \ell), w' \not\models p$, also $w' \notin \ell(p) = R(w)$.
- Auch hier ein Widerspruch.

∇ **Trullo**: Wir definieren also jetzt

$$\mathbb{S} := \{(W, R) \mid R \text{ ist ein symmetrischer Rahmen}\}.$$

> **!** Nach unserem Schema zum Nachweis der Korrektheit und der Vollständigkeit der Logik $\boldsymbol{\lambda}_{p \to \Box \Diamond p}$ im Hinblick auf symmetrische Rahmen (also im Hinblick auf $\Lambda_{\mathbb{S}}$) steht als nächstes die Untersuchung der Relation $R^{\mathbb{S}}$ des kanonischen Modells $\mathcal{R}^{\mathbb{S}} := (W^{\mathbb{S}}, R^{\mathbb{S}}, \ell^{\mathbb{S}})$ auf dem Programm.

$\triangle$ **Charli**: Wir sehen uns also jetzt die Relation $R^{\mathbb{S}}$ an. Zur Erinnerung (siehe Seite 155 und Seite 157):

$$\Gamma_0 R^{\mathbb{S}} \Gamma_1 \Leftrightarrow \{\Diamond \varphi \mid \varphi \in \Gamma_1\} \subseteq \Gamma_0 \Leftrightarrow \{\psi \mid \Box \psi \in \Gamma_1\} \subseteq \Gamma_0.$$

Wir wollen zeigen,

$$\Gamma_0 R^{\mathbb{S}} \Gamma_1 \Rightarrow \Gamma_1 R^{\mathbb{S}} \Gamma_0. \tag{4.28}$$

∇ **Trullo**: Wir machen uns jetzt auf den Weg nachzuweisen, dass $\{\Diamond \varphi \mid \varphi \in \Gamma_0\} \subseteq \Gamma_1$ gilt. Also:

$$
\begin{array}{ll}
\varphi \in \Gamma_0 \Rightarrow \Box \Diamond \varphi \in \Gamma_0 & (\text{wegen } p \to \Box \Diamond p) \\
\Leftrightarrow \neg \Box \Diamond \varphi \notin \Gamma_0 & (\Gamma_0 \text{ ist maximal, } \mathbf{❸} \text{ auf Seite 148}) \\
\Leftrightarrow \Diamond \neg \Diamond \varphi \notin \Gamma_0 & (\text{Definition von } \Box) \\
\Rightarrow \neg \Diamond \varphi \notin \Gamma_1 & (\text{denn } \{\Diamond \varphi \mid \varphi \in \Gamma_1\} \subseteq \Gamma_0, \\
& \text{weil ja } \Gamma_0 R^{\mathbb{S}} \Gamma_1) \\
\Leftrightarrow \Diamond \varphi \in \Gamma_1 & (\Gamma_1 \text{ ist maximal, wie oben}).
\end{array}
$$

Das zeigt, dass $\Gamma_1 R^{\mathbb{S}} \Gamma_0$ gilt.

$\triangle$ **Charli**: Damit haben wir (4.28) bewiesen.

∇ **Trullo**: Insgesamt haben wir damit nach unserem Schema gezeigt, dass $\boldsymbol{\lambda}_{p \to \Box \Diamond p}$ korrekt und vollständig für $\Lambda_{\mathbb{S}}$ ist.

$$\Diamond p \rightarrow \Box \Diamond p \text{ oder: euklidische Relationen}$$

Wenn wir $\Diamond p$ und $\Box p$ temporal interpretieren als p wird gelegentlich wahr sein bzw. p ist in der Zukunft wahr, und p für der Server ist online, dann sagt die Formel $\Diamond p \rightarrow \Box \Diamond p$: wenn der Server irgendwann online ist, so wird er künftig immer wieder online sein.

$\triangle$ **Charli**: Wir sehen uns jetzt das Zusammenspiel von $\Diamond p \rightarrow \Box \Diamond p$ und den euklidischen Relationen an. Die Formel sagt, dass etwas notwendigerweise möglich ist, wenn es möglich ist.

> **!** Eine Relation heißt *euklidisch*, falls aus wRx und wRy folgt xRy (Euklid [11, p. xxii] dachte in seinen *Elementen* gleich im ersten Axiom wohl hauptsächlich an die Gleichheit von Strecken, Winkeln, Flächen).
>
> $$x \xleftarrow{\quad R \quad} w \xrightarrow{\quad R \quad} y$$
> $$\underset{R}{\xrightarrow{\hspace{3cm}}}$$

∇ **Trullo**: Also können wir sagen: wenn eine Welt zwei andere erreicht, dann sind diese Welten auch untereinander erreichbar. Das sieht ein bisschen wie eine Äquivalenzrelation aus, ist es aber nicht.

$\triangle$ **Charli**: Wir müssten uns ansehen, wie die Relation und die Formel $\Diamond p \rightarrow \Box \Diamond p$ zusammenhängen.

∇ **Trullo**: Lass mich raten: Da gibt es eine Äquivalenz (das war bislang stets so ...).

$\triangle$ **Charli**: Wie kommt du darauf? Die Formel kann ich doch so interpretieren: *Wenn ich weiß, dass p bald gilt, dann ist es sicher, dass p bald gilt.* Der Zusammenhang ist nicht offensichtlich.

∇ **Trullo**: Na, machen wir uns an die Arbeit. Die Behauptung ist also

$$(W, R) \models \Diamond p \rightarrow \Box \Diamond p \Leftrightarrow R \text{ ist euklidisch.} \tag{4.29}$$

$\triangle$ **Charli**: „$\Leftarrow$" durch Widerspruch: Wenn für eine Welt $w \in W$ gilt $(W, R), w \models$

$\Diamond p$, dann gibt es eine Welt $w' \in R(w)$ mit $(W, R), w \models p$. Falls $(W, R), w \models \Diamond p \rightarrow \Box \Diamond p$ falsch ist, falls also $(W, R), w \not\models \Box \Diamond p$ gilt, erhalten wir $(W, R), w \models \Diamond \neg \Diamond p$. Daher finden wir $w'' \in R(w)$ mit $(W, R), w'' \models \neg \Diamond p$.

Jetzt gilt also wRw'' und wRw'. Weil R als euklidisch angenommen ist, so folgt $w''Rw'$, also $(W, R), w'' \models \Diamond p$. Das ist ein Widerspruch.

∇ **Trullo**: Ein bisschen kleinteilig, aber so ist das. Ich versuche mich jetzt am Beweis zu „$\Rightarrow$", durch Kontraposition. Nehmen wir an wir, können w, w', w'' finden mit wRw', wRw'', aber $\neg w'Rw''$, also

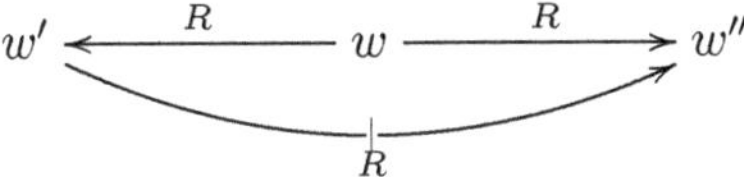

Für das Modell (W, R, ℓ) nehmen wir an, dass $w' \in \ell(p)$, und dass $\ell(p)$ keine Welt $w^* \in R(w')$ enthält, also keine Welt w^*, die von w' aus erreichbar ist (nach Annahme ist w'' eine solche Welt). Es gilt also $(W, R, L), w \vdash \Diamond p$, aber $(W, R, L), w' \not\models \Diamond p$. Also $(W, R, L), w \not\models \Box \Diamond p$.

Aus der Annahme, dass R nicht euklidisch ist, haben wir also gefolgert, dass $(W, R), \not\models \Diamond p \to \Box \Diamond p$. Damit ist (4.29) bewiesen.

> **!** Die beiden Beweise gehen wirklich in recht kleinen Schritten vor. Sie sind einzeln ganz gut nachvollziehbar. Man sollte dabei aber nicht das Ziel aus den Augen verlieren.

$\triangle$ **Charli**: So, jetzt läuft unsere Maschinerie aus Abbildung 4.8 ab. Wir setzen

$$\mathbb{E} := \{(W, R) \mid R \text{ ist euklidisch}\}$$

und sehen uns an, ob $\boldsymbol{\lambda}_{\Diamond p \to \Box \Diamond p}$ korrekt und vollständig im Hinblick auf $\Lambda_\mathbb{E}$ ist.

∇ **Trullo**: Die Korrektheit haben wir ja gerade gezeigt, bleibt die Vollständigkeit. Hier sehen wir uns an, ob die Übergangsrelation für das kanonische Modell $(W^\mathbb{E}, R^\mathbb{E}, \ell^\mathbb{E})$ für $\boldsymbol{\lambda}_{\Diamond p \to \Box \Diamond p}$ euklidisch ist.

$\triangle$ **Charli**: Auf geht's! Seien $\Gamma, \Gamma', \Gamma'' \in W^\mathbb{E}$ Welten im kanonischen Modell mit $\Gamma R^\mathbb{E} \Gamma'$ und $\Gamma R^\mathbb{E} \Gamma''$. Wir wollen zeigen, dass $\Gamma R^\mathbb{E} \Gamma''$ gilt.
Was wissen wir?

	a	b
1	$\{\psi \mid \Box \psi \in \Gamma'\} \subseteq \Gamma$	$\{\Diamond \varphi \mid \varphi \in \Gamma'\} \subseteq \Gamma$
2	$\{\psi \mid \Box \psi \in \Gamma''\} \subseteq \Gamma$	$\{\Diamond \varphi \mid \varphi \in \Gamma''\} \subseteq \Gamma$

∇ **Trullo**: Um $\Gamma R^{\mathbb{E}} \Gamma''$ zu zeigen, müssen wir nachweisen, dass

$$\Box \varphi \in \Gamma'' \Rightarrow \varphi \in \Gamma' \tag{4.30}$$

gilt. Das machen wir nach bewährtem Muster durch Kontraposition:

$$\varphi \notin \Gamma' \Leftrightarrow \neg\varphi \in \Gamma' \qquad \text{(Maximalität von } \Gamma', \ \mathbf{❸} \text{ auf Seite 148)}$$
$$\Rightarrow \Diamond\neg\varphi \in \Gamma \qquad \text{(Tabelle, 1b)}$$
$$\Rightarrow \Box\Diamond\neg\varphi \in \Gamma \qquad \text{(Modus ponens mit} \Diamond p \rightarrow \Box\Diamond p)$$
$$\Leftrightarrow \neg\Diamond\Box\varphi \in \Gamma \qquad (Oh! \ "\Box\Diamond\neg = \neg\Diamond\Box")$$
$$\Leftrightarrow \Diamond\Box\varphi \notin \Gamma \qquad \text{(Maximalität von } \Gamma, \text{ wie oben)}$$
$$\Rightarrow \Box\varphi \notin \Gamma'' \qquad \text{(Tabelle, 2a).}$$

Damit ist (4.30) bewiesen.

$\triangle$ **Charli**: Insgesamt haben wir damit nach unserem Schema gezeigt, dass $\boldsymbol{\lambda}_{\Diamond p \rightarrow \Box\Diamond p}$ korrekt und vollständig für $\Lambda_{\mathbb{E}}$ ist.

> **!** Das Ergebnis illustriert das Konzept der Logiken vom Typ $\Lambda_{\mathbb{C}}$. Hier ist die Menge der Rahmen durch eine einzige Formel definiert. Damit wird ein kanonisches Modell gebaut. Korrektheit und Vollständigkeit können damit gezeigt werden. Auf der relationalen Seite definiert die Formel eine ganze Klasse von Relationen, nämlich genau die transitiven. Man darf über den konzeptionellen Reichtum gern staunen.

Wir haben in diesem – technisch nicht ganz einfachen – Abschnitt gezeigt, dass modale Formeln Relationen definieren, und dass die entsprechenden Logiken korrekt und vollständig sind. Das zentrale Hilfsmittel für diese Überlegungen ist das kanonische Modell, dessen Eigenschaften wir ausgenutzt haben. Insbesondere haben wir das Wahrheitslemma benutzt, um die Transitionsrelation genauer zu untersuchen. Abbildung 4.1 fasst die untersuchten Formeln und ihre Relationen noch einmal zusammen.

Aus historischen Gründen bekommen die untersuchten Logiken gelegentlich Namen. So wird die Logik für symmetrische Rahmen, die wir hier $\Lambda_{\mathbb{S}}$ genannt haben, gelegentlich mit **KB** *bezeichnet,* **B** *für symmetrische Rahmen,* **K** *für normale Logik. Ein weiteres Beispiel ist die Logik* **K4***, die bei uns hier $\Lambda_{\mathbb{T}}$ heißt. Offensichtlich ist dann* **KB4** *die Logik für transitive symmetrische Rahmen, hier also $\Lambda_{\mathbb{T}} \cap \Lambda_{\mathbb{S}}$.*

In unseren Beispielen war das kanonische Modell das Modell der Wahl, um Vollständigkeit zu zeigen (mit Blick auf die Äquivalenz 1 $\Leftrightarrow$ 2 auf Seite 162

Formel	Relation
$\Diamond \Diamond p \rightarrow \Diamond p$	transitiv
$p \rightarrow \Diamond p$	reflexiv
$p \rightarrow \Box \Diamond p$	symmetrisch
$\Diamond p \rightarrow \Box \Diamond p$	euklidisch

Tabelle 4.1: Formeln und ihre Relationen

benötigen wir ja für die Vollständigkeit ein Modell). In [10, p. 194] wird jedoch auf eine Logik hingewiesen, für die das kanonische Modell diese Aufgabe nicht erfüllt.

4.6 Ein Nachbarschaftsmodell für die Spiele-Logik

Die bisherigen Interpretationen modaler Logiken beruhten auf Kripke-Modellen. Als Verallgemeinerung dieser Modelle haben wir in Abschnitt 4.1.4 Nachbarschaftsmodelle eingeführt. Dieser Abschnitt zeigt, wie die Semantik einer durch Spiele definierten modalen Logik durch ein Nachbarschaftsmodell modelliert werden kann.

$\triangle$ **Charli**: ROMEO und JULIA[7] könnten gelegentlich Schach miteinander gespielt haben. Wir wollen das Spiel aus der Sicht von JULIA strukturell ansehen. Abbildung 4.9 zeigt, wie wir vorgehen wollen.

∇ **Trullo**: Putzig, wieso konzentrierst du dich auf JULIA?

$\triangle$ **Charli**: Na, sonst heißt es gleich, Frauen würden nicht genügend beachtet. Aber Scherz beiseite: Das Schachspiel ist im Hinblick auf die beiden Spieler symmetrisch, man kann die beiden austauschen (also einfach das Brett drehen, so dass aus Weiß Schwarz wird und umgekehrt). Wir können die Spieler also *dualisieren*, tun wir auch gleich.

∇ **Trullo**: Also: Wir haben zunächst die elementaren Züge mit den Spielfiguren. Wenn wir Spielzüge g_1 und g_2 haben, können wir sie zu einem einzigen Spielzug $g_1; g_2$ kombinieren.
Es ist wohl einfacher, wenn wir sagen *Spiele* statt *Spielzüge*.

---

[7] In der englischsprachigen Literatur heißen die beiden Spieler meist *Angel* und *Demon*. Das verdeutscht sich nicht gut.

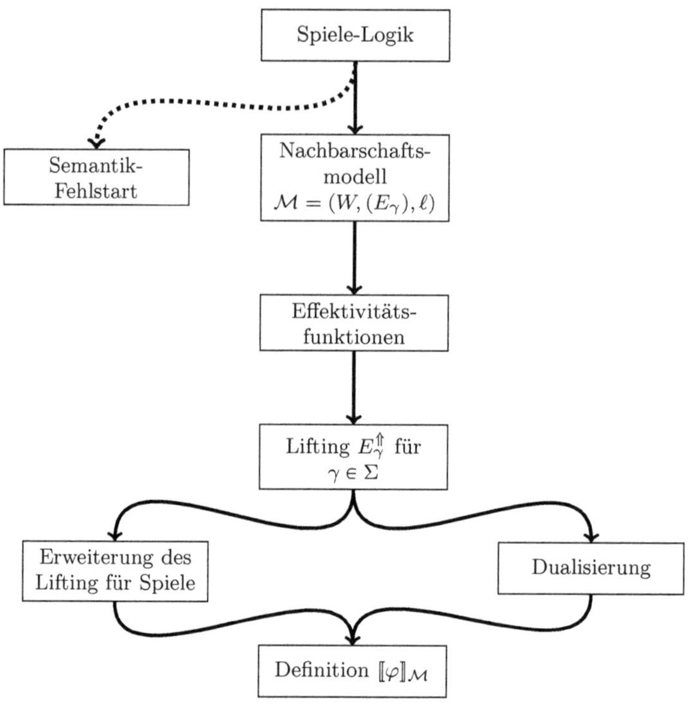

Abb. 4.9: Vorgehensweise zur Spiele-Logik

$\triangle$ **Charli**: Ok; die nicht-deterministische Auswahl zwischen zwei Spielen g_1 und g_2 ist auch wichtig; sie wird mit $g_1 \cup g_2$ bezeichnet.

∇ **Trullo**: Das heißt also: JULIA hat zwei Spiele zur Auswahl und entscheidet sich für eins, es ist aber nicht vorher festgelegt, welches.

$\triangle$ **Charli**: Dann kann JULIA ein Spiel g beliebig oft wiederholen, auch überhaupt nicht spielen. Das ist dann das Spiel g^*, das die *Iteration* von g für JULIA genannt wird. Schließlich kann sie testen, ob eine Formel φ gilt; das wird als φ? aufgeschrieben.

∇ **Trullo**: Das erinnert wirklich an die Programm-Logik *PDL*, siehe die Grammatik (4.12) auf Seite 115.

$\triangle$ **Charli**: Das stimmt, weil bislang der Gegenspieler, also ROMEO, nicht in Erscheinung getreten ist. ROMEO kann auch iterieren und nichtdeterministisch auswählen, außerdem können wir dualisieren: das ist so, als ob ROMEO und JULIA die Plätze tauschen, oder vielleicht das Spielfeld drehen.

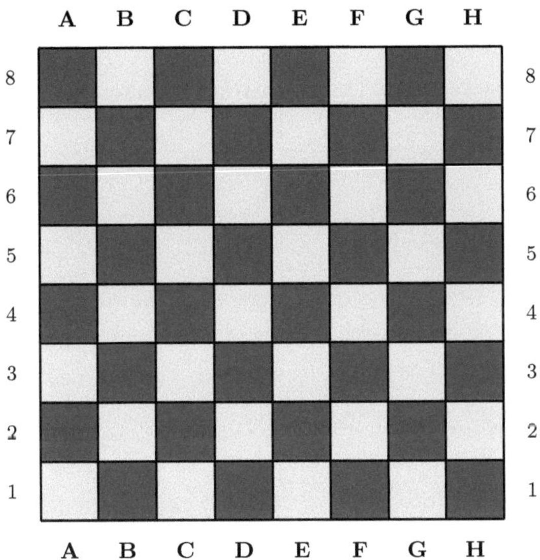

Abb. 4.10: Ein leeres Schachbrett

▽ **Trullo**: Also sind beide Spieler austauschbar. Das realisieren wir mit dem Dualitätsoperator ^{d}. Das Spiel g von JULIA wird dann zum Spiel g^d von ROMEO. Das duale Spiel von ROMEO ist dann ein Spiel von JULIA.

Dann sieht das vollständigere Bild so aus:

	Spiel	Dual
Iteration	g^*	$g^\times$
Auswahl	$g_1 \cup g_2$	$g_1 \cap g_2$
Dualisierung	g	g^d

△ **Charli**: Auf dem Schachbrett in Abbildung 4.10 sehen wir uns einige Züge an (JULIA ist Weiß):

- JULIA zieht den Bauern von F4 nach F5: <b, w, F4 | F5>.
- ROMEO antwortet mit der Dame: <d, s, D6 | D3>^{d}.
- JULIA zieht daraufhin dem Turm <t, w, H1 | F1>.
- mit (<t, w, G2 | G3>;<t, s, E6 | E5>^{d};<t, w, G3 | G2>;<t, s, E5 | E6>^{d})* könnte man Zuschauer vertreiben: JULIA zieht den Turm von G2 nach G3, daraufhin zieht ROMEO den Turm von E6 nach E5. Sie machen die Züge rückgängig, und dann wiederholen die beiden diese Zugfolge beliebig oft.

▽ **Trullo**: Das ist ein Beispiel für eine nichtdeterministische Auswahl der beiden *pipes* für JULIA:

$$(<\text{b, w, F4 | F5}>;<\text{d, s, D6 | D3}>^d;<\text{t, w, H1 | F1}>$$
$$\cup$$
$$<\text{t, w, A1 | C1}>;<\text{l, s, C6 | D7}>^d;<\text{p, w, G5 | H3}>).$$

$\triangle$ **Charli**: Die Logik übernimmt das Schema (4.11) der modalen Logik. Sie wurde um Aktionen aus der Menge A erweitert:

$$\varphi ::= \bot \mid p \mid \varphi_1 \wedge \varphi_2 \mid \neg\varphi \mid \langle a \rangle \varphi$$

mit $p \in \mathfrak{C}$ und $a \in A$ Dabei muss die Menge A der Aktionen beschrieben werden, ganz ähnlich, wie wir das bei der Logik *PDL* gemacht haben.

∇ **Trullo**: Nach dem, was wir gerade überlegt haben, sind umfasst die Menge A alle Spiele. Sie wird von der folgenden Grammatik erzeugt:

$$g ::= \gamma \mid g_1 \cup g_2 \mid g_1 \cap g_2 \mid g_1; g_2 \mid g^d \mid g^* \mid g^\times \mid \varphi?.$$

Hier ist $\gamma \in \Sigma$, der Menge der einfachen Spiele und φ eine Formel der zugrunde liegenden Logik.

$\triangle$ **Charli**: Das Spiel $g_1 \cap g_2$ ist die nichtdeterministische Auswahl, und $g^\times$ die Iteration für ROMEO. Im *dualen Spiel* g^d tauschen JULIA und ROMEO die Rollen.

> **!**
>
> Sind g_1 und g_2 Spiele, so wählt in dem Spiel $g_1 \cup g_2$ JULIA eins der beiden aus. Das Spiel $g_1 \cap g_2$ ist hingegen die nichtdeterministische Auswahl für ROMEO. Die Auswahl trifft der Spieler, der gerade am Zug ist.
>
> Die Bezeichnungen für die Operatoren sind in der Literatur üblich, aber unglücklich gewählt, weil sie an mengentheoretische Operationen erinnern. Es geht aber hier nicht um Durchschnitt oder Vereinigung.

4.6.1 Ein semantischer Fehlstart

Die Verwendung eines Kripke-Modells zur Modellierung der Semantik, die sich ja anbietet, führt hier in die Irre. Das liegt daran, dass ein Kripke-Modell Spielentscheidungen unangemessen modellieren könnte.

∇ **Trullo**: Aber wie interpretieren wir diese Spiele-Logik? Wir könnten es mit einem Kripke-Modell versuchen, ganz ähnlich wie wir das bei der *PDL* gemacht haben.

△ **Charli**: Ich sehe, du hast einen Plan im Kopf. Wenn wir so vorgehen, dann starten wir so, dass wir für jeden Baustein $\gamma \in \Sigma$ eine Relation R_γ auf der Menge W aller Welten haben. Daraus entwickeln wir dann wie bei der PDL für jedes Spiel g eine Relation R_g entlang der Syntax.

▽ **Trullo**: Das bedeutet was? Wenn in einer Welt w das Spiel g gespielt wird, so ist $R_g(w) = \{w' \in W \mid wR_gw'\}$ die Menge aller Welten w', die für w durch g erreichbar sind.

△ **Charli**: Ja, so könnten wir vorgehen, aber schrittweise. Für das Vorgehen für JULIA ohne Dualisierung können wir das so machen. Wir definieren rekursiv

$$R_{g_1 \cup g_2} := R_{g_1} \cup R_{g_2},$$
$$R_{g_1;g_2} := R_{g_1} \circ R_{g_2},$$
$$R_{g*} := \bigcup_{n \geqslant 0} R_{g^n}.$$

Zur Erinnerung: $R_{g^0} := \{\langle w, w \rangle \mid w \in W\}$, die "tuNix"-Relation und $g^{n+1} := g^n; g$.

▽ **Trullo**: Das ist die Übertragung der Vorgehensweise ab Seite 115 für *PDL*:

- $w \xrightarrow{R_{g_1 \cup g_2}} w'$, falls $w \xrightarrow{R_{g_1}} w'$ oder $w \xrightarrow{R_{g_2}} w'$.
- $w \xrightarrow{R_{g_1;g_2}} w'$, falls es eine Welt w'' gibt, so dass w'' durch das Spiel g_1 von w aus erreichbar ist, also $w \xrightarrow{R_{g_1}} w''$, und w' von w'' aus durch das Spiel g_2, also $w'' \xrightarrow{R_{g_2}} w'$.
- $w \xrightarrow{R_{g*}} w'$, falls es ein $n \geqslant 0$ gibt, so dass w' durch n-maliges Spielen von g von w aus erreichbar ist, also $w \xrightarrow{R_{g^n}} w'$; $n = 0$ ist auch möglich, dann gilt $w = w'$.

△ **Charli**: Das sieht ganz gut aus, bringt uns aber in heißes Wasser.

▽ **Trullo**: Warum?

△ **Charli**: Es gilt für Spiele g, g_1, g_2 nach unserer Konstruktion

$$\begin{aligned}
R_{g;(g_1 \cup g_2)} &= R_g \circ R_{g_1 \cup g_2} \\
&= R_g \circ R_{g_1} \cup R_g \circ R_{g_2} \\
&= R_{g;g_1} \cup R_{g;g_2}.
\end{aligned} \tag{4.31}$$

▽ **Trullo**: Na, das ist eine einfache Rechnung. Wo ist das Problem?

$\triangle$ **Charli**: Hätten wir jetzt ein entsprechendes Kripke-Modell $\mathcal{R}$, dann würde nach unseren üblichen Regeln aus (4.31) folgen

$$\mathcal{R}, w \models \langle g; (g_1 \cup g_2)\rangle\varphi \Leftrightarrow \mathcal{R}, w \models \langle g; g_1\rangle\varphi \text{ oder } \mathcal{R}, w \models \langle g; g_2\rangle\varphi. \qquad (4.32)$$

∇ **Trullo**: $\langle g; (g_1 \cup g_2)\rangle\varphi$ wäre also in $\mathcal{R}$ semantisch äquivalent zu $\langle g; g_1\rangle\varphi \vee \langle g; g_2\rangle\varphi$. Das würde aber bedeuten, dass JULIA nicht *nach* dem Spiel g überlegen kann, ob sie g_1 oder g_2 spielt, sondern sich *vor* dem Spiel g festlegen muss, ob sie $g; g_1$ oder $g; g_2$ spielt.

> **!** Die Interpretation durch ein Kripke-Modell ist also *disjunktiv*. Das ist für ein Spiel aber nicht angemessen: Das Ergebnis eines Spielzugs im Schach sollte bestimmen, was als nächstes gemacht wird. Das ist hier also nicht der Fall.

Wir brauchen eine Alternative zum Kripke-Modell.

4.6.2 Ein allgemeineres Modell: Effektivitätsfunktionen

$\triangle$ **Charli**: Bevor wir uns um ein anderes Modell bemühen, müssen wir uns um ROMEO kümmern. Er wurde scheinbar, aber nur scheinbar von uns vernachlässigt.

∇ **Trullo**: Es reicht nicht zu sagen, dass JULIA bei der Dualisierung den Platz mit ROMEO tauscht – was bedeutet das für das Spielverhalten?

$\triangle$ **Charli**: Die Formel $\langle g\rangle\varphi$ lässt sich ja informell so deuten, dass JULIA gern möchte, durch das Spiel g in eine Welt zu gelangen, in der φ gilt.

∇ **Trullo**: Möchte? Vielleicht sprechen wir besser von einer Strategie? Also: JULIA hat eine Strategie für die Gültigkeit der Formel φ durch das Spiel g.

$\triangle$ **Charli**: Na, gut, JULIA hat eine *Strategie* dafür. Wir nehmen an, dass das Spiel *determiniert* ist. Das heißt: Wenn JULIA keine Gewinnstrategie hat, dann hat ROMEO eine, und umgekehrt.

▽ **Trullo**: Noch ein bisschen wässrig.... Wenn Julia keine Strategie für die Gültigkeit der Formel φ hat, dann hat Romeo eine Strategie für die Gültigkeit der Formel $\neg\varphi$.

△ **Charli**: Jetzt sehen wir uns an, wie wir mit einem Nachbarschaftsmodell arbeiten können. Diese Modelle basieren auf Effektivitätsfunktionen. Sie wurden in Abschnitt 4.1.4 eingeführt. Wir vergleichen die Wirkung:

- Eine Relation R ist eine Abbildung von W in die Potenzmenge $\mathcal{P}(W)$ von W. Für eine Welt $w \in W$ beschreibt die Menge $R(w)$ alle möglichen Nachfolger von w.
- Eine Effektivitätsfunktion E ist eine Abbildung von W in die Menge aller Nachbarschaften, also aller nach oben offenen Teilmenge von W. Für eine Welt $w \in W$ beschreibt $E(w)$ alle erfolgreichen Mengen, also alle Mengen, in denen eine erreichbare Welt liegen kann.

▽ **Trullo**: Klar: wenn eine erreichbare Welt in der Menge $A \in E(w)$ liegt, und $A \subseteq B$, dann muss ja auch $B \in E(w)$ sein. Deshalb sollte die Menge, in denen die erreichbaren Welten liegen, nach oben offen sein.

△ **Charli**: Das legt nahe, ein Modell auf Effektivitätsfunktionen aufzubauen. Wir nehmen an, dass jedem primitiven Programm $\gamma \in \Sigma$ eine Effektivitätsfunktion E_γ zugeordnet ist.

▽ **Trullo**: Das heißt also: Wenn Julia in der Welt $w \in W$ das primitive Spiel γ spielt, so liegen die durch γ erreichbaren Welten in der Menge $E_\gamma(w)$, $A \in E_\gamma(w)$ ist also eine erfolgreiche Menge für das Spiel γ in der Welt w.

!

Das ist eine Verallgemeinerung der Modellierung mit Relationen. Man setze für die Relation R und die Welt $w \in W$

$$\mu_R(w) := \{A \subseteq W \mid R(w) \subseteq A\}.$$

Dann ist μ_R eine Effektivitätsfunktion, und die von w aus erreichbaren Welten liegen in $\mu_R(w)$.

△ **Charli**: Das hört sich gut an. Ich sehe aber ein Problem....

▽ **Trullo**: Was machen wir mit Programmen wie z.B. $\gamma_1; \gamma_2$? Wie bilden wir also *pipes* ab?

△ **Charli**: Ahhh!

▽ **Trullo**: Das Problem ist klar: Eine pipe $\gamma_1; \gamma_2$ sollte durch die Komposition der Funktion für γ_1 mit der für γ_2 modelliert werden. Die Signatur der Effektivitätsfunktionen verhindert das aber, $E_{\gamma_1} \circ E_{\gamma_2}$ ist nicht sinnvoll.

> **!** Wir können auch in UNIX zwei Programme nicht zu einer *pipe* zusammenfügen, wenn die Ausgabe der ersten nicht mit der Eingabe der zweiten Funktion übereinstimmt.

$\triangle$ **Charli**: Jetzt kommt ein kleiner Trick: Wir sehen uns für eine Teilmenge $A \subseteq W$ alle diejenigen Welten w an, die A von w aus erreichen kann, also

$$E_\gamma^{\Uparrow}(A) := \{w \in W \mid A \in E_\gamma(w)\}.$$

Dieses *Lifting* $E_\gamma^{\Uparrow}$ von E_γ beschreibt gemeinsames Verhalten. Wir sammeln auf diese Weise alle Welten, die ein dasselbe Verhalten zeigen.

∇ **Trullo**: Ja, schön. Offenbar ist das Lifting $E_\gamma^{\Uparrow}$ eine monotone Abbildung $\mathcal{P}(W) \to \mathcal{P}(W)$.

$\triangle$ **Charli**: Klar: ist $A \subseteq B$, dann

$$w \in E_\gamma^{\Uparrow}(A) \Rightarrow A \in E_\gamma(w) \Rightarrow B \in E_\gamma(w) \Rightarrow w \in E_\gamma^{\Uparrow}(A),$$

also $E_\gamma^{\Uparrow}(A) \subseteq E_\gamma^{\Uparrow}(B)$.

> **!** Damit haben wir ein technisches Problem aus dem Weg geräumt: Wir können Abbildungen mit derselben Quelle und demselben Ziel zu einer *pipe* kombinieren. Außerdem stehen uns die Mengenoperationen zur Verfügung, was bei Nachbarschaften ja nur eingeschränkt der Fall ist.

∇ **Trullo**: Wir müssen überlegen, was das denn jetzt für das Spiel γ bedeutet.

$\triangle$ **Charli**: $E_\gamma(w)$ beschreibt die erfolgreichen Welten, also die Welten, in denen der Folgezustand von w liegen kann. Das bedeutet für $w \in E_\gamma^{\Uparrow}(A)$, dass A eine Menge ist, in denen der Folgezustand von w liegen kann, also der Effekt von γ auf A.

∇ **Trullo**: Damit können wir die Effekte $E_g^{\Uparrow}(A)$, also die Folgezustände $E_g^{\Uparrow}(A)$ eines Spiels g rekursiv definieren.

$$E_{g_1 \cup g_2}^{\Uparrow}(A) := E_{g_1}^{\Uparrow}(A) \cup E_{g_2}^{\Uparrow}(A), \tag{4.33}$$
$$E_{g_1 ; g_2}^{\Uparrow}(A) := (E_{g_1}^{\Uparrow} \circ E_{g_2}^{\Uparrow})(A),$$
$$E_{g*}^{\Uparrow}(A) := \bigcup \{E_{g^n}^{\Uparrow}(A) \mid n \geqslant 0\}$$
$$\text{mit } E_{g^0}^{\Uparrow}(A) := A \text{ und } g^{n+1} := g^n ; g.$$

$\triangle$ **Charli**: HALT! Über $E^{\Uparrow}_{g_1;g_2}$ müssen wir wohl noch sprechen. Wieso ist das die Komposition?

∇ **Trullo**: Nehmen wir an, $g_1 = \gamma_1$ und $g_2 = \gamma_2$ sind primitive Spiele. Für die Welt w ist $E_{\gamma_1}(w)$ die Menge aller Welten, in der der Folgezustand liegen kann, also stellt $E^{\Uparrow}_{\gamma_2}(A) \in E_{\gamma_1}(w)$ den Effekt des kombinierten Spiels dar. Das bedeutet:

$$\{w' \mid A \in E_{\gamma_2}(w')\} \in E_{\gamma_1}(w) \iff E^{\Uparrow}_{\gamma_2}(A) \in E_{\gamma_1}(w)$$
$$\iff w \in E^{\Uparrow}_{\gamma_1}(E^{\Uparrow}_{\gamma_2}(A))$$
$$\iff w \in \left(E^{\Uparrow}_{\gamma_1} \circ E^{\Uparrow}_{\gamma_2}\right)(A).$$

$\triangle$ **Charli**: Das heißt ja gerade $E^{\Uparrow}_{\gamma_1;\gamma_2} = E^{\Uparrow}_{\gamma_1} \circ E^{\Uparrow}_{\gamma_2}$.

∇ **Trullo**: Ok. Was macht eigentlich ROMEO? Sich mit den Capulets prügeln?

> **!** Gute Frage. Wir hatten das Spiel als deterministisch charakterisiert, so dass ROMEO und JULIA die Rollen tauschen können, und überlegt, was das für die Strategien bedeutet könnte.

$\triangle$ **Charli**: Nehmen wir den Auswahloperator $g_1 \cap g_2$ von ROMEO: Durch Dualisierung erhalten wir die Auswahl $g_1^d \cup g_2^d$ im Spielbereich von JULIA, das müssen wir zu ROMEO zurückverwandeln, erhalten also $(g_1^d \cup g_2^d)^d$. Wir behandeln also $g_1 \cap g_2$ semantisch wie $(g_1^d \cup g_2^d)^d$.

∇ **Trullo**: In diesem Sinne können wir auch den Iterationsoperator $g^\times$ von ROMEO behandeln, nämlich als $\left((g^d)^*\right)^d$. Also

	Original	Dualisiert
Auswahl	$g_1 \cap g_2$	$(g_1^d \cup g_2^d)^d$
Iteration	$g^\times$	$\left((g^d)^*\right)^d$

$\triangle$ **Charli**: Na fein, aber wie definieren wir $E^{\Uparrow}_{g^d}$?

∇ **Trullo**: Wir hatten ja gesagt, dass ROMEO eine Strategie für $\neg\varphi$ hat, falls JULIA keine Strategie für φ hat. Also setzen wir

$$E^{\Uparrow}_{g^d}(A) := W \backslash E^{\Uparrow}_g(W \backslash A).$$

$\triangle$ **Charli**: Ja, klar, also gilt $W\backslash E^{\Uparrow}_{g^d}(A) = E^{\Uparrow}_g(W\backslash A)$. Diese Definition spiegelt die Überlegung gut wider.

> Als Eselsbrücke:
>
> **!**
> - $W\backslash E^{\Uparrow}_{g^d}(A)$ entspricht *Julia hat keine Strategie für φ,*
> - $E^{\Uparrow}_g(W\backslash A)$ entspricht *Julia hat eine Strategie für $\neg\varphi$.*

Weil wir $E^{\Uparrow}_{g_1 \cap g_2} := E^{\Uparrow}_{(g_1^d \cup g_2^d)^d}$ und $E^{\Uparrow}_{g^\times} := E^{\Uparrow}_{\left((g^d)*\right)^d}$ setzen können, haben wir die Operatoren für die Spiele definiert.

∇ **Trullo**: *Operatoren?*

$\triangle$ **Charli**: Na, ich kann ja schlecht *Relationen* sagen. Mit den Operatoren wird jetzt die Semantik der Formeln definieren.

∇ **Trullo**: Na, wir sind noch nicht ganz soweit. Das Spiel $\varphi?$, das φ testet, müssen wir ja auch ansehen.

$\triangle$ **Charli**: Stimmt, aber wie bei der *PDL* verzögern wir das ein wenig, weil es von der Semantik der Formel φ abhängt (vgl. Seite 117).

∇ **Trullo**: Um die Semantik der Formeln für unsere Spiele-Logik zu definieren, benötigen wir neben der Familie $(E_\gamma)_{\gamma \in \Sigma}$ wie immer noch Angaben darüber, in welchen Welten die atomaren Aussagen $p \in \mathfrak{C}$ gelten. Das liefert die Abbildung $\ell : \mathfrak{C} \to \mathcal{P}(W)$.

Damit haben wir also ein *Nachbarschaftsmodell*

$$\mathcal{M} := (W, (E_\gamma)_{\gamma \in \Sigma}, \ell)$$

definiert.

> **!**
> Ein Nachbarschaftsmodell unterscheidet sich strukturell von einem Kripke-Modell. Während ein Kripke-Modell auf Relationen auf der Menge W aller Welten basiert, beruht ein Nachbarschaftsmodell auf Effektivitätsfunktionen, die jeder Welt eine nach oben abgeschlossene Menge von Teilmengen von W zuordnet.
>
> Gemeinsam ist freilich die Abbildung, die jeder atomaren Aussage die Menge der Welten zuordnet, in denen sie gültig ist.

$\triangle$ **Charli**: Dann ist die weitere Vorgehensweise ziemlich kanonisch. Wir definieren für eine Welt $w \in W$ und eine Formel φ die Gültigkeit im Nachbarschaftsmodell $\mathcal{M}$

$$\mathcal{M}, w \models \varphi \Leftrightarrow w \in [\![\varphi]\!]_{\mathcal{M}}$$

und definieren die Gültigkeitsmengen $[\![\varphi]\!]_{\mathcal{M}}$ für die Formeln so:

$$[\![\bot]\!]_{\mathcal{M}} := \varnothing,$$
$$[\![p]\!]_{\mathcal{M}} := \ell(p), \text{ falls } p \in \mathfrak{C},$$
$$[\![\neg\varphi]\!]_{\mathcal{M}} := W \backslash [\![\varphi]\!]_{\mathcal{M}},$$
$$[\![\varphi_1 \wedge \varphi_2]\!]_{\mathcal{M}} := [\![\varphi_1]\!]_{\mathcal{M}} \cap [\![\varphi_2]\!]_{\mathcal{M}},$$
$$[\![\langle g \rangle \varphi]\!]_{\mathcal{M}} := E_g^{\Uparrow}([\![\varphi]\!]_{\mathcal{M}}) \text{ für das Spiel } g.$$

Schließlich gilt $\mathcal{M}, w \models \langle \varphi?; t \rangle \psi$ genau dann, wenn $\mathcal{M}, w \models \varphi$ und $\mathcal{M}, w \models \langle t \rangle \psi$, wie im Fragment *PDL*, vgl. Seite 117

$\triangledown$ **Trullo**: Wir können die Gültigkeit einer Formel in einer Welt w nicht, wie in Kripke-Modellen, durch Transitionen aus w definieren. Das liegt daran, dass wir die Transitionen nicht direkt zur Verfügung haben, sondern (über die Effektivitätsfunktionen) lediglich wissen, in welcher Menge sie liegen.

$\triangle$ **Charli**: Interessant ist eigentlich nur die letzte Zeile $[\![\langle g \rangle \varphi]\!]_{\mathcal{M}} := E_g^{\Uparrow}([\![\varphi]\!]_{\mathcal{M}})$ für das Spiel g. Wir sehen uns an, wie die Transformation der Welten durch das Spiel g auf die Welten wirken, in denen die Formel φ gilt.

Wir haben ein Nachbarschaftsmodell für die Spiele-Logik definiert, weil sich herausgestellt hat, dass Kripke-Modelle das Spielgeschehen nicht immer angemessen repräsentieren. Die Vorgehensweise folgte bewährten Mustern, die freilich an die Situation bei Spielen angepasst werden mussten.

4.6.3 Für Liebhaber: Bisimulationen

Bisimulationen werden auf Nachbarschaftsmodelle übertragen. Weil aber Transitionen nicht unmittelbar verfügbar sind, definieren wir biähnliche Modelle durch Morphismen. Der Satz von Aczel gibt uns hier ein mächtiges Instrument in die Hand.

$\triangle$ **Charli**: Biähnliche Zustände in Kripke-Modellen können Formeln nicht unterscheiden. Das haben wir auf Seite 138 gesehen. Wir haben von modallogischer Äquivalenz gesprochen.

Wir sehen uns jetzt an, ob sich diese Eigenschaft auch auf die Nachbarschaftsmodelle für die Spiele-Logik überträgt (Abbildung 4.11)

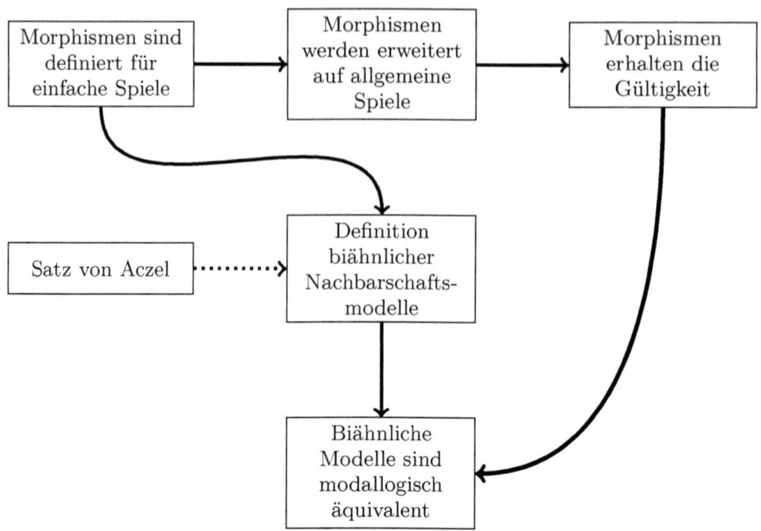

Abb. 4.11: Vorgehensweise zur Spiele-Logik mit Nachbarschaftsmodellen

> **!** Spoiler: Sie tut's.

▽ **Trullo**: Sind $\mathcal{M}$ und $\mathcal{N}$ Nachbarschaftsmodelle mit einem Morphismus $f : \mathcal{M} \to \mathcal{N}$, so müssten wir für jede Formel φ herausfinden, ob

$$\mathcal{M}, w \models \varphi \Leftrightarrow \mathcal{N}, f(w) \models \varphi$$

gilt.

> **!** Wir müssten also herausfinden, ob jede Welt w *genau dieselben* Formeln erfüllt wie ihre Bildwelt $f(w)$. Das haben wir für Kripke-Modelle in (4.15) auf Seite 131 nachgewiesen.

△ **Charli**: Das Herz der Modelle sind die Effektivitätsfunktionen. Wir müssten also zuerst nachsehen, ob die Effektivitätsfunktionen gut mit einem Morphismus zusammenarbeiten.

Aber was heißt das?

▽ **Trullo**: Na, dass der Morphismus nett zu den Funktionen ist.

$\triangle$ **Charli**: Na, das müssen wir präzisieren: Für alle Spiele g ist zu zeigen, dass

$$f^{-1}\big[F_g^{\Uparrow}(A)\big] = E_g^{\Uparrow}(f^{-1}[A]) \tag{4.34}$$

gilt, wenn F die Effektivitätsfunktionen für $\mathcal{N}$ und E die für $\mathcal{M}$ repräsentiert.

∇ **Trullo**: Das sollten wir uns kurz auf der Zunge zergehen lassen. Wir spielen g und haben eine Menge A von $\mathcal{N}$-Welten. Dann sagt (4.34), A ist für die Welt $f(w)$ nach dem Spiel g erfolgreich genau dann, wenn $f^{-1}[A]$ für die Welt w nach dem Spiel g erfolgreich ist.

$\triangle$ **Charli**: Langsam werde ich Weltenbummler ....

∇ **Trullo**: Wir beweisen (4.34) durch Induktion nach dem Aufbau des Spiels g. Der Induktionsbeginn liegt beim primitiven Spiel $\gamma \in \Sigma$ und geht so ($w \in W, A \subseteq X$):

$$
\begin{aligned}
w \in f^{-1}\big[F_\gamma^{\Uparrow}(A)\big] &\Leftrightarrow f(w) \in F_\gamma^{\Uparrow}(A) && \text{Definition } f^{-1} \\
&\Leftrightarrow A \in F_\gamma(f(w)) && \text{Definition von } F_\gamma^{\Uparrow} \\
&\Leftrightarrow f^{-1}[A] \in E_\gamma(w) && f \text{ ist ein Morphismus} \\
&\Leftrightarrow w \in E_\gamma^{\Uparrow}(A).
\end{aligned}
$$

$\triangle$ **Charli**: Ach ja, das war ein Beweis, wie eine LEGO-Konstruktion. Man nimmt die Definitionen auseinander und setzt sie anders zusammen.

∇ **Trullo**: Na, da hätte ich noch eine Baukastenkonstruktion: Nehmen wir an, die Aussage (4.34) gilt für die Spiele g_1 und g_2 und sehen uns an, was mit dem kombinierten Spiel $g_1; g_2$ geschieht ($w \in W, A \subseteq X$):

$$
\begin{aligned}
w \in f^{-1}\big[F_{g_1;g_2}^{\Uparrow}(A)\big] &\Leftrightarrow f(w) \in F_{g_1;g_2}^{\Uparrow}(A) && \text{wie oben} \\
&\Leftrightarrow f(w) \in F_{g_1}^{\Uparrow}\big(F_{g_2}^{\Uparrow}(A)\big) && \text{siehe (4.33)} \\
&\Leftrightarrow w \in E_{g_1}^{\Uparrow}\big(f^{-1}\big[F_{g_2}^{\Uparrow}(A)\big]\big) && \text{Induktionsvoraussetzung für } g_1 \text{ ...} \\
&\Leftrightarrow w \in E_{g_1}^{\Uparrow}\big(E_{g_2}^{\Uparrow}(f^{-1}[A])\big) && \text{...und für } g_2 \\
&\Leftrightarrow w \in E_{g_1;g_2}^{\Uparrow}\big(f^{-1}[A]\big)).
\end{aligned}
$$

> **!**
>
> Der Beweis läuft wie am Schnürchen, weil wir wissen, dass sich das Lifting ordentlich verhält. Es gilt $F_{g_1;g_2}^{\Uparrow} = F_{g_1}^{\Uparrow} \circ F_{g_2}^{\Uparrow}$, analog für E.
>
> Aber es stimmt schon, was Charli anmerkt, die beiden Beweise sind ziemlich technisch. Andererseits: Auch eine elegante Maschine hat ihre kleinen Schräubchen.

186   4 Modale Logik

$\triangle$ **Charli**: Damit haben wir die wesentlichen Hürden für den Beweis von (4.34) genommen. Die anderen Spiele und die Dualisierung werden durch Boolesche Operationen realisiert. Weil f^{-1} damit verträglich ist (also z. B. $f^{-1}[A \cup B] = f^{-1}[A] \cup f^{-1}[B]$), sind die Beweise einfache Übungen.

∇ **Trullo**: Und was machen wir jetzt mit unserem neuen Werkzeug? Ich behaupte, dass für die Nachbarschaftsmodelle $\mathcal{M}$ und $\mathcal{N}$ mit dem Morphismus $f : \mathcal{M} \to \mathcal{N}$ und für jede Welt w von $\mathcal{M}$ und für jede Formel φ gilt

$$\mathcal{M}, w \models \varphi \Leftrightarrow \mathcal{N}, f(w) \models \varphi \tag{4.35}$$

$\triangle$ **Charli**: Wie üblich, beweisen wir das durch Induktion, aber diesmal nach dem Aufbau der Formel φ.

Der Induktionsbeginn für atomare Aussagen p ist einfach:

$$
\begin{aligned}
\mathcal{M}, w \models p &\Leftrightarrow w \in \ell(p) && \text{Definition} \\
&\Leftrightarrow w \in f^{-1}[m(p)] && \text{siehe Definition, Teil 4.2, \textit{Seite} 134} \\
&\Leftrightarrow f(w) \in m(p) \\
&\Leftrightarrow \mathcal{N}, f(w) \models p
\end{aligned}
$$

∇ **Trullo**: Der interessante Fall ist die Formel $\langle g \rangle \varphi$ für ein Spiel g, aber das wird jetzt auch schnell erledigt:

$$
\begin{aligned}
\mathcal{M}, w \models \langle g \rangle \varphi &\Leftrightarrow w \in [\![\langle g \rangle \varphi]\!]_{\mathcal{M}} && \text{Definition von } \models \\
&\Leftrightarrow w \in E_g^{\Uparrow}([\![\varphi]\!]_{\mathcal{M}}) && \text{Definition von } [\![\langle g \rangle \varphi]\!]_{\mathcal{M}} \\
&\Leftrightarrow w \in E_g^{\Uparrow}(f^{-1}[[\![\varphi]\!]_{\mathcal{N}}]) && \text{Induktionsvoraussetzung: } [\![\varphi]\!]_{\mathcal{M}} = f^{-1}[[\![\varphi]\!]_{\mathcal{N}}] \\
&\Leftrightarrow w \in f^{-1}[F_g^{\Uparrow}([\![\varphi]\!]_{\mathcal{N}})] && (4.34) \\
&\Leftrightarrow f(w) \in F_g^{\Uparrow}([\![\varphi]\!]_{\mathcal{N}}) \\
&\Leftrightarrow \mathcal{N}, f(w) \models \langle g \rangle \varphi
\end{aligned}
$$

∇ **Trullo**: Nicht zu vergessen: wir haben hier stillschweigend von Charakterisierung

$$f(w) \in [\![\varphi]\!]_{\mathcal{N}} \Leftrightarrow w \in f^{-1}[[\![\varphi]\!]_{\mathcal{M}}]$$

wie in (4.16) Gebrauch gemacht.

$\triangle$ **Charli**: Wir sollten uns noch um die Konjunktion und die Negation von Formeln kümmern, aber das ist schnell erledigt, weil ja f^{-1} mit diesen Operationen verträglich ist. Das Vorgehen ist genau dasselbe wie auf Seite 132. Daher schreiben wir den Beweis für diese Routine-Fälle nicht auf.

∇ **Trullo**: Wir wissen also jetzt, dass ein Morphismus die Gültigkeit von Formeln respektiert. Etwas anders formuliert: eine Welt w und ihr Bild $f(w)$ kann Formeln nicht unterscheiden.

$\triangle$ **Charli**: Wir sollen jetzt Bisimulationen für Nachbarschaftsmodelle diskutieren.

∇ **Trullo**: Bei Kripke-Modellen hatten wir so argumentiert, dass eine Transition in einem System eine Transition in einem anderen nach sich zieht.

Zur Erinnerung das Diagramm von Seite 137 für die Bisimulation B:

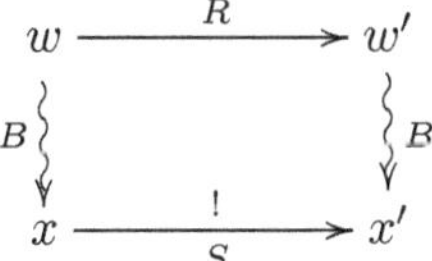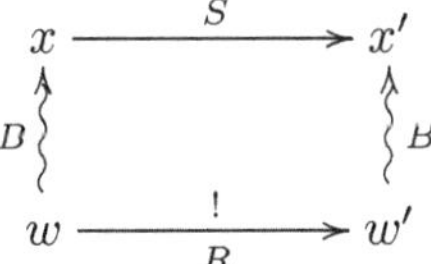

$\triangle$ **Charli**: Wir können aber doch den Satz von Aczel auf Seite 141 verwenden, der Bisimulationen mit Morphismen und einem vermittelnden System charakterisiert.

∇ **Trullo**: Versuchen wir's! Das ist die Definition: Die Nachbarschaftsmodelle $\mathcal{M}$ und $\mathcal{N}$ sind *bisimilar* (oder *biähnlich*), wenn es ein Nachbarschaftsmodell $\mathcal{V}$ und surjektive Morphismen $f_{\mathcal{M}} : \mathcal{V} \to \mathcal{M}$ und $f_{\mathcal{N}} : \mathcal{V} \to \mathcal{N}$ gibt:

$$\mathcal{M} \xleftarrow{\quad f_{\mathcal{M}} \quad} \mathcal{V} \xrightarrow{\quad f_{\mathcal{N}} \quad} \mathcal{N}$$

$\triangle$ **Charli**: Das System $\mathcal{V}$ steht also in der Mitte und vermittelt zwischen $\mathcal{M}$ und $\mathcal{N}$. Zur Vermittlung dienen zwei surjektive Morphismen. Wieso ist Surjektivität hier nötig?

∇ **Trullo**: Die Surjektivität ergibt sich nicht nur aus unserer Vorlage von Seite 141. Da dienten die Projektionen zur Vermittlung, und Projektionen sind nun mal surjektiv. Der eigentliche Grund liegt tiefer: Wäre, sagen wir, $f_{\mathcal{M}}$ nicht surjektiv, so gäbe es eine Welt w in $\mathcal{M}$, die sich vor $\mathcal{V}$ verstecken könnte, zu der es also keine Welt v mit $f_{\mathcal{M}}(v) = w$ gäbe. Dann würde nur ein Teil von $\mathcal{M}$ von der Vermittlung erfasst werden, was sicher nicht wünschenswert wäre.

$\triangle$ **Charli**: Bei der Untersuchung von biähnlichen Kripke-Modellen spielte die modallogische Äquivalenz von Welten eine wichtige Rolle. Im Kontext der Nachbarschaftsmodelle $\mathcal{M}$ und $\mathcal{N}$ liest sich das so:

Die Welten w in $\mathcal{M}$ und x in $\mathcal{N}$ heißen *modallogisch äquivalent*, wenn

$$\mathcal{M}, w \models \varphi \Leftrightarrow \mathcal{N}, x \models \varphi$$

für alle Formeln φ gilt.

> **!**
>
> Wenn zwei Welten modallogisch äquivalent sind, so gelten dieselben Formeln in diesen Welten. Das bedeutet, dass ihre Theorien gleich sind (die Theorie $Th_\mathcal{M}(w)$ einer Welt w im Modell $\mathcal{M}$ wurde auf Seite 110 als
>
> $$Th_\mathcal{M}(w) := \{\varphi \mid \mathcal{M}, w \models \varphi\}$$
>
> eingeführt).
>
> Wenn wir umgekehrt eine Formel finden, die in einer Welt gilt, in der anderen nicht, so können diese Welten nicht modallogisch äquivalent sein.

∇ **Trullo**: Das können wir dann ja auch gleich auf Modelle übertragen.

Die Modelle $\mathcal{M}$ und $\mathcal{N}$ heißen *modallogisch äquivalent*, falls es zu jeder Welt in $\mathcal{M}$ eine modallogisch äquivalente Welt in $\mathcal{N}$ und zu jeder Welt in $\mathcal{N}$ eine modallogisch äquivalente Welt in $\mathcal{M}$ gibt.

$\triangle$ **Charli**: Mit Theorien ausgedrückt:

$$\{Th_\mathcal{M}(w) \mid w \in W\} = \{Th_\mathcal{N}(x) \mid x \in X\}.$$

Es ist jetzt ziemlich direkt zu sehen, dass biähnliche Modelle modallogisch äquivalent sind.

∇ **Trullo**: Zum Beweis machen wir uns die Vermittlung des Modells $\mathcal{V}$ zunutze. Wir haben dieses Szenario:

$$\mathcal{M} \xleftarrow{\;\;f_\mathcal{M}\;\;} \mathcal{V} \xrightarrow{\;\;f_\mathcal{N}\;\;} \mathcal{N}.$$

Sei nun φ eine Formel, w eine Welt in $\mathcal{M}$, dann gibt es eine Welt v in $\mathcal{V}$ mit $w = f_\mathcal{M}(v)$.

$\triangle$ **Charli**: Wieso? Ach ja, sehen ich: das ist die Surjektivität, die jetzt zum Tragen kommt. Ja, klar, dann folgt auch mit (4.35), dass $\mathcal{M}, w \models \varphi$ genau dann gilt, wenn $\mathcal{V}, v \models \varphi$ gilt.

∇ **Trullo**: Und weiter, dass aus demselben Grund $\mathcal{V}, v \models \varphi$ mit $\mathcal{N}, f_\mathcal{N}(v) \models \varphi$ gleichwertig ist. Mit $x := f_\mathcal{N}(v)$ sehen wir also $w \xleftarrow{f_\mathcal{M}} v \xrightarrow{f_\mathcal{N}} x$ und $Th_\mathcal{M}(w) = Th_\mathcal{N}(x)$.

$\triangle$ **Charli**: Wir haben also jetzt zu jeder Welt w in $\mathcal{M}$ eine modallogisch äquivalente Welt x in $\mathcal{N}$ gefunden.

Wenn wir die Rollen von $\mathcal{M}$ und $\mathcal{N}$ vertauschen, können wir mit exakt denselben Argumenten für jede Welt x in $\mathcal{N}$ eine modallogisch äquivalente Welt w in $\mathcal{M}$ finden.

∇ **Trullo**: Das war's dann, die Behauptung ist bewiesen. Wir haben gezeigt, dass biähnliche Nachbarschaftsmodelle modallogisch äquivalent sind.

Der Beweis war durch die Vorarbeiten recht einfach. Man musste nur noch die Bausteine an der richtigen Stelle richtig zusammenzusetzen ....

$\triangle$ **Charli**: Jetzt stellt sich natürlich die Frage nach der Umkehrung: Sind modallogische Modelle biähnlich? Für Kripke-Modelle konnten wir die Frage mit dem berühmten Satz von Hennessy-Milner positiv beantworten, freilich unter einer einschränkenden Bedingung.

∇ **Trullo**: Im Satz von Hennessy-Milner bestand die einschränkende Bedingung in der Forderung, dass die beteiligten Kripke-Modelle bildendlich sind (siehe Seite 140). Eine ähnliche Bedingung ist im Kontext von Nachbarschaftsmodellen schwer vorstellbar. Wir geben uns mit dem Resultat von oben zufrieden.

Literaturhinweise In der Fülle der Bücher zur modalen Logik habe ich mich hauptsächlich orientiert an der meisterhaften Darstellung [10] und an dem schönen Buch [13]. Die Vorlesungsskripte [45, 46] waren gelegentlich hilfreich, auch wenn ich andere Schwerpunkte gesetzt habe. Ein gelegentlicher Blick in das umfangreiche Handbuch [9] war nützlich, insbesondere in das Überblickskapitel [8] und das Kapitel über Spiele [24], vgl. auch [32, 33]. Bei der Formulierung von Nachbarschaftsmodellen habe ich mich an den Überlegungen in [1, 31] orientiert. Bisimulationen sind ein wichtiges Thema, wovon ich hoffentlich den Leser überzeugen konnte. Der Aufsatz von Rutten [38] gibt einen guten Einblick, nicht nur aus historischer Sicht. Darauf baut die Monographie [27] auf. Der Satz von Aczel ist zentral bei der Untersuchung von Bisimulationen [2, 38, 17]. Er zeigt einen Weg zur Verallgemeinerung des Begriffs jenseits von Relationen, der insbesondere in der coalgebraischen Logik wichtig ist.
In [10] wird die einfache modale Logik erweitert, indem allgemeinere modale Operatoren zugelassen werden. Sie lassen auch mehr als eine Formel als Operanden zu. Der methodische Zugang zur Semantik von Kripke-Modellen ändert sich nur wenig, der Aufwand in der Darstellung ist vergleichsweise groß, daher habe ich darauf verzichtet. Die Anwendungen modaler Logiken umfassen viele Bereiche inner- und außerhalb der Informatik, gelegentlich finden sich auch Überraschungen [20] und [34, Kapitel VII.2, Kapitel X]. Die Konzentration auf die Entwicklung der Theorie und Platzgründe lassen eine ausführliche Diskussion nicht zu.

4.7 Aufgaben

Aufgabe 4.1: Für eine Relation R werden R^+ und R^* wie auf Seite 107 definiert. Zeigen Sie: R^+ ist die kleinste transitive Relation, die R enthält, und R^* ist die kleinste reflexive und transitive Relation, die R enthält.

Aufgabe 4.2: Diese Aufgabe befasst sich mit Effektivitätsfunktionen auf einer Menge X.

1. Ist E eine Effektivitätsfunktion auf X, so definiert das Lifting

$$E^{\Uparrow}(A) := \{x \in X \mid A \in E(x)\}$$

   eine monotone Abbildung $E^{\Uparrow} : \mathcal{P}(X) \to \mathcal{P}(X)$ (vgl. Seite 180).
2. Ist $m : \mathcal{P}(X) \to \mathcal{P}(X)$ eine monotone Abbildung, so definiert das De-Lifting

$$m^{\Downarrow}(x) := \{A \subseteq X \mid x \in m(A)\}$$

   eine Effektivitätsfunktion auf der Menge X.
3. Es gilt $(m^{\Downarrow})^{\Uparrow} = m$ und $(E^{\Uparrow})^{\Downarrow} = E$.

Aufgabe 4.3: Für die Logik *PDL* soll die Semantik für ein Nachbarschaftsmodell $(W, (R_a)_{a \in A}, \ell)$ entwickelt werden, wobei R_a für jedes atomare Programm $a \in A$ eine Effektivitätsfunktion ist. Die Grammatik ist in (4.12) auf Seite 115 zu finden. (**Hinweis:** Die Transformation der Effektivitätsfunktionen in der letzten Aufgabe helfen hier.)

Aufgabe 4.4: Zeigen Sie für den Wahl-O-Maten von Seite 119, dass

1. $V \models [n] \left(\langle W \rangle \top \wedge [\overline{r_n}] \bot \right)$ (nach Eingabe von n muss r_n herauskommen).
2. $V \models \langle W \rangle \top \wedge [W] \left(\langle W \rangle \top \wedge [W] \left(\langle W \rangle \top \wedge [\overline{z_b, z_n}] \bot \right) \right)$ (die dritte Aktion muss eine z-Aktion sein).

Aufgabe 4.5: Finden Sie für jede der folgenden Formeln jeweils ein Modell, in dem die Formel gilt, und ein Modell, in dem sie nicht gilt.

1. $\Box p \to \Diamond p$,
2. $\Box p \to p$,
3. $p \to \Box \Diamond p$,
4. $\Box p \to \Box \Box p$,
5. $\Diamond p \to \Box \Diamond p$,
6. $\neg \Diamond \top$,
7. $(\Diamond p \wedge \Diamond q) \to \Diamond (p \wedge q)$,
8. $(\Diamond p \wedge \Diamond q \wedge \Diamond r) \to \left(\Diamond (p \wedge q) \vee \Diamond (p \wedge r) \vee (\Diamond q \wedge r) \right)$,
9. $(\Box p \vee \Box q) \to \Box (p \vee q)$.

Aufgabe 4.6: Ist $\mathcal{R} = (W, R, \ell)$ ein Kripke-Modell und $\mathcal{N} = (W, N_R, \ell)$ das daraus konstruierte Nachbarschaftsmodell (vgl. Seite 127). Dann ändert sich die Interpretation der Formeln nicht, d.h. es gilt

$$\mathcal{R}, w \models \varphi \Leftrightarrow \mathcal{N}, w \models \varphi$$

für alle Welten w und alle Formeln φ (**Hinweis:** $[\![\varphi]\!]_{\mathcal{R}} \stackrel{?}{=} [\![\varphi]\!]_{\mathcal{N}}$).

Aufgabe 4.7: Seien $\mathcal{R} = (W, R)$ und $\mathcal{S} = (X, S)$ Rahmen. Relation R kann als Abbildung $R : W \to \mathcal{P}(W)$ aufgefasst werden, siehe (4.4) auf Seite 107, S analog. $f : W \to X$ definiert eine Abbildung $\mathcal{P}(f) : \mathcal{P}(W) \to \mathcal{P}(X)$ mit $\mathcal{P}(f)(A) := \{f(w) \mid w \in A\}$. Zeigen Sie, dass $f : \mathcal{R} \to \mathcal{S}$ ein Rahmenmorphismus ist genau dann, wenn das Diagramm

$$
\begin{array}{ccc}
W & \xrightarrow{\ f\ } & X \\
{\scriptstyle R}\downarrow & & \downarrow{\scriptstyle S} \\
\mathcal{P}(W) & \xrightarrow{\ \mathcal{P}(f)\ } & \mathcal{P}(X)
\end{array}
$$

kommutativ ist, wenn also gilt $\mathcal{P}(f) \circ R = S \circ f$.

Aufgabe 4.8: Seien $f : X \to Y$ und $g : Y \to Z$ Abbildungen. Beweisen oder widerlegen Sie:

1. $graph(g \circ_1 f) = graph(f) \circ_2 graph(g)$ ($\circ_1$ ist die Komposition von Abbildungen, $\circ_2$ die von Relationen).
2. $graph(f)^{-1}[A] = f^{-1}[A]$ für $A \subseteq Y$.

Aufgabe 4.9: Sei $f : (W, R, \ell) \to (X, S, m)$ ein Modellmorphismus. Dann ist $graph(f)$ eine Bisimulation für die Kripke-Modelle (W, R, ℓ) und (X, S, m).

Aufgabe 4.10: Seien $\mathcal{R} = (W, R, \ell)$ und $\mathcal{S} = (X, T, m)$ Kripke-Modelle mit

- $W = \mathbb{N}$, $m \xrightarrow{R} m + 1$ für $m \in \mathbb{N}$ und $\ell(p) := \{2n \mid n \in \mathbb{N}\}$,
- $X = \{A, B\}$, $T := \{\langle A, B \rangle, \langle B, A \rangle\}$ und $m(p) = \{A\}$.

Überlegen Sie, warum

$$f(n) := \begin{cases} A, & \text{falls } n \text{ gerade,} \\ B, & \text{sonst} \end{cases}$$

kein Morphismus $\mathcal{R} \to \mathcal{S}$ ist (vgl. [10, Example 2.11]).

Aufgabe 4.11: Ist $\mathcal{B}$ eine nicht-leere Familie von Bisimulationen der Kripke-Modelle (W, R, ℓ) und (X, S, m), dann ist $\bigcup \mathcal{B}$ eine Bisimulation. Schließen Sie daraus, dass es eine größte Bisimulation von (W, R, ℓ) und (X, S, m) gibt.

Aufgabe 4.12: Bisimulationen sind transitiv: Für die Kripke-Modelle $\mathcal{R}_1, \mathcal{R}_2, \mathcal{R}_3$ sei $B_{1,2}$ eine Bisimulation für $\mathcal{R}_1$ und $\mathcal{R}_2$ sowie $B_{2,3}$ eine Bisimulation für $\mathcal{R}_2$ und $\mathcal{R}_3$. Dann ist $B_{1,3} := B_{1,2} \circ B_{2,3}$ eine Bisimulation für $\mathcal{R}_1$ und $\mathcal{R}_3$.

Aufgabe 4.13: Das Kripke-Modell $\mathcal{R}^0 := (W^0, R^0, \ell^0)$ heißt *Submodell* des Kripke-Modells $\mathcal{R} := (W, R, \ell)$, falls $W^0 \subseteq W, R^0 = R \cap (W \times W)$ und $\ell^0(p) = \ell(p) \cap W^0$, und falls für $w_0 \in W^0$ mit $w_0 \xrightarrow{R} w$ gilt $w \in W^0$ (eine in W^0 begonnene Transition führt nicht aus W^0 heraus).

Zeigen Sie für ein Submodell $\mathcal{R}^0$ von $\mathcal{R}$:

1. Die Inklusionsabbildung

$$I : \begin{cases} W^0 & \to W, \\ w & \mapsto w \end{cases}$$

   ist ein Morphismus $\mathcal{R}^0 \to \mathcal{R}$,
2. $\mathcal{R}^0$ biähnlich zu $\mathcal{R}$

Aufgabe 4.14: Für eine beliebige Klasse $\mathbb{C}$ von normalen modalen Logiken sind die folgenden Formeln in $\Lambda_{\mathbb{C}}$ enthalten:

1. $(p \to q) \to (\Box p \to \Box q)$,
2. $(p \to q) \to (\Diamond p \to \Diamond q)$,
3. $(p \leftrightarrow q) \to (\Box p \leftrightarrow \Box q)$,
4. $(p \leftrightarrow q) \to (\Diamond p \leftrightarrow \Diamond q)$,
5. $\big(\Diamond p \vee \Diamond q \vee \Box(\neg p \vee q)\big) \to \big(\Diamond (p \vee q) \vee \neg\Box p \vee \Box q\big)$,
6. $\big((p \wedge q) \to r\big) \to \big((\Box p \wedge \Box q) \to \Box r\big)$.

Aufgabe 4.15: Sei Λ eine normale modale Logik und Γ Λ-konsistent, so dass für jede Formel φ entweder $\varphi \in \Gamma$ oder $\neg\varphi \in \Gamma$. Dann ist Γ eine maximale Λ-konsistente Menge.

Aufgabe 4.16: Zeigen Sie:

1. Die Klasse aller normalen modalen Logiken ist ein Verband unter diesen Operationen:

$$\mathbb{C}_1 \wedge \mathbb{C}_2 := \mathbb{C}_1 \cap \mathbb{C}_2,$$

$$\mathbb{C}_1 \vee \mathbb{C}_2 := \bigcap \{\mathbb{C} \mid \mathbb{C} \text{ ist eine normle modale Logik mit } \mathbb{C} \subseteq \mathbb{C}_1 \cup \mathbb{C}_2\},$$

2. (sportlich) Dieser Verband ist vollständig.

Aufgabe 4.17: Zeigen Sie Korrektheit und Vollständigkeit der Logiken im Hinblick auf die angegebene Klasse von Rahmen:

1. $\boldsymbol{\lambda}_{\Box\Box p \to \Box p}$: transitive Rahmen.
2. $\boldsymbol{\lambda}_{\Box p \to p}$: reflexive Rahmen.

3. $\lambda_{\Box p \to \Diamond p}$: serielle Rahmen (eine Relation R auf W heißt *seriell* oder *linkstotal*, falls es zu jedem $w \in W$ ein $w' \in W$ gilt mit $\langle w, w' \rangle \in R$).
4. $\lambda_{\Diamond p \to \Box \Diamond p}$: Äquivalenzrelation als Rahmen.

Aufgabe 4.18:   Eine reflexive Relation R ist genau dann euklidisch, wenn R eine Äquivalenzrelation ist.

Aufgabe 4.19:   Die folgenden Bedingungen sind gleichwertig

1. $(W, R) \models \Box(\Box p \to p) \to \Box p$.
2. R ist transitiv und es gibt keinen unendlichen R-Pfad.

(Ein unendlicher R-Pfad ist eine Folge $(w_i)_{i \in \mathbb{N}}$ von Welten mit $w_i \xrightarrow{R} w_{i+1}$ für alle $i \in \mathbb{N}$.)

Anmerkung: $\Box(\Box p \to p) \to \Box p$ ist in der Literatur als *Löb-Formel* bekannt und in der Beweistheorie interessant [35, Kapitel 15.1], [10, Kapitel 3.1].

Anhang A
Einige Hilfsmittel

Wir benötigen einige Hilfsmittel aus der Mathematik, insbesondere aus der Mengenlehre. Damit wir den Fluss der Darstellung nicht unterbrechen müssen, habe ich diese Hilfsmittel in diesem Anhang zusammengestellt, manchmal ohne Beweise, manchmal mit Skizzen dazu.

A.1 Das Lemma von Zorn

Das Lemma von Zorn ist ein wichtiges Hilfsmittel in der Mengenlehre, aber auch darüber hinaus. Es ist gleichwertig mit einer ganzen Anzahl von ähnlich nicht-konstruktiven Aussagen (Auswahlaxiom, Wohlordnungssatz, Tuckeys Lemma, Satz von Tychonoff). Aber darauf gehen wir hier nicht ein, sondern zitieren das Lemma, weil wir es gelegentlich brauchen.

Erinnern wir uns kurz, was eine Kette von Mengen und was eine obere Schranke für eine Familie von Mengen ist.

1. Eine *Kette* $\mathcal{K}$ von Mengen ist linear durch die Relation „ist Teilmenge von" geordnet, d.h., für $K_1, K_2 \in \mathcal{K}$ gilt $K_1 \subseteq K_2$ oder $K_2 \subseteq K_1$.
2. Eine Menge S ist *obere Schranke* einer Familie $\mathcal{M}$ von Mengen, falls $M \subseteq S$ für alle $M \in \mathcal{M}$ gilt.

Definition A.1.1. *Eine Teilmenge* $\mathcal{M}$ *der Potenzmenge* $\mathcal{P}(X)$ *der Menge* X *wird* induktiv geordnet *genannt, falls gilt: Jede Kette in* $\mathcal{M}$ *hat eine obere Schranke in* $\mathcal{M}$.

Theorem 1. (Lemma von Zorn) *Ist $\emptyset \neq \mathcal{M} \subseteq \mathcal{P}(X)$ induktiv geordnet, so hat $\mathcal{M}$ ein maximales Element (also eine obere Schranke $M^* \in \mathcal{M}$ mit der Eigenschaft: $M^* \subseteq M^\dagger \in \mathcal{M}$ impliziert $M^* = M^\dagger$).*

Dieser Satz gehört zur mathematischen Folklore mit vielen wichtigen Anwendungen (z. B., dass jeder Vektorraum eine Basis hat). Einen Überblick gibt's hier [17, Kap. 1.5], [22] bietet eine Grundlagendiskussion.

A.2 Boolesche Algebren und Primideale

Boolesche Algebren werden gelegentlich im elementaren Informatik-Unterricht zur Verdeutlichung von Schaltwerken herangezogen. Sie sind als eine ziemlich gewichtige und interessante algebraische Struktur auch darüber hinaus wichtig. Wir benötigen sie hier für die Semantik der Aussagenlogik und der Prädikatenlogik erster Stufe, auch wenn man den Zusammenhang nicht unmittelbar erkennt. Hier werden auch Ideale und Primideale eingeführt, Strukturen, die sich ziemlich natürlich bei der Betrachtung von Formelmengen ergeben.

Das prototypische Beispiel für eine Boolesche Algebra ist die Potenzmenge $\mathcal{P}(M)$ einer Menge M, die Booleschen Operationen sind dann die Vereinigung und der Durchschnitt von Mengen und das Komplement einer Menge. Die allerkleinste Boolesche Algebra ist $\{0, 1\}$ mit Minimum, Maximum und $1 \mapsto 0, 0 \mapsto 1$ als Booleschen Operationen.

Üblicherweise ist eine ganze Liste von Eigenschaften abzuarbeiten, um nachzuweisen, dass eine Struktur eine Boolesche Algebra ist. Hierzu gehören Distributivität oder Verträglichkeit mit Komplementen. Es gibt glücklicherweise eine arbeitssparende Charakterisierung ([6, p 44]):

Theorem 2. (Satz von Huntington) *Sei B eine Menge mit einer kommutativen und assoziativen binären Operation $\sqcup$ und einer unären Operation $'$. Man setzt $a \sqcap b := (a' \sqcup b')'$. Falls für alle $a, b \in B$ gilt*

$$(a \sqcap b) \sqcup (a \sqcap b') = a,$$

so ist B mit diesen Operationen eine Boolesche Algebra.

Zur Erinnerung: Die Kommutativität von $\sqcap$ sagt, dass $a \sqcap b = b \sqcap a$ ist, die Assoziativität, dass $a \sqcap (b \sqcap c) = (a \sqcap b) \sqcap c$ stets gilt.
In der Booleschen Algebra B setzt man $a \leqslant b \Leftrightarrow a \sqcap b = a$ ($\Leftrightarrow a \sqcup b = b$); kleinstes und größtes Element werden meist mit $\bot$ bzw. $\top$ bezeichnet. Für die Ordnungsrelation gilt bekanntlich $a \sqcap b = \inf\{a, b\}$ und $a \sqcup b = \sup\{a, b\}$.
Allgemein werden Infimum $\inf M$ und Supremum $\sup M$ einer Menge $M \subseteq B$ so definiert: $a = \inf M$ genau dann, wenn $a \leqslant m$ für alle $m \in M$, und falls $b \leqslant m$ für alle $m \in M$ gilt, so ist $b \leqslant a$ (a ist also die *größte untere Schranke* für M). Vertauscht man $\leqslant$ mit $\geqslant$, so erhält man die Definition von $\sup M$ als die *kleinste obere Schranke* von M. Für eine endliche Menge $M = \{a_1, \ldots, a_n\}$

sieht man $\inf M = a_1 \sqcap \cdots \sqcap a_n$ und $\sup M = a_1 \sqcup \cdots \sqcup a_n$; für nicht-endliche Mengen M müssen weder $\inf M$ noch $\sup M$ immer existieren. Interessanterweise ist $\inf \varnothing = \top$ und $\sup \varnothing = \bot$.

Wenn wir in der Aussagenlogik mit einer Valuation $v : \mathcal{F} \to \{0,1\}$ arbeiten, so haben wir auf Seite 15 gesättigte Mengen kennengelernt. Sie wurden durch $\{\varphi \in \mathcal{F} \mid v(\varphi) = 1\}$ definiert. Wir drehen jetzt kurz den Spieß um und sehen uns Eigenschaften von $J := \{\varphi \in \mathcal{F} \mid v(\varphi) = 0\}$ an. Unmittelbar klar ist, dass J abgeschlossen ist im Hinblick auf die Disjunktion (d. h. $\varphi, \psi \in J \Rightarrow \varphi \vee \psi \in J$), und dass wir aus $\varphi \in J$ und $v(\varphi \to \psi) = 1$ schließen können $\psi \in J$. Außerdem gilt für jede Formel φ entweder $\varphi \in J$ oder $\neg\varphi \in J$. J hat algebraisch die Struktur eines Ideals:

Definition A.2.1. *Eine Teilmenge $J \subseteq B$ einer Booleschen Algebra B heißt ein* Ideal, *falls*

1. $\varnothing \neq J \neq B$,
2. ist $a \in J$ und $b \leqslant a$, so ist $b \in J$,
3. mit $a, b \in J$ ist auch $a \sqcup b \in J$.

Falls für alle $a \in B$ gilt: entweder $a \in J$ oder $-a \in J$, so heißt J ein Primideal.

Ein einfaches Beispiel für ein Ideal ist $\{b \in B \mid b \leqslant a\}$, wenn $\bot \neq a \neq \top$ ist. Das ist das von a erzeugte Ideal, das kleinste Ideal in B, das a enthält. Die Eigenschaft (2) sagt, dass ein Ideal „nach unten" abgeschlossen ist, also stets das kleinste Element von B enthält. Insbesondere ist ein Ideal daher bezüglich $\sqcap$ abgeschlossen (denn $a \sqcap b \leqslant a$). Gemäß Eigenschaft 1 ist ein Ideal eine echte nicht-leere Teilmenge von B. Ideale haben übrigens ihren Ursprung in der Theorie der Ringe.

Primideale sind das Gegenstück zu gesättigten Mengen, wie man beim Vergleich der Eigenschaften sieht. Man kann sich leicht überlegen, dass ein Primideal ein *maximales Ideal* ist. Das bedeutet, dass für ein Primideal J und jedes weitere Ideal K aus $J \subseteq K$ folgt $J = K$.

Der folgende Satz fasst die wichtigsten Eigenschaften von Idealen zusammen. Diese Aussagen gehören ebenfalls zur Folklore in der Mengenlehre, man findet Beweise z. B. in [37, p. 25, p. 41f].

Theorem 3. (Primideal-Theorem) *Sei J ein Ideal in einer Booleschen Algebra B.*

1. Man setzt $a \equiv_J b$, falls es $x, y \in J$ gibt mit $a \sqcup x = b \sqcup y$. $\equiv_J$ ist eine Äquivalenzrelation auf B.
2. Ist K ein Primideal, so ist die Menge der Äquivalenzklassen $B/\equiv_K$ eine Boolesche Algebra, die isomorph ist zur Booleschen Algebra $\{0,1\}$.
3. Zu J existiert ein Primideal K mit $J \subseteq K$. Insbesondere existiert zu $a \in B$ mit $\bot \neq a \neq \top$ ein Primideal, das a enthält.

Eigenschaft 3. sagt, dass man jedes Ideal „aufblasen" kann, bis es ein Primideal K wird. Der Beweis wird mit dem Lemma von Zorn (Theorem 1) geführt.

Eigenschaft 2. im Primideal-Theorem führt dann dazu, dass es nur zwei Äquivalenzklassen im Hinblick auf $\equiv_K$ gibt (die Guten und die Bösen?), so dass die kleinste Boolesche Algebra als Faktor charakterisiert werden kann. Ist $[a]_K$ für das Primideal K die Äquivalenzklasse zu $a \in B$, so versammelt die Klasse $\perp$ des kleinsten Elements genau die Elemente von K:

$$a \in K \Leftrightarrow [a]_K = \perp. \tag{A.1}$$

Denn („$\Rightarrow$") ist $a \in K$, so ist $a \sqcup x = y = \perp \sqcup y$ für alle $x, y \in K$, also $a \equiv_K \perp$. Andererseits („$\Leftarrow$") gilt für $a \equiv_K \perp$, dass $K \ni y = y \sqcup \perp = a \sqcup x \geqslant a$, für geeignete $x, y \in K$. Also ist $a \in K$, weil K als Ideal nach unten abgeschlossen ist.

Für die Prädikatenlogik benötigen wir eine Verschärfung des Primideal-Theorems ([37, p. 27] oder [29, p. 36]). Das liegt daran, dass wir uns dort mit abzählbaren statt endlichen Infima und Suprema befassen müssen. Wir können dem Primideal-Theorem nicht ohne weiteres ansehen, ob solche Infima und Suprema von dem gewünschten Primideal respektiert werden.

Definition A.2.2. *Ist K ein Primideal in der Booleschen Algebra B, $X \subseteq B$ eine Teilmenge, deren Infimum $\inf X$ in B existiert, so sagen wir, K respektiert das Infimum, falls aus $\inf X \in K$ folgt $X \cap K \neq \varnothing$.*

Diese Begriffsbildung ist für unsere Zwecke nützlich, denn das Primideal K respektiert das Infimum $\inf X$ genau dann, wenn gilt

$$[\inf X]_K = \inf_{x \in X} [x]_K . \tag{A.2}$$

Griffiger geschrieben: $[\inf_{x \in X} x]_K = \inf_{x \in X} [x]_K$. Wir können also die Klasse des Infimums berechnen, indem wir das Infimum der Klassen bestimmen.

Der entscheidende Satz ist jetzt:

Theorem 4. (Lemma von Rasiowa-Sikorski) *Sei $(X_n)_{n \in \mathbb{N}}$ eine Folge von Teilmengen einer Booleschen Algebra B, so dass $\inf X_n$ für alle $n \in \mathbb{N}$ existiert. Zu $x \in B$ mit $x \neq \top$ existiert ein Primideal K mit $x \in K$, das die Infima aller Mengen X_n respektiert.*

Der Satz wird ebenfalls mit dem Lemma von Zorn bewiesen. Überraschend ist hier, dass das Primideal *alle* Infima der vorgegebenen Menge respektiert, dass also die ziemlich erstaunliche Aussage

$$\left[\inf_{x \in X_n} x \right]_K = \inf_{x \in X_n} [x]_K$$

für alle $n \in \mathbb{N}$ gilt. Will man statt für eine abzählbare Menge $\{X_n \mid n \in \mathbb{N}\}$ ein Primideal mit Respekt für Infima auf größere Mengen finden, so läuft man in mengentheoretische Probleme[1]. Daher kann der Satz von Rasiowa-Sikorski nicht ohne weiteres verallgemeinert werden.

---

[1] siehe `https://de.wikipedia.org/wiki/Martins_Axiom` (13Apr25)

In diesem Abschnitt haben wir einige Hilfsmittel aus dem Mathematik ohne Beweise zusammengestellt (was wäre man als Softwaretechniker ohne seinen Werkzeugkasten?). Diese Themen werden in der Regel nicht in Vorlesungen wie Diskrete Mathematik für Informatiker *behandelt; es sei auf [37] oder [28, 17] verwiesen.*

Anhang B
Handreichungen

Falls Sie, verehrte Leserin, verehrter Leser, mit den logischen Symbolen und all diesen Dingen nicht mehr so ganz vertraut sind, hier einige Handreichungen. Sie sollen den Text leichter zugänglich machen. Bei neuen Elektrogeräten findet sich in der Gebrauchsanweisung der Hinweis „Vor der Inbetriebnahme sollten Sie dieses Kapitel sorgfältig lesen". Das ist vielleicht auch hier empfehlenswert (wie nimmt man ein Buch in Betrieb?).

Wir behandeln in diesem Buch Aussagen und ihre Verknüpfungen.

> **Aussagen sind entweder wahr oder falsch.**

Damit ist *Heute ist Mittwoch* eine Aussage, nicht aber *Gänseblümchen sind neidisch*.

Aussagen können miteinander verknüpft werden, um neue Aussagen zu bilden. Für unsere Zwecke sind die folgenden Verknüpfungen wichtig. Wir werden sie jetzt kurz diskutieren und aufschreiben, wie die Wahrheitswerte der Komponenten den Wahrheitswert der zusammengesetzten Aussage bestimmen.

- Die Konjunktion verknüpft ihre Aussagen mit und. Man bildet aus *heute ist Dienstag* und *es regnet* die Aussage *heute ist Dienstag und es regnet*. Als Abkürzung für und wird $\wedge$ verwendet, also *heute ist Dienstag $\wedge$ es regnet*. Das sind die Wahrheitswerte für die Konjunktion:

heute ist Dienstag	*es regnet*	*heute ist Dienstag $\wedge$ es regnet*
wahr	wahr	wahr
wahr	falsch	falsch
falsch	wahr	falsch
falsch	falsch	falsch

  Die Konjunktion ist also genau dann **wahr**, wenn beide Teilaussagen **wahr** sind.
- Die Disjunktion hingegen verknüpft Aussagen mit oder. Man bildet aus *heute ist Dienstag* und *es regnet* die Aussage *heute ist Dienstag oder es regnet*. Als Abkürzung für oder wird $\vee$ verwendet, also *heute ist Dienstag $\vee$ es regnet*. Es

sei angemerkt, dass die Disjunktion nicht als entweder - oder gelesen werden
soll (es ist also durchaus zulässig, dass es am Dienstag regnet).
Das sind die Wahrheitswerte für die Disjunktion:

heute ist Dienstag	*es regnet*	*heute ist Dienstag* $\vee$ *es regnet*
wahr	wahr	wahr
wahr	falsch	wahr
falsch	wahr	wahr
falsch	falsch	falsch

Die Disjunktion ist also genau dann `falsch`, wenn beide Teilaussagen `falsch`
sind.

- Die Implikation formuliert eine Schlussfolgerung: wenn heute Dienstag ist, so
  regnet es. Formaler: Man bildet aus *heute ist Dienstag* und *es regnet* damit
  die Aussage *heute ist Dienstag impliziert es regnet*. Das Symbol hierfür ist $\rightarrow$,
  also *heute ist Dienstag* $\rightarrow$ *es regnet*.

Das sind die Wahrheitswerte für die Implikation:

heute ist Dienstag	*es regnet*	*heute ist Dienstag* $\rightarrow$ *es regnet*
wahr	wahr	wahr
wahr	falsch	falsch
falsch	wahr	wahr
falsch	falsch	wahr

Die Implikation ist also genau dann `falsch`, wenn der Vordersatz *heute ist
Dienstag* `wahr` und die Konklusion *es regnet* `wahr` ist – aus etwas Wahrem
kann nichts Falsches folgen.

- Die Negation verneint eine Aussage: *es regnet nicht*, ein wenig umformuliert
  es gilt nicht: es regnet. Als Symbol wird hier $\neg$ verwendet, also $\neg$ *es regnet*.

Das sind die Wahrheitswerte für die Negation:

heute ist Dienstag	$\neg$*heute ist Dienstag*
wahr	falsch
falsch	wahr

Wir werden allerdings nicht `wahr` und `falsch` für die Wahrheitswerte von Aussagen nehmen, sondern 1 und 0. Das ist praktischer, wie Sie sehen werden.

Ein ganz gutes Beispiel für die Verwendung der logischen Operationen sind die
Definitionen von Durchschnitt, Vereinigung und Komplement für Teilmengen
einer beliebigen Menge M, die Menge all dieser Teilmengen $\mathcal{P}(M)$ ist die *Potenzmenge* von M. Es gilt für ein Element $m \in M$ und die Teilmengen $A \subseteq M$
und $B \subseteq M$

$$m \in A \wedge m \in M \text{ genau dann, wenn } m \in A \cap B,$$
$$m \in A \vee m \in M \text{ genau dann, wenn } m \in A \cup B,$$
$$\neg m \in A \text{ genau dann, wenn } m \in M \backslash A.$$

Außerdem gilt

für alle $m \in M : (m \in A \rightarrow m \in B)$ genau dann, wenn $A \subseteq B$

Im Kapitel 3 zur Prädikatenlogik werden wir den Allquantor *für alle* als $\forall$ schreiben, so dass wir die letzte Aussage schreiben könnten als

$$\forall\, m \in M : (m \in A \rightarrow m \in B) \text{ genau dann, wenn } A \subseteq B.$$

Das Gegenstück zum Allquantor $\forall$ ist der Existenzquantor $\exists$. Damit können wir z. B. für eine Teilmenge $A \subseteq M$ ausdrücken, dass sie genau dann nicht mit der leeren Menge $\varnothing$ übereinstimmt, wenn ein Element in ihr existiert:

$$\exists m \in M : m \in A \text{ genau dann, wenn } A \neq \varnothing.$$

In Kapitel 4 befassen wir uns mit der Modellierung von Möglichkeiten und von Notwendigkeiten. Hierzu führen wir den *Möglichkeitsoperator* $\Diamond$ ein, $\Diamond$ *es regnet* drückt dann aus, dass es möglicherweise regnet. Dual dazu sagt $\Box$ *es regnet*, dass Regen notwendig ist. Hier ist $\Box$ der *Boxoperator*, der die Notwendigkeit ausdrückt.

Das ist eine Übersicht über die Operatoren, die in diesem Buch sehr häufig benutzt werden:

Symbol	Bezeichnung	Bedeutung
$\wedge$	Konjunktion	und
$\vee$	Disjunktion	oder
$\rightarrow$	Implikation	wenn ... dann
$\neg$	Negation	nicht
$\forall$	Allquantor	für alle
$\exists$	Existenzquantor	es gibt
$\Diamond$	Diamant	es ist möglich, dass ...
$\Box$	Box	es ist notwendig, dass ...

Abb. B.1: Zusammenfassung der sehr häufig benutzten Symbole

Literaturverzeichnis

[1] J. Abdou und H. Keiding. *Effectivity Functions in Social Choice*. Theory and Decision Library. Dordrecht: Kluwer Academic Publishers, 1991.

[2] P. Aczel. *Non-Well-Founded Sets*. CSLI Lecture Notes 41. Center for the Study of Language und Information, Stanford: CSLI Publications, 1988.

[3] J. Barwise. "An Introduction to First-Order Logic". In: *Handbook of Mathematical Logic*. Hrsg. von J. Barwise. Amsterdam, New York, Oxford: North Holland, 1977, S. 5–45.

[4] F. L. Bauer und M. Wirsing. *Elementare Aussagenlogik*. Berlin-Heidelberg-New York: Springer Verlag, 1990.

[5] F. L. Bauer und H. Wössner. *Algorithmische Sprache und Programmentwicklung*. 2. Aufl. Berlin, Heidelberg, New York: Springer-Verlag, 1984.

[6] G. Birkhoff. *Lattice Theory*. Bd. 25. Colloquium Publications. Providence, RI: American Mathematical Society, 1967.

[7] J. Biskup. *Grundlagen von Informationssystemen*. Braunschweig, WIesbaden: Friedr. Vieweg & Sohn, 1995.

[8] P. Blackburn und J. van Benthem. "Modal Logic: A Semantic Perspective". In: *Handbook of Modal Logic*. Hrsg. von P. Blackburn et al. Amsterdam: Elsevier, 2007, S. 1–84.

[9] P. Blackburn, J. van Benthem und F. Wolter, Hrsg. *Handbook of Modal Logic*. Bd. 3. Studies in Logic and Practical Reasoning. Amsterdam: Elsevier, 2007.

[10] P. Blackburn, M. de Rijke und Y. Venema. *Modal Logic*. Cambridge Tracts in Theoretical Computer Science 53. Cambridge, UK: Cambridge University Press, 2001.

[11] O. Byrne, Hrsg. *The First Six Books of The Elements of Euclid. In Which Coloured Diagrams and Symbols Are Used Instead of Letters for the Greater Ease of Learners. Mit einem Essay von W. Oechslin*. Bibliotheca Universalis. Köln: Taschen, 2017.

[12] D. Cantone, A. Ferro und E. G. Omodeo. *Computable Set Theory*. Bd. 6. International Series of Monographs on Computer Science. Oxford: Oxford University Press, 1989.

[13] B. F. Chellas. *Modal Logic*. Cambridge, UK: Cambridge University Press, 1989.

[14] E. M. Clarke, O. Grumberg und D. A. Peled. *Model Checking*. Cambridge, MA: The MIT Press, 1999.

[15] W. F. Clocksin und C. S. Mellish. *Programming in Prolog*. Berlin-Heidelberg-New York: Springer-Verlag, 1981.

[16] M. Davis. *Engines of Logic - Mathematicians and the Origin of the Computer*. New York, London: W. W. Norton, 2000.

[17] E.-E. Doberkat. *Special Topics in Mathematics for Computer Scientists: Sets, Categories, Topologies and Measures*. Cham, Heidelberg, New York, Dordrecht, London: Springer International Publishing Switzerland, 2015.

[18] H.-D. Ebbinghaus, J. Flum und W. Thomas. *Mathematical Logic*. 2. Aufl. Berlin-Heidelberg-New York: Springer-Verlag, 1994.

[19] H. B. Enderton. *A Mathematical Introduction to Logic*. Boston: Academic Press, 1972.

[20] K. Gödel. *La prova matematica dell'esistenza di Dio, a cura di G. Lolli e P. Odifreddi*. Turin: Bollati Boringhieri, 2006.

[21] P. R. Halmos. *Algebraic Logic*. New York: Dover Publications, 2016.

[22] H. Herrlich. *Axiom of Choice*. Lect. Notes Math. 1876. Berlin, Heidelberg, New York: Springer-Verlag, 2006.

[23] W. Hodges. *A Shorter Model Theory*. Cambridge, UK: Cambridge University Press, 1997.

[24] W. v.d. Hoek und M. Pauly. "Modal Logic for Games and Information". In: *Handbook of Modal Logic*. Hrsg. von P. Blackburn et al. Amsterdam: Elsevier, 2007, S. 1077–1148.

[25] J. E. Hopcroft und J. D. Ullman. *Formal Languages and Their Relation to Automata*. Reading, MA: Addison-Wesley, 1969.

[26] M. Huth und M. Ryan. *Logic in Computer Science. Modelling and Reasoning about Systems*. 2. Aufl. Cambridge: Cambridge University Press, 2004.

[27] B. Jacobs. *Introduction to Coalgebra: Towards Mathematics of States and Observations*. Cambridge, UK: Cambridge University Press, 2017.

[28] T. J. Jech. *Set Theory*. Berlin, Heidelberg, New York: Springer-Verlag, 2006.

[29] S. Koppelberg. *Handbook of Boolean Algebras*. Bd. 1. Amsterdam: North Holland, 1989.

[30] M. Manzano. *Model Theory*. Oxford Logic Guides 37. Oxford: Clarendon Press, 1999.

[31] H. Moulin. *The Strategy of Social Choice*. Bd. 18. Advanced Textbooks in Economics. Amsterdam, New York, Oxford: North-Holland Publishing Company, 1983.

[32] R. Parikh. "The Logic of Games and its Applications". In: *Topics in the Theory of Computation*. Hrsg. von M. Karpinski und J. van Leeuwen. Bd. 24. Elsevier, 1985, S. 111–140.

[33] M. Pauly und R. Parikh. "Game Logic — An Overview". In: *Studia Logica* 75 (2003), S. 165–182.

[34] A. Plantinga. *The Nature of Necessity*. Oxford: Clarendon Press, 1974.

[35] S. Popkorn. *First Steps in Modal Logic*. Cambridge: Cambridge University Press, 1995.

[36] H. Rasiowa und R. Sikorski. *The Mathematics of Metamathematics*. Bd. 41. Monografie Matematyczne. Warschau: PWN, 1963.

[37] M. M. Richter. *Logikkalküle*. Stuttgart: B. G.Teubner, 1978.

[38] J. J. M. M. Rutten. "Universal coalgebra: a theory of systems". In: *Theor. Comp. Sci.* 249.1 (2000). Special issue on modern algebra and its applications, S. 3–80.

[39] G. Schmidt. *Relational Mathematics*. Bd. 132. Encyclopedia of Mathematics and Its Applications. Cambridge, UK: Cambridge University Press, 2011.

[40] E. Schröder. *Vorlesungen über die Algebra der Logik (exakte Logik)*. Bd. 3, Algebra und Logic der Relative, part 1. Reprinted by Chelsea Publishing Co., New York, 1966. Leipzig: B. Teubner, 1895.

[41] J. R. Shoenfield. *Mathematical Logic*. Reading, MA: Addison-Wesley, 1967.

[42] R. M. Smullyan. *First-Order Logic*. New York: Dover Publications, 1995.

[43] S. M. Srivastava. *A Course on Mathematical Logic*. Universitext. Springer Verlag, 2008.

[44] C. Stirling. *Modal and Temporal Properties of Processes*. Texts in Computer Science. New York, Berlin, Heidelberg: Springer-Verlag, 2001.

[45] H. Wagner. *Logische Systeme der Informatik*. Vorlesungsmanuskript, TU Dortmund. 2001.

[46] S. Wölfl. *Introduction to Modal Logics*. Vorlesungsmanuskript, Universität Freiburg. 2015.

Abbildungsverzeichnis

Sachverzeichnis

© Der/die Herausgeber bzw. der/die Autor(en), exklusiv lizenziert an
Springer-Verlag GmbH, DE, ein Teil von Springer Nature 2025
E.-E. Doberkat, *Formale Logik im Dialog*,
https://doi.org/10.1007/978-3-662-72701-0